掌鏡人生

一個田庄囝仔的夢

金馬獎攝影師林文錦自傳——
見證1950-1980年代台灣電影發展史

林文錦 著

【目錄】

第三章

丁家班

第四章

中影愛國電影

序・

我與文錦

李行

我與文錦結緣很早，拍《街頭巷尾》的時候，攝影師賴成英是我主動向中影爭取的，攝影助理則由中影指派林文錦擔任。文錦和成英都是中影在農教公司時期招訓的技術練習生，文錦是第四期，成英則是第五期，當時我心裡納悶，五期的賴成英都獨當一面做攝影師了，四期的林文錦怎麼還幹攝影師的助理。後來相處久了，才了解中影原先調派林文錦到錄音組，林文錦對這個工作興趣不大，打了幾次報告上去，又數度向長官當面陳情，將自己迷戀電影的情感，渴望從攝影機的鏡頭、捕捉光影的迷離變幻，讓觀眾在銀幕上看到似真如夢的畫面。這是文錦童年時期看電影的感受，也是他投身電影工作的夢想，終於說服了長官，讓他進入中影攝影組，從攝影助理幹起。

拍完《街頭巷尾》，中影邀請我拍《養鴨人家》，攝影依舊是賴成英和林文錦搭檔，他們倆人的默契相當好，將台灣的農村拍得像一首田園詩。《養鴨人家》在草屯拍農產品的產銷與競賽大會，這場戲場面很大，當時沒有高台，場務組在現場臨時用竹竿、木桿、鐵絲、繩索，沒有打樁，用很快的速度紮起一座大約三層樓的高台，被風一吹就會倒的高台，儘管危險，賴成英和林文錦依舊扛著笨重的攝影器材爬上高台，劇組所有工作人員都為他們捏著一把冷汗，直到工作完成，他們爬下高台，我們心中的那塊大石頭才安心的放下來。

文錦的妻子是南投人，她回娘家探親，因南投離草屯路途不遠，就帶著兒子竣隆到草屯探班。當天拍的戲正好需要一個兒童蹲在鴨寮外面看見鴨子下了一顆蛋，趁人不注意，偷偷的打開鴨寮的門進去撿蛋，鴨群這時趁隙蜂擁而出，大家追趕鴨子，造成農產品展銷會場一片大亂。飾演這個兒童的演員就是文錦的兒子林竣隆。

文錦被中影指派外借拍了幾部台語片之後，因為成績不俗，終於回到中影，拍了黑白片《誰能代表我》，接著彩色片《我女若蘭》、《悲歡歲月》、《源》、《英烈千秋》、《八百壯士》、《辛亥雙十》……等。文錦拍的大片多，合作過的導演多、演員多，他見證了台灣電影的起飛，他見證了台灣電影的黃金歲月，現在他八十多歲的高齡，用筆寫下他的電影工作經驗，和他所接觸的人、所接觸的事。

文錦寫的這本著作《掌鏡人生》，紀錄著上世紀中葉台灣電影從克難中成長，電影在創作過程中百轉千迴的變化，書中有逸聞、有情牽夢迴、有就事論事，總之讓人感慨，台灣電影的飛黃時代雖然已悄然遠去，但是台灣中影公司對人才的培育的成績，是有目共睹的，是不容抹滅的歷史。

序‧

陳耀圻

「開麥拉」經常是影片拍攝時的口令，個人拍片生涯一九七七至一九八九年間最緊密工作夥伴應該是掌開麥拉的林文錦攝影指導。台灣電影發展初期從農教到中影第一代攝影師代表性之一的林文錦先生，美學風格沉穩大氣、剛柔並濟。

讀者若有興趣檢索上世紀本土電影工業攝製盛況記實，文錦攝影師一生傳記書寫肯定是一部掀起蓋頭探究之文本。

（二〇一八年一月二十五日）

代序

透過鏡頭，看見台灣電影的發展縮影

倪重華

「林桑」林文錦先生是七〇年代攝影界赫赫有名的大攝影師，當時的《英烈千秋》、《八百壯士》、《辛亥雙十》和《蒂蒂日記》等都出自他的拍攝。民國六十七年，我進入中央電影公司舉辦的技術訓練班，從訓練班結業後，我很幸運地加入了中影公司投入五千萬台幣預算的大片《源》，擔任攝影助理，開始接受林桑的教誨。

當時的電影攝影技術，在操作上遠比現在複雜，經驗和技術只能倚靠師徒傳授。林桑是位話不多、個性沉穩的前輩——總是準時抵達拍攝現場，把攝影機架好之後就安靜地坐著，在嘈雜的片場環境中，冷靜沉著地觀察，並且做出正確的決策，一步步地完成龐大的拍攝工作。一九七〇年代的攝影機是沒有監看器的，拍攝時只有攝影師能夠透過觀景窗觀看效果，這意味著所謂拍攝成果的好壞全由攝影師一個人承擔，必須仔細而精準；另一方面，攝影師也是拍攝現場的靈魂人物，必須掌控燈光、美術、演員表演及走位，以及許許多多的細節，而這些都要靠攝影師的規劃和安排。我當時每天上工都兢兢業業、絲毫不敢鬆懈，午餐飯後都要配一包胃乳——因為心情太緊張所以得了胃潰瘍。但也是在這樣的壓力下，扎實地奠定了專業的技術基礎。

林桑以驚人的記憶力，完成了這本個人的回憶錄，同時也記載了那段近代台灣電影的重要階段——當年的中央電影公司製片廠，不僅是台灣電影的生產重鎮，更背負著以電影作為凝聚民心的責任，因此當時的電影作品多環繞在國家歷史的大題材上；另一方面，因為中影這樣的大型機構，培育了許多優秀的電影專業人才，進而促成之後台灣新電影的開展。

這本書寫的是林文錦先生畢生的電影從業歷程。我們對於當年的電影樣貌，都是透過媒體的描述，而林桑這本書，豐富地呈現了他在攝影機後冷靜觀察的人生百態。這本書同時是一部能夠讓老影迷們重溫舊夢、年輕讀者們認識台灣電影史的著作；另外，對於文化研究者來說，更是重要的參考資料，值得人們深入閱讀和思考。身為林桑的徒弟，雖然後來我終究未能像他一樣在電影的道路上堅持前行，但他敬業專注的態度卻給我帶來了深刻的啟發，讓我畢生受用。

MTI音樂科技學院基金會董事長、前台北市文化局局長

序・

朱延平

林文錦先生可以算是我導演生涯的啟蒙老師，我剛做導演，就跟大攝影師合作，除了滿滿的安全感，在擺鏡位跟分鏡方面也給了我很大的幫助，至今難忘。

當年一個鄉下小孩在看露台野戲時，對電影放映機產生濃厚的興趣，看著一閃一閃光束射在巨大白布上面變成了的影像，心裡暗自下了決定，林桑從練習生做起，開始了他橫跨半個世紀的電影生涯，從黑白拍到彩色，從戒嚴拍到開放，合作過的大導演、大明星超過百人，看過的，經過的電影圈的形形色色，七掛八卦不計其數，可以算是電影圈的活字典、照妖鏡。

有人說拍戲的是瘋子，看戲的是傻子，我認為幕後瘋子的點點滴滴，有勾心鬥角，也有溫馨動人，比幕前的表演精彩太多。林桑終身拍片，把大明星大導演不為人知、沒有包裝的另一面向真實呈現，一定精彩。

序•

廖本榕

看到林桑回憶錄的初稿，內心跌宕，漣漪翻生。那不僅是我夢寐想要知道早期台灣電影生態活記錄，更是台灣影史的重要拼圖之一。我對林桑的稱呼和別人不同，因為他是我二姊夫，我在家排行老么，四個姊姊，所以和二姊年齡差距剛好一輪，人家說長姊如母，在跟姊夫學拍電影時，感覺上不僅是師徒或親戚關係，有時候更像父子情誼，我和自己的父親單獨相處的時間都沒有我和他相處的時間多，跟著他早出晚歸，默默從旁觀察，學的不僅僅是拍電影技術，也是學習如何溝通應對與指揮控制場面。

在我接受媒體訪問，或講座Q／A時，經常會被問到一個問題：「請問你都怎麼和導演溝通？」這個答案，其實就是我跟隨林桑當助理期間，默默觀察，加上個人領悟的結果。這本書裡沒有刻意明說到攝影師如何和導演溝通應對，但字裡行間，可以發現，只要和他合作過的導演或是製片，都會希望繼續和他合作，這除了他敬業和高超的攝影技術之外，如何為人處世，應對進退，更是本於原則，不失專業自尊的高明身段，我從他身上學習到的，攝影技術固然非常豐富，但處世道理卻是讓我受用無窮。現在我忝為人師，上課經常把他以前給我的訓示告訴學生，比如他說：「堅持到最後一秒。」拍電影經常是日夜顛倒，或是為了演員檔期，瘋狂沒日沒夜趕拍，全體工作人員幾乎都是看在孫中山的面子上咬牙苦撐，最最希望聽到的一句話是：「ＯＫ，收工。」但ＯＫ兩個字，在那個沒有監視器的年代，卻必須是出自攝影師口中才算數，攝影師要說這兩個字，必須要肯定看毛片時，絕對是品質保證。可是人都會累的，周遭的工作夥伴也殷殷期待你說聲ＯＫ，如果一時心軟，或是自我妥協，可能在認為差不多的情況下，意志鬆懈的隨口喊聲ＯＫ，大夥皆大歡喜的收工回去，可是，林桑說：等到看毛片時，發現不滿意，事態嚴重的，可能就此斷送未來前途，即使不嚴重，或大家沒有發覺明顯不優，但自己覺得與理想有差距時，後悔或愧疚，都已經於事無補。

因此，「堅持到最後一秒」成為我當攝影師後最重要的工作守則，每每工作到最勞累，整組工作同仁都已經進入半催眠狀態下，機械式的堅持著慣性動作，此時現場還能保持清醒的，大概只有導演和攝影師，能不能固守陣地，堅持完美不放棄的，就看攝影師的意志力，導演即使內心想妥協，也會苦撐支持攝影師的判斷，這就是片場倫理的尊重專業。

每個人都有學習成長過程，我們能感受到的是自己跌跌撞撞的辛酸與痛苦，能看到的是年輕一代學藝不精、眼高手低，卻又趾氣高揚，規劃不足任意闊氣揮霍資源。不能感受與看到的是我們的前輩，他們如何學習與成長？從國民政府遷台，農教開始到台北士林建廠，成立中央電影公司。業界赫赫有名的幾位前輩，三林一賴一洪，原來也是和我們一樣，從練習生助理一步步往上爬出來的，甚至在當時的經濟條件和資源有限環境下，他們不僅不畏艱苦，且極為珍惜所有能夠參與的機會，勇往直前。這種精神，無論現在或短期的未來，應該都不會再體現於新進入行的年輕人身上了。二十一世紀，不同時代有不同的際遇，科技進步到任何人都不需經過嚴厲考驗與學習，就可以任意掌機拍片，掛名當攝影指導，真是何其幸運，有謂長江後浪推前浪，前浪總是要一段時日後，才緩慢死在沙灘上，而所有的後浪也未必有機會功成名就，光榮的死在沙灘上；就像氣候型態改變一般，如今的後浪，越來越洶湧，未達陣沙灘就消聲匿跡，也越來越多，能夠一本初衷，長青影壇，留名影史的，更是珍貴難得。

林桑表面看起來不苟言笑，甚為嚴肅，但偶而也會從嘴裡蹦出幾句出人意表的話，引起全場哄堂大笑。他退休後，露出他沒有刻意壓抑的本性，話變多了，親朋好友相聚時，喜歡講過去拍片時的幕後花絮，口條順暢，詼諧逗趣。寫這本書，就像親耳聽他說故事，會像連續劇一樣，一幕幕把過去電影人的摸索奮鬥，活生生的呈現眼前。或許讀者不知道書中提到的諸多人名，何許人也，或許讀者對於過去電影如何帶給人們娛樂、夢想與希望，不感興趣。但，當你學習、工作、事業遭遇挫折與困境時，閱讀他，你會發現，原來書本裡藏著許多面對困境的生活哲理。

歷史不是一個人的回憶，歷史建構在綿密長遠的社會時空網絡之上。幾十年的工作歷程，能夠有那麼清晰的記憶，並且撰述出書，這是一個偉大的工程，猶如編織起頭，架構脈絡，梳理頭緒，讓台灣電影攝影史的研究，得以源遠流長的賡續。

感謝林桑對我的教導和培養，謝謝你讓我優先閱讀原文。

崑山科技大學視訊傳播設計系系主任／
媒體藝術研究所所長 專技教授廖本榕
二〇一八寫於台南藝農居

序·

林桑，謝謝您

林仲宏

我頭頂著紗窗，手抓著窗沿，眼淚不聽使喚的倏地奪眶而出。

夜深了，我壓抑住不安的情緒沒敢哭出聲，怕吵醒同房熟睡中的兄弟。

我捱著窗子，哭紅的雙眼在陰暗巷弄中不斷的搜尋與祈盼。

想著，父親怎麼還沒回家？

那時我幾歲？忘了。父親是中影的攝影師，有時會因為拍夜戲很晚都還沒回家。那一陣子中影積極拍攝《英烈千秋》、《八百壯士》等戰爭愛國片，拍攝過程中有很多爆破場景。有天父親回家，一隻胳臂纏著厚厚的紗布，原來是沒計算好火藥量，意外炸傷現場一票工作人員，包括我的父親。換藥時解開紗布，父親一整隻胳臂紅通通的像曬傷，不過上頭還有黃色、白色的其他很難形容的液體，黏答答的看了就覺得好噁，即使小心翼翼剝開已結成硬塊的紗布，一整片薄薄的皮還是黏著被扯下來，血水流成一片。

會痛嗎？他沒說。我看著看著都覺得好痛。

那時還小，不知道原來那個就叫做心痛。

那天之後，父親每次出門拍戲我就很惶恐，生怕他再受傷或就此無法回來。尤其是大夜班的戲，我會擔心到睡不著，一個人爬起，坐在上鋪，倚著窗子，痴痴的等待父親回來。等著等著，等到恐懼在黑暗中慢慢越擴越大，把我整個包圍，然後，眼淚又像斷了線珍珠開始流個不停。

直到遠遠巷口出現一道強烈的光線，趕走了黑暗，計程車緩緩停在家門口，助理七手八腳把攝影器材搬下來，我確定看到父親掏出鑰匙開門，才匆匆抹去臉上的淚水，躺平，拉上被子，假裝睡覺。

這個畫面，即使過了數十年，仍然清楚烙印在我的腦海中。自有印象起，父親就是中影公司的攝影師。我從小常常在放假時跟著父親去片廠看大人拍電影，也見過許多大導演跟大明星；我最喜歡的課外讀物是書櫃中一整排的電影腳本跟瓊瑤小說；家中一直有寄宿的攝影助理來來去去。親友中多人也在圈內：舅舅是攝影助理，舅公是燈光師，他的兒子也是攝影助理，乾爹是攝影師，姨丈、表弟也是劇組人員，還有一個堂姊是演員，眼裡看到的、耳朵聽到的，盡是電影；大銀幕上一般人心中遙不可及的璀璨光環，對我來說卻像是呼吸空氣般稀鬆平常，我就是在這種環境長大的。

高中開學前的暑假，父親擔心我跟著朋友學壞，於是把我帶在身邊，擔任劉立立導演新片《彩霞滿天》的第二攝影助理。這部片的主角正是當紅明星林青霞跟秦漢。我這個攝影助理的頭銜當然是假的，其實我對攝影一知半解，只管搬運鏡頭箱、腳架，最多只能校正攝影機水平與看顧攝影器材。每天跟著劇組更換地點拍攝，從白天拍到晚上，從天黑拍到天亮，雖然累，倒也覺得新鮮，就此開啟我對電影工作的興趣。高中三年甚至到畢業之後，我一直持續在課餘時間跟著父親參與影片拍攝。

片場人員通常稱父親為「林桑」，他沉默謙遜、認真負責，對畫面的要求絲毫不肯妥協，不斷嘗試突破現有條件，絞盡腦汁依劇情需要設計更流暢、更優美的運鏡。我看著他在片場氣定神閒指揮若定，設定拍攝鏡位、調整燈光強弱角度與演員走位，每個細節都要求到滴水不漏。試鏡若不滿意，就再要求一次，直到所有演職員都清楚知道自己的責任與動作，才告訴導演可以正式拍攝了。每每一個鏡頭拍完，導演喊卡，現場演員停頓不動，劇組人員全看著林桑，導演也看著父親徵求意見，直到父親口中吐出一聲ＯＫ，寂靜的片場才彷彿又活轉過來般充滿生氣，七手八腳準備下一個鏡頭。

父親把畢生心力全貢獻給台灣電影，從黑白到彩色到寬銀幕，他參與了台灣電影的銳變與進化，三十多年職涯中完成超過百部電影，跟諸位大導演一起創作許多膾炙人口的名片，在國內外都得到不少殊榮，也在台灣電影史上留有一頁歷史。深受父親的影響，我以為我將來也會以電影為業，沒想到在我赴美之際，他卻語重心長的告訴我「台灣電影沒前途」，我感到錯愕且不以為然，之後雖然進了藝術學院，卻選擇平面設計，從此跟我小時候的電影夢漸行漸遠。

其實父親並沒有錯，台灣電影產業的確曾經沉寂多年，直到《海角七號》問世，才重新把台灣電影帶上另一個高峰。

辛苦數十年之後，父親在一九九八年自中影退休，全賴他不眠不休的努力工作，加上母親持家有成，讓家中四個兄弟都順利在美國完成大學或研究所學業，分別成家，也都有正當職業。而他認真負責、求好心切的敬業精神，在無形中潛移默化，深深影響身邊的每一個人。我在國外轉了一圈，回到台灣成為領薪水的上班族，並未因沒能從事電影工作而感到遺憾（也許有一點點）。我曾在工作上遇到瓶頸，苦思活動企劃卻找不到兩全其美的解決方案；我沒有放棄，嘗試用反向思考，也順利解決了問題。這個感覺並不陌生，我突然想起幼時看著父親不斷尋求突破，只為追求更好，原來，這種擇善固執的態度也是會遺傳的。在成長過程中我曾叛逆、迷惘，也差點走上岔路，多虧了父親的教導，讓我沒有迷途。父親的話不多，但給我的影響讓我畢生受用，如果我有達到任何成就，全得歸功他的身教言教。

林桑，謝謝您。

次男仲宏 二〇一七年十二月

自序：起心動念

我生性好動，一刻也閒不下來，自中影退休之後，種植花草蔬果青菜是尋常事。星期一至星期五早上必到台北市天母三玉里的活動中心跟一群老人打乒乓球，也會參加老人中心舉辦的其他活動，如卡拉ＯＫ等（老人中心的設置目的，就是讓當地銀髮族利用中心規劃的一百多項活動或課程來打發時間、與人交流互動，免得他們退休後在家逐漸凋萎，也讓他們的生活更精彩豐富）。如果天候許可，清晨或傍晚則陪同內人在住家附近官邸公園散步。

二〇一六年夏天旅美探視兒子期間，不小心扭傷了腳踝，無法正常活動，只能整天坐在沙發上無聊地撥弄遙控器，讓電視看著我度咕（老人專利一，坐著就愛睏）。想了想，不如利用這個難得的機會，把我畢生從事電影工作的點點滴滴與不為人知的趣聞統統整理出來。

台灣曾是電影量產王國，每年產量高達三百多部，僅次於美國、印度，與日本並列第三；在那個還沒有充斥著ＫＴＶ、遊樂園或百貨公司的年代，看電影可是台灣人民的主要消遣。我想要分享的，並不是那許多最終以電影的形式呈現在銀幕上的故事，而是我這幾十年來從事電影工作時，發生在鏡頭外的漏網插曲；這些插曲猶如組合成我一生的片片段段，是我退休後跟熟人聊天或與陌生人破冰的重要話題。但畢竟年紀大了，記憶也跟著一起衰退，講到哪兒，講過幾遍，連自己也不確定；就像俗諺說的：「隨講隨未記，卡講麼講過去（老人專利二，請用閩南語發音）。」我才疏學淺，這些茶餘飯後的插曲也難登大雅之堂。但不管了，人老了臉皮厚也不怕別人笑話（老人專利三）。所以，各位讀者就耐著性子慢慢看吧。

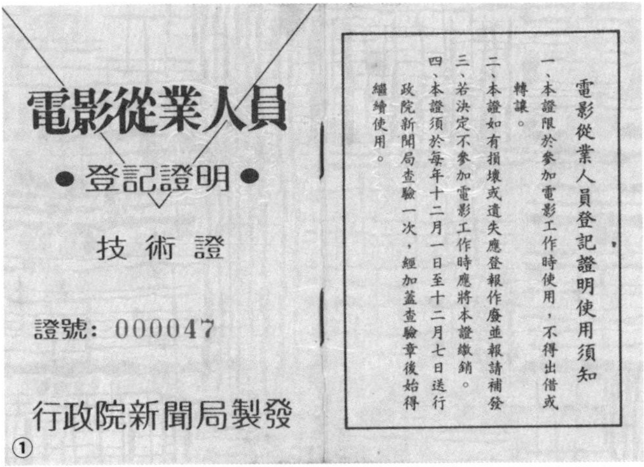

電影從業人員

●登記證明●

技術證

證號：000047

行政院新聞局製發

電影從業人員登記證明使用須知

一、本證限於參加電影工作時使用，不得出借或轉讓。

二、本證如有損壞或遺失應登報作廢並報請補發。

三、若決定不參加電影工作時應將本證繳銷。

四、本證須於每年十二月一日至十二月七日送行政院新聞局查驗一次，經加蓋查驗章後始得繼續使用。

①

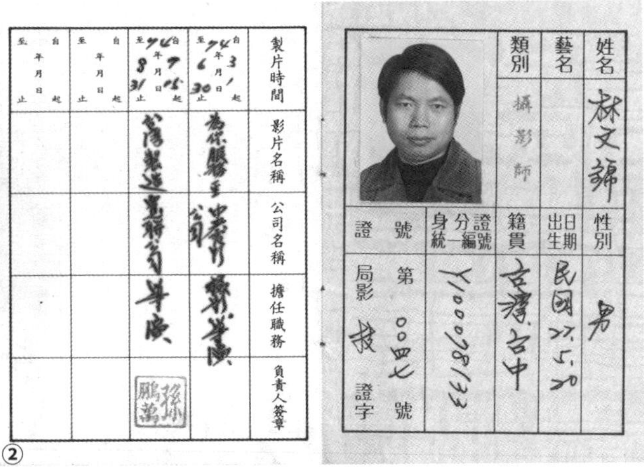

製片時間	影片名稱	公司名稱	擔任職務	負責人簽章
自74年3月1日起 至74年6月30日止	[illegible]	[illegible]公司	[illegible]	
自74年7月15日起 至74年8月31日止	[illegible]	[illegible]	導演	孫鵬萬
自　年　月　日起 至　年　月　日止				
自　年　月　日起 至　年　月　日止				

姓名	林文錦	性別	男
藝名		出生日期	民國[illegible]
類別	攝影師	籍貫	台灣台中
證號	局影技字第〇〇四七號	身分證統一編號	Y1000[illegible]

②

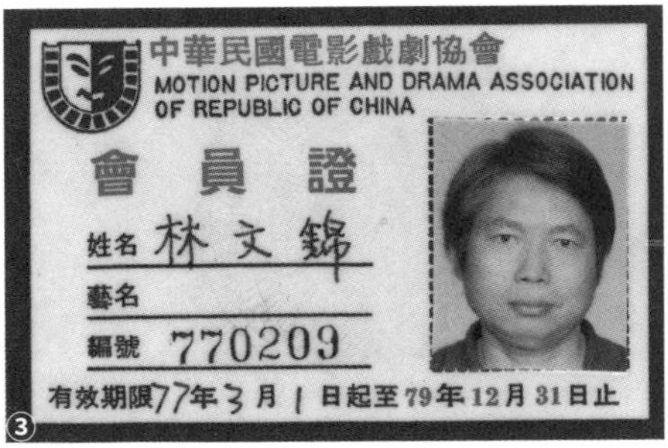

中華民國電影戲劇協會

MOTION PICTURE AND DRAMA ASSOCIATION OF REPUBLIC OF CHINA

會員證

姓名 林文錦

藝名

編號 770209

有效期限77年3月1日起至79年12月31日止

③

① 電影從業人員登記證

② 電影從業人員登記證

③ 中華民國電影戲劇協會會員證

※特別感謝名單

明驥
李行
陳耀圻
倪重華
朱延平
林贊庭
洪慶雲
華慧英
林鴻鐘
賴成英
廖繼燿
王珍珍
邱順清

林博源
劉立立
董今狐
孫揚
蔡揚明
李屏賓
翁岩生
楊惠姍
張毅
曾介圭
王盛
周玲子
陳坤厚

丁善璽
張曾澤
陳武雄
余是康
陳樂人
黃永順
吳國慶
陳朝源

廖淑靜
林竣隆
林仲宏
林　樵
林　錡
林清雄

左宏元
張　展
呂俊銘
陳銘君
高寶樹
張德來

第一章

做了一場電影夢

夢想萌芽

午後忽地傳來幾聲響亮的銅鑼夾雜著陣陣吆喝：「各位鄉親父老兄弟姊妹，今晚在廟口要搬影戲給大家看，足好看耶哦，請大人帶小孩、厝邊、隔壁相招鬥陣來看足好看的影戲哦。」我趕快洗手吃飽飯、洗腳（平常打赤腳，上床前才會洗腳睡覺）穿上木拖鞋，隨著父親去到廟口。廟前廣場早已鬧哄哄的聚集男男女女大人小孩，或坐或站等著看戲。不多時，偌大的白布幕上出現一對男女在講話，剛開始還覺新奇，但看了半天，不懂講話有啥好看，一會兒便覺得無聊。順著光束看去，看到白布幕前方一段距離外有台奇怪的機器，前面有兩個圓盤一上一下地轉動，後面有個方型的箱子，從縫隙（圓孔）中射出不斷變幻的光線。我不自覺地移動腳步到機器旁，看到另外有台一模一樣的機器並排著，兩台機器分別架在四方桌上，機器兩旁各站一人。我好奇心大起，向其中一位先生探問，他親切地告訴我：「這是專門放映電影的機器，叫做『放映機』，我們是放映電影的技師，旁邊那位是我師傅。」

好厲害哦！小小年紀的我覺得放映技師很神氣，心生羨慕，想著長大後若能當個放映技師那該有多好。大人常說：「人要有夢才會有出脫。」在那個當下，沒有人——包括我自己在內——會料到電影這顆種子就此與我結緣，悄悄地在腦海中萌芽成長，甚至主宰我的一生。

我家三代同堂，共十一口，住在豐原東勢仔，隔著馬路對面是豐原商業職業學校（現為臺中市立豐原商業高級中等學校）。我們兄弟姊妹七個，五男二女，我排行第四，上有兩個哥哥一個姐姐，下有兩個弟弟一個妹妹。家父是台糖公司潭子糖廠的職員，上班地點不在糖廠，而是在豐原原料區的工作站。家中開支主要仰賴父親微薄的薪資，他早出晚歸，我們只能在晚餐桌上相聚，一切事務全靠母親精打細算維持。阿公身體還算硬朗，有機會的話就種些青菜幫全家補充養分，也會商請農家在兩期稻作間的休耕期出借田地讓我們種地瓜養豬，年節賣個好價錢，有空的話就會上山撿拾柴火。阿公做這些事總叫我跟著他，或許就是這樣受他影響，我退休之後，喜歡在陽台種些花草，每年夏季赴美與兒子團聚時，就在那邊種些水果蔬菜，有機種植不施農藥，吃得安心可口又環保。

阿嬤也相當健康，每天一早匆匆吃過早餐就打扮得乾乾淨淨地拎著小包包出門，到鎮上的豐原信用組合幫廚，為員工準備中餐和晚餐。她必須在那裡吃過晚餐收拾妥當才下工，很晚才能回到家，但是總看不出疲態。豐原信用組合體貼老人家，另外準備了一間臥室，萬一天氣不好時就可以留在那裡過夜。阿嬤對我尤其疼愛，我從未見過她發脾氣。年節時刻鄰居家的大小朋友都會放爆竹取樂，我們七個沒有固定的零用錢，想出去玩又怕漏氣，兄長總是公推我去向阿嬤開口，以購買文具為由討些小錢，其實偷偷拿去買些便宜爆竹應景。一家人雖然過得清苦，心連心、手牽手，也十分快樂。

我原本就讀離家不遠的瑞穗國小，步行大約五分鐘左右，後來遇到美軍空襲，校方分年級將我們「疏散」到人口稀少的鄉下學校借讀。我分配到岸里國小，單程步行要五十分鐘，每天出門上學都像遠足，但沒有糖果餅乾可吃，就這樣一直走到日本投降為止。國小畢業後，我家對面隔著馬路的豐原商業職業學校幾乎是唯一的升學選擇，我在那裡學到會計、算帳等商業知識。畢業後，便跟隨二哥的模式，在甘蔗採收期間擔任台糖公司潭子製糖廠的臨時事務員。由於家父的工作需要每天去各處蔗農家確認產量與品質，因此結識許多農友，其中一位摯友的兒子林隆淮當時正在「農業教育電影公司」台中製片廠當練習生，建議我也去報考。

台中出現這樣一間電影製片廠，是時代動盪造成的。抗戰勝利之後，一九四六年一月，時任農民銀行董事長的陳果夫提出以電化教育提升農民知識水準，建議政府成立農業教育電影公司。中央認可此倡議，同年三月就在重慶召開股東大會與第一次董監事會議，推選陳果夫為董事長。五月政府還都南京，於是在南京展開籌備工作。一九四七年四月十六日舉辦公司成立大會，設址於南京市西華巷二號，李吉辰任總經理，首任廠長為胡福源。[1]

胡福源是美籍華僑，擁有紐約大學電影碩士學位，曾在好萊塢工作多年，尤其專精於沖印技術。他在一九四七年受陳果夫之邀返國效力，擔下了籌建片廠的任務，廠址選在南京市孝陵衛，一九四八年初開始動工。[2]

然而這一年國共內戰態勢不變，陳果夫於十一月渡海來台灣養病，十二月六日落腳於台中市，這次同行的還有幾位農教公司技術與設備人員，決定儘速遷廠來台。一九四九年四月，農教公司現有器材設備運抵上海裝船，隨政府遷台。抵達台灣後便買下台中市一處兩千多坪的土地，做為重建片廠之用，位置就在今日的台中市東區忠孝路、建成路、大公街、互助街圍成的街廓內。建廠的重任自然還是落在胡福源肩上，已經運抵台灣的設備器材都集中在此處。[3]

設備器材運來後堆在一起，怎樣分別移動到適合的空間安置，卻成了大問題。本地搬運工聽不懂國語，溝通上困難重重，於是胡廠長前往台中一中拜會金校長，請他協助找一位能說國語的學生來幫忙。應屆畢業生林贊庭才剛回家準備接班務農（他家算得上是神岡鄉大地主），這時候收到校方通知，於是帶著校長寫的介紹信去台中市忠孝路求見胡廠長，聽廠長說明才知道自己遇上了什麼事情。他回家商量，林母鼓勵他不妨一試，第二天就正式去報到。到了月底，拿到第一份薪水，回到家在母親面前拆開紙袋，嚇了一大跳，裡頭的金額是一般薪水階級的好幾倍之多，林母認為這是天大良機，主張他應該放棄務農回廠繼續上班。

有場地有器材，但沒有人就無法運作，當時台灣的電影工業、技術、人才都十分貧弱，農教公司台中片廠在夏天重建完成，九月便開始分期招收練習生。[4] 這個訓練計畫由胡福源策劃，偕

1 第一屆常務董事為張道藩、謝然之、馬超俊、谷正綱；常駐監察人為竺芝珊。宇業熒，《璀璨光影歲月：中央電影公司紀事》，（台北：中央電影公司，二〇〇二）頁七。

2 宇業熒，《璀璨光影歲月：中央電影公司紀事》頁十七。

3 宇業熒，《璀璨光影歲月：中央電影公司紀事》頁八—九。

4 宇業熒，《璀璨光影歲月：中央電影公司紀事》頁九。

同副廠長王士珍、沖印領班陳棟等人，徵募中部地區的高中畢業生應試，通過考試者可來廠受訓實習，公司提供食宿，經過半年訓練後，才能正式錄用。林贊庭自然而然就成為種子練習生，算是第一期，介紹我去投考的林隆淮是第二期。

應試當天，我搭火車去台中，再走到位於忠孝路十三號的農教公司台中製片廠，經過半天考試後，回家靜候通知。確切的考題內容我早已不記得，依稀還有印象的是兩題，一題問：「為何在台中設片廠？」我回答：「台灣北部入冬陰雨較多，南部夏季高溫偏濕，台中四季如春天氣良好，人情憨厚勤勞，因此是首選。」另一題問：「為何報考本公司？」我回答：「從小就希望做一個電影技師。」

從小就想當電影技師這倒是一點都不假，除了前面提到在廟口廣場看露天放映的經驗之外，豐原當時還有三家戲院，大舞台、華津、光華，可見日治後期的豐原鎮其實生活水準相當不錯。在戰爭期間，大舞台戲院曾經被徵用囤積軍用品，某日被美軍空襲炸掉一半，遲遲未修復。戰後我曾去華津戲院看過一次戲劇演出，是由傳統歌仔戲改良的，演員不穿古裝，扮相穿著都跟當時平常人一樣，表演方式也相當生活化。另外還去光華戲院看過兩場電影，一場是當時轟動全球的泰山故事，一場是蒙面神鞭大俠蘇洛，這兩部片子場場爆滿，我也覺得好好看。

提到空襲的經驗，豐原另外有間裕豐紡織廠，也因為被日軍徵用囤放軍事物資而挨了炸彈，夷為平地。我父親工作時所穿的制服頗似軍服，有回視察蔗園時遇到美機來襲，他迅速躲進竹林，飛行員用機關槍一陣掃射，碗口粗的竹子被掃倒一大片，幸虧沒打中父親，保住性命。

早在美軍尚未真的來襲之前，官方就不斷宣傳防空準備，要求家家戶戶挖造防空洞，作為空襲時全家避難之用，保正會逐戶嚴格檢查有否執行。鐵齒的阿公起初不信邪：「騙鬼咧，驚啥咪！」某日美軍真的飛來了，誤把我家附近不遠處的墳地當成軍事基地，投下炸彈轟得屍骨漫天飛舞，從此之後只要警報一響，第一個躲進防空洞的就是阿公。

考試那天返家後，母親關切考試的結果，我告訴她應該考得不錯。其實，我自己也沒把握，每天提心吊膽地等待。幾天後終於收到錄取通知，一個星期後到台中製片廠報到。

成為練習生

頭一次離家，我帶著簡單行李含淚告別父母，家母紅著眼眶特別交代：「文錦啊，食人的頭路，做事愛認真，對人愛和氣，愛尊敬頂司，絕對袂當貪圖不義之財；咱林家家風清清白白，你絕對愛記住。」這些話出自沒有受過教育的村婦，短短幾句卻像金科玉律，讓我永遠銘記心頭，也是我日後做人處事的最高原則。

豐原距離台中不遠，火車和公車都可直達，放假返家不會花很多時間，我卻有如離鄉千里般不捨，彷彿這回踏出家門，就再也不會回到這個家似的。果不其然，那天離家之後，我住進了公司宿舍，稍後進了部隊，退伍之後隨公司北遷，最後落腳台北，再也沒有回家住過，只在年節時返鄉探望父母親友。

我抵達台中製片廠報到，在前面有第一期的林贊庭（台中一中），第二期的林丁貴（台中一中）以及鼓勵我投考的林隆淮（台中一中）。第三期有廖繼燿等三位台中一中畢業生，其中兩人某天深夜被軍用吉普車帶走，從此沒有消息，我也不記得他們的姓名。林隆淮成為正式練習生之後分配到沖片室工作，過了一段時間覺得興趣缺缺，於是跑去報考空軍軍官學校，高分錄取，但在一次訓練飛行中墜機身亡，突來的惡耗令人愕然，他是我的良師益友也是恩人，傷痛的心情久久無法平息，只能默默期許自己努力學習來報答他的恩情。我（豐原商職）是第四期練習生，同期錄取的還有涂秋林（台中工校）、曾保堂（豐原中學）、魏萬億（台中一中），楊思穎（香港僑生）；另外還有兩位未能結訓就離開，曾保堂後來去教書，魏萬億則回家經商。第五期練習生也是最後一期，招收了賴成英（台中一中）、洪慶雲（彰化工校）、洪瑞庭（台中商校）、林焜圻（台中工校）、陳洪民（台中一中）、賴永鑫（台中一中）。

農教公司提供二人、三人、八人不等的單身宿舍，配有竹製單人床，棉被蚊帳自備。廠方提供炊具、碗筷。有一位中年廚娘負責採買、做飯。柴米油鹽醬醋茶等一應費用由當月輪值的伙食委員處理。伙食委員採選舉制，至多可連任四任。所有費用在月底按人頭結帳分攤，若有結餘，則會加菜或留給下任伙委使用。有句話是這麼說的：「誰都可以批評，就是不能得罪煮飯的。」這裡的伙食辦得還算不錯，但難免有時會端出不合口味的菜餚，但我們怕廚娘翻臉，沒人敢提出異議，為愛惜自己一條小命，只能勉強吃下肚。練習生結婚後大都遷出宿舍，在附近租屋居住；從南京隨器材來的技術人員則是例外，不管單身或已成家，一律由公司租屋給他們住。

度過六個星期試用期之後，我被升為正式練習生，月薪新台幣九十元，但要扣除三十五元的伙食費。每天早餐後的第一件事就是打掃片廠裡廣闊的日式庭院，這工作一直持續到下一期練習生來接手。庭院由傳統的日式木構建築圍成，有許多鋪滿榻榻米的房間，透天中庭裡是個滿大的水池，周圍搭配花木造景，十分雅致。據園丁徐送老先生說，這裡原本是「台灣新聞社」社長的宅邸，但是賣給農教公司的過程他並不清楚。廠長室和各組室都集中在原有的日式建築裡辦公，只有技術組因工作需要另外建了一間技術館，後來為了要建片廠拍片，才又增購了附近土地。[5]

早上打掃環境後，九點鐘準時上課。授課講師包括廠長胡福源先生、時任技術部主任的王士珍先生，以及沖印師陳棟先生、錄音師朱夢良先生、照相師錢小佛先生、布景師鄒志良先生、剪接師沈業康先生等師資，分別傳授專業技術。

上午是全體練習生的理論課，下午分批帶到各部門觀摩學習各種器材及設備，不僅看老師示範，還要親手實地操作，讓每個練習生熟悉每一項工作。例如布景設計課就是從油漆地板開始。製片廠的主建物是大型日式木造房屋，有很多隔間，每間都鋪有榻榻米，掀開來下方就是地板。廠方備齊色料、刷子、磨砂紙、油漆等，學員自行選擇顏色調配油漆。我們漆完第一個房間（後來成了廠長辦公室）之後，轉換陣地繼續工作，快要下班前，我們回到那個房間查看油漆乾了之後的狀況，覺得成果相當不錯，學到的這些技術應該可以幫自己家裡的地板和牆壁美化一下，大夥兒雖然全身沾滿了漆，但很有成就感。

下一門是照相課，每四個人分到一捲三十六張黑白底片，自由取材，拍完之後由老師示範如何取出底片、裝入沖片盒、灌入第一劑顯影藥水、按規定時間把藥水倒乾淨、灌入清水搖晃沖洗再倒掉、灌入定影劑、按規定時間倒出……底片藥膜中含有銀的成分，沖洗時會融入藥水中，大都沖印廠有位先生為了曬乾收集來的藥水，買下一片廢耕地，靠著收集「銀子」獲利甚豐，後來房地產高漲時更是賺了一大筆。

底片晾乾後，接著就是曬印了，我們將底片貼在特製的燈箱上，依照底片的濃度來增減曝光時間。老師提醒我們，若底片曝光不足，就縮短曬印時間；若曝光過度，就延長，沒把握的話就先剪一小張印相紙來測試。曬印尺寸可用放大機來控制。曬印完成後，將印相紙放入盛有顯影劑的平盤中浸泡，浸泡時間也要控制好，否則就會變黃或無法顯像。

剪接課的老師是沈先生，他直接了當說：「大家都看過我示範了，不必重演。」於是發給每個人兩小段約四呎長的十六毫米底片，要我們操作。接片需要剪接機、特製的藥膜刮刀、接片膠水，這三項缺一不可。剪接機也分兩種，笨重的固定型剪接機是剪接室的主要設備，攜帶型小剪接機則是每家電影院的必備器材。沈老師說：「每個人手上有兩條膠片，要做出五個接頭，完成後我來檢查，通過才算合格。」我忙亂了一陣子，成果還不錯，一次就ＯＫ。

5 另據宇業熒的說法，農教公司購買的是廢棄織布廠。宇業熒，《璀璨光影歲月：中央電影公司紀事》頁九。推測起初購置的是社長宅邸，後續才增購旁邊的工廠地，作為建立片廠之用。

一九五〇中台灣紀實影片

走出剪接室，點子最多的洪慶雲說，我們何不提議廠方讓我們真槍實彈拍一部片子來沖印剪接？於是推派林贊庭為代表去交涉。廠方立刻核准，並且提供一切所需器材用品。腦筋動得最快的陳洪民說，我們都是中台灣子弟，乾脆每人都拍一段，合起來作成一部《豐沛的中台灣》。我選擇了三個主題：大安溪河床一片白茫茫的芒草花、雄偉無比的火焰山（胡金銓拍《龍門客棧》也是選擇這裡的奇偉風光），以及靠著風味獨特的綠豆椪月餅聞名全台的豐原老鋪雪花齋。我們一行人去到雪花齋本鋪，老闆本來對我們這群小鬼不屑一顧，等我們說明來意之後，他張開雙手歡迎，想拍什麼就拍什麼，完全配合，拍完立即送上熱茶和香甜的綠豆椪讓我們解饞。

林贊庭選的主題是「割稻」，我們一行人來到他神岡老家，那是一座四合院建築，有一片很大的曬埕。林媽媽早在門口等候我們多時，看到這群小夥子，開心地招呼我們入內休息，香甜的熱麥茶毋須客氣儘管喝，風味絕佳。林媽媽給我很深的印象，一位寡居婦女獨自管理大片土地，讓子女都受到良好的教育，家裡也整理得井井有條，是非常能幹的好媽媽。

我們在林家田裡看到結實飽滿的稻穗隨風如浪起伏，一波一波美極了。遠處傳來節奏聲響，走上前去一看，是脫穀機。這架脫穀機以人力驅動，尺寸甚大，可以兩人同時操作，一邊用腳踏動滾輪，一邊轉動手上緊握的稻束，將一粒粒金黃稻穗打下來。他們忙得滿頭大汗，看到我們來拍攝，愈發起勁。不久，女工挑了點心擔來讓大家休息享用，據說點心擔分三級，割稻吃的是最豐盛的第一級，插秧是第二級，除草是第三級。因為農家經濟是有季節性的，收割期即將有收入，一天供五餐；插秧期也還過得去，一天供四餐；除草期手頭最拮据，幾乎是以借貸度日，所以一天只供三餐。拍完割稻，離開前，林媽媽抓了一把稻粒說：「今年好年冬，收成不錯，你們大家也要相互照顧。」

林隆淮的點子是去拍他家種的毛竹筍，那片竹林茂密挺拔，土面露出一個個長約半公分的筍尖，挖掉周圍的泥土後，碩大的毛竹筍現身。我們拿剷竹筍專用的剷刀用力剷，一剷一顆，肥大飽滿。那天中午我們享用了竹筍大餐，炒的、湯的好幾種。林家也是三代同堂，全家身體都健康得很，那天就是他硬朗的爺爺帶我們上山拍攝，健步如飛。

家在台中市的賴成英和洪瑞庭選擇的主題是台中公園，那裡是台中市著名地標，他們拍了一對對情侶泛舟遊湖的畫面。彰化最有名的當然是八卦山大佛，非彰化子弟洪慶雲莫屬；他還拍了全台有名的彰化肉圓、員林椪柑。結滿飽實椪柑的樹林橘澄澄的美極了，看得直嘸口水，園主得知我們來意，很豪爽地說能吃多少就摘多少，臨走還每人帶了兩顆，歡迎我們隨時光臨。後來我們還去拍了日月潭。

幾天拍攝工作結束，林隆淮主動請纓沖洗底片，由陳主任指導進行。當時廠裡已裝妥自動沖片機，但我們只拍了四百呎，不可能動用沖片機，只好全手工操作。我們做了兩個五呎見方的上下木框，用一排竹釘連結，上下框之間的距離剛好可以把十六毫米底片繞上去，藥膜正面朝外，浸入特製的木製容器中沖片，跟沖洗照相底片很相似。沖印好的原底片是負片，必須先印出正片（工作拷貝）來剪接，剪接由四眼田雞陳洪民操刀，陳主任也指導廖繼燿在印片室的微弱紅光下操作印片，我們在旁邊觀看學習。無聲毛片完成後，我們來到錄音室，陳洪民撰稿念旁白，洪瑞庭選背景音樂，林丁貴操作機器分別收錄在一條旁白帶和一條音樂帶上，朱孟良老師全程在旁指導。

我們用的是光學聲帶，需要進沖印室處理，兩條聲帶沖妥之後送回錄音室混音，做成一條聲片，再拿去沖洗。回到剪接室完成套片後，印出放映用的有

農教公司台中片廠大門。

左起我、涂秋林、賴成英。

左起陳洪民、我、曾保堂。

聲拷貝（正片），送回沖片室、烘乾，這才算完工。過程非常繁瑣，少一個步驟都不行。

醜媳婦總得見公婆，《豐沛的中台灣》片長七分二十五秒，我們邀請了全廠長官來檢視成果，長官們在前面排排坐定，我們這批練習生站在後面屏息以待，林贊庭學長操作放映，將我們「自以為」的豐富內容精彩畫面呈現在大家眼前。等到片尾「敬請指教」的字幕出現，開燈，全場熱烈鼓掌長達一分鐘。最滿意的非胡廠長跟王主任莫屬，讚賞有加，我想大家心裡都喊著：「我們做到了！」

坐著的五人左起曾保堂、賴成英、我、洪慶雲、涂秋林，站著的六人左起楊思穎、洪瑞庭、林隆淮的弟弟、陳洪民、林隆淮、林贊庭。未入鏡的拍照者是廖繼燿。

圓了放映師的夢

農教公司從大陸帶來的資產包括一批有聲彩色與黑白劇情片、記錄短片，大約數十部，其他器材有攝影機、錄音機、沖印機、剪接機、照相機，其中最多的就是放映機了。因為農教公司的成立宗旨是要從事農村電化教育，因此一開始由農民銀行投資法幣四千三百二十四萬元向國外購置的大批器材設備中，就包含了十六毫米放映機兩百多套，準備作為巡迴放映之用。我剛進入農教時，公司並無拍片計畫，胡福源廠長也認為我們還未具備獨立製作影片的能力與條件，但為增強練習生的專業能力，便要求我們利用這些影片和放映機學習放映技術，藉此活用閒置的器材與人力。恰好此時有消息靈通的影片經營業者知道農教公司帶了一批放映機和影片來台灣，就來洽商合作，由他們去尋找各地閒置的戲院，安排檔期，然後向農教租借放映機、影片和放映技師。

放映電影這件事，起初大家一竅不通，便在廠內練習架設銀幕、接發電機（鄉下的電力普遍不足）、連上變壓器、架設放映機……不斷重複操作直到熟練為止。才外派到全台各地放映。也是直到自己學習放映之後才了解，由於每部片子分成好幾本（盤）膠捲，一本一本接著放，所以需要兩人一組操作兩台放映機，前一本快放完時，另一位放映師就要準備好下一本膠捲，及時把畫面投射到銀幕的同一位置上，達成換本時劇情不中斷的任務。我們每兩人一組，由資深練習生帶領資淺練習生，攜帶全套放映器材（包括備用的空片盤、小型接片機、三到四個一千瓦燈泡、接片膠水、保險絲……），搭影片經營者派遣的旅行車前往目的地。我們在每家戲院通常會放映七至八天，放映期間廠長也會帶水果或伴手禮到現場慰問。

公司第一次派出的放映隊是由林贊庭帶領林隆淮，去台北車站的露天電影院放映，由於只需晚上工作，白天沒事可以四處玩耍泡小妞，據說成果非凡，讓我們這些還沒機會出班的人非常羨慕。

我第一次出班，是廖繼燿帶我去九份仔戲院放片。整座戲院是木造建築，一樓設滿座位，往後約五分之二處搭建二樓觀眾席，樓上有兩排座位。架設放映機時，突然有一種說不出來的感覺，算是緊張嗎？不會吧，操作技術在公司裡早就練得純熟，但身體就是覺得怪怪的，好像有什麼毛病。第一次在廟會上看到電影的記憶突然浮現，心臟砰砰跳動的情況跟當時一模一樣。架好放映機，要上膠捲時，我突然有個念頭。由於我們放映的十六毫米影片分成兩本各一千五百呎的膠捲，放完一本再接下一本，慣例是由資深放映師先放，此時我跟廖桑商量，能否由我放第一本？他問我為什麼？我答不出來。他看著我手上的第二本，想了想，然後把第一本交給我，說：「好吧，反正都得放。」

終於到了開演時間，全場燈光頓時暗了下來，這是夢寐以求的時刻，我按著放映機開關，往上一推，機器啟動，銀幕上出現了影像，我的心情才稍稍安頓下來，接下來四十幾分鐘我緊盯著銀幕和放映機，好不容易終於聽到廖桑掌控的二號機開機，我把一號機關掉，一下子放鬆下來，那種愉悅快樂無法形容。我心中默默喊著：「阿伯（從小我們家就是喊阿伯而不是喊爸爸），囝仔時你牽我去廟口看那場電影時，我就發願等大漢要做一個放映技師，我現在就是正牌的放電影技師了，你有歡喜才對，這都是你的功勞。」

我們當時放映的所有的影片都是英文發音，為了方便觀眾了解劇情，會由影片經營業者聘請一位所謂的「辯士」，站在銀幕的右側，用台語講解劇情內容（有如現在中文字幕的功能）。辯士通常帶著妻小隨片遷徙，有如迷你遊牧團。工作前一定要事先看過電影、深入了解劇情，做好功課，經驗老到的辯士也會加油添醋提高劇情張力。電影一開場，辯士會趁著跑片頭片名的時候快速簡要地介紹劇情，他們丹田有力，聲線品質良好，通常不需使用麥克風。放映中間有時也會要求技師將影片音量降低，好讓所有人能聽清楚他的聲音。

在巡迴放映中較有印象的戲院是屏東美濃戲院，屋頂是稻草鋪成的，除了舞台背面之外，另外三面都沒有牆，只用籬笆圍住，換句話說，只能在夜間放電影。放映隊的組合並不是固定的，我曾與賴成英搭配去南投水里戲院，那裡也相當簡陋，相對來說苗栗戲院是最現代化的。

放映工作推行得很順利，我們這群年輕技師受到民眾熱情歡迎，尤其以偏遠地區的鄉里為甚。巡迴放片這件事讓我很興奮，回想起幼年在廟口廣場仰望放映師的自信微笑，做夢也沒想到我真的也成了放映師，同樣成為把電影推廣到偏鄉、散播歡笑給大眾的人。

我擔任放映技師期間，電影一場一場放，片子也一部一部看，不知不覺中發現各類型的影片有不同的風格，例如《化身博士》（*Dr. Jekyll and Mr. Hyde*, 1941）恐怖神祕的微光讓整支影片更顯得陰沉；舞王佛雷・亞斯坦（Fred Astaire, 1899-1987）主演的《美豔親王》（*Yolanda and Thief*, 1945），畫面光鮮亮麗，充滿歡樂氣氛；《神鞭大俠》（*Zorro`s Black Whip*, 1945）則是神祕中帶著活潑開朗的俠義片。這些影片的畫面構圖都四平八穩，各有其特色與美感，每部電影都是我學習的好教材。

《惡夢初醒》——農教的第一部長片

一九五〇年六月，韓戰爆發，美國杜魯門宣布協防台灣，自一九四九年以來的危殆局勢稍見緩解，國民黨趁此機會推動改造計畫。農教公司的常務董事張道藩成為中央改造委員，在新局面之下，他對電影教育事業也提出了新的看法。中央改造委員會研議之後，決定由農教公司負起拍攝反共愛國電影的任務，隸屬軍方的中國電影製片廠負責軍事教育新聞短片，隸屬省政府的台灣電影製片廠負責拍攝社會教育新聞短片。[6]

一九五〇年八月六日，農教公司召開董事會進行改組，國民黨依循改造計畫投資農教公司取得股權，公司大權從農銀轉移到國民黨手中，由蔣經國取代陳果夫擔任董事長，戴安國擔任常務董事兼總經理，常務董事為張道藩與胡偉克，[7]改組後即刻推動籌拍劇情長片的計畫，農教公司的任務就此從農村電化教育改為拍攝反共愛國電影。經過這一番高層人事大動盪之後，準備拍

6　宇業熒，《璀璨光影歲月：中央電影公司紀事》頁九。

7　宇業熒，《璀璨光影歲月：中央電影公司紀事》頁九。

片，但農教公司向美國陸續購置的設備原本只為農村電化教育之用，全是十六毫米規格，並無拍攝劇情長片用的三十五毫米攝影機，而中國電影製片廠（遷台後暫駐岡山）有這種機器。於是兩廠奉蔣經國之命整合資源，合拍一部標準銀幕三十五毫米黑白劇情片《惡夢初醒》。但胡廠長基於專業有自己的評估標準，認為農教此刻仍不具備自行製片的能力，但陳果夫先生失去董事長寶座後，亦無力維護胡廠長的立場，他一個人擋不住來自高層的壓力，勉強同意開拍。開鏡沒多久，胡廠長黯然去職離開台灣，戴安國的祕書趙乃全代理廠長一職，由技術主任兼副廠長王世珍繼續執行拍片任務。[8]

王世珍是出身於上海百代公司的資深攝影師，一九二六年就開始掌鏡，替天一、明星公司拍過影片，抗戰時加入國軍拍攝戰地新聞片，一九四五年獲政府派遣赴美，在好萊塢學習彩色攝影與沖印，一九四七年受陳果夫之邀加入農教公司，公司隨即派他再與萬超晨、張亦桓等一行六人前往好萊塢深造見習。[9]

《惡夢初醒》在一九五〇年十一月十四日開鏡，宗由執導，男主角是王玨，女主角由盧碧雲擔任，劇本來自一九五〇年刊登於《台灣新生報》的小說《女匪幹》，作者鐵吾。副廠長王士珍掌鏡擔任攝影師，攝影助理是方壯猷和來自中製廠的華慧英。林贊庭在攝影組實習，林丁貴、林焜圻和洪瑞廷在錄音組實習，洪慶雲和廖繼燿在燈光組；涂秋林分配到沖片組，陳洪民分配到剪接組，我被分配到照相室暗房，負責沖洗劇照及工作照。這是我們這批練習生首次接觸真實製片過程，個個戰戰兢兢，無不在工作中努力學習。《惡夢初醒》耗資三十二萬元，於一九五一年四月上映，全台票房收入十一萬元。成功完成任務後，國民黨中央批示撥款美金三萬元給農教公司，向美國購置三十五毫米攝影機，其他新片就此陸續開拍。[10]

徐欣夫導演的農教自製影片《永不分離》（1951）一九五一年七月一日開拍，由王玨、吳驚鴻分飾男女主角，主要技術人員有香港派的攝影師莊國鈞、[11]錄音師葉庭樾、燈光師曹小炳、攝影第一助理劉福良，同時也啟用我們這一批練習生出任技術人員：賴成英擔任攝影第二助理、廖繼燿與洪慶雲也分任助理，我擔任錄音第二助理，主要工作是負責收音麥克風的操作。陳洪民擔任場記。

當時的麥克風敏感度差，需要擺在演員上方二呎高偏四十五度角的位置才能收到良好的聲音，但也因此會干擾燈光投射。拍攝內景時，要在攝影棚頂的鐵架上架兩塊檜木板（四公分厚、二十六公分寬、三百公分長），一塊擺設燈具，一塊是燈光人員操作時的走道。由於光源大多由上向下照射，演員邊走位邊說台詞時，我操作的麥克風必須跟著移動，一旦經過光源就會產生影

8　林贊庭，《台灣電影攝影技術發展概述：一九四五—一九七〇》（台北：財團法人國家電影資料館，二〇〇三），頁二十八—四十二。
9　宇業熒，《璀璨光影歲月：中央電影公司紀事》頁十七。
10　宇業熒，《璀璨光影歲月：中央電影公司紀事》頁十一。
11　農教初期的幹部有上海派與香港派之分。

子。這些影子如果沒入鏡就不會有問題，如果出現在畫面內，就會與燈光師產生爭執，由於本位主義的關係，經常爭得面紅耳赤，但為顧全大局，最後通常是各退一步，化解紛爭。

轉入攝影部門

一九五二年五月，我奉調台北總公司業務部（博愛路一百五十號），負責影片出租工作，為期一年多。

這段期間，我利用午休或週末假日跑到台灣電影事業股份有限公司（接收日產改組而成，一九四七年開始營運）所屬的國際戲院看電影（改組為中影之後增加了新世界、大世界、中國戲院），不管上映的是華語片或是外國片，一部也沒放過。我不僅看情節，也看構圖、燈光、氛圍，把一幕幕精彩畫面印在腦海中。

我白天上班，晚上則以戲院為教室；遇上經典好片更是一看再看，扎扎實實把握機會不斷進修，我日後擔任攝影師時，處理場景和掌握氣氛均受惠於這個時期看過的電影。本質喜歡交友、廣結善緣的我，在台北上班期間一反常態，風雨無阻天天看電影，成為十足的影迷。連最照顧我的堂哥林文端（台大農經系高材生）、任職物資局課長的表哥戴朝旺與同鄉北上發展的陸文彬（最後當上台北市商業公會的執行長）都鮮少見面，他們以為我失蹤或發生什麼事，都曾來電詢問。

來公司洽租電影的，包括台北市及全省各地首輪、二輪戲院，它們都有自己的放映設備和技師，所以只需租借影片。另外，美商八大公司及獨立製作的電影，也可以在我們這裡租到，但我只負責農教自己的影片出租。

一九五三年新春期間，董事長蔣經國在劍潭青年活動中心宴請屬下團體機構員工，席開數十桌，以春酒達謝大家一年來的辛勞，我有幸受邀參加。蔣方良女士面帶微笑，親切地陪在經國先生身側。此時此刻，置身於如此盛大重要的場合，我這個來自鄉下的大孩子自是既感動又興奮。稍後農教公司總經理李葉先生也在寧夏路的寓所設宴款待總公司全體同仁，總經理夫人親自為每個人夾菜敬酒，有如對待子女般溫馨，讓人印象深刻。

其實，按年齡我早該服兵役，但農教公司原本隸屬國防工業體系，每次收到召集令時，公司皆會出具任職證明申請緩召，一九五四年我再度接到召集令，只得如期報到，接受為期四個月的補充兵訓練（一九五四年二月至一九五四年六月）。我辦妥留職停薪，前往台中坪林鄉的訓練營房報到，四個月役期都待在這裡，每天的操練雖然辛苦但也結交了不少好友。

就在我服補充兵役期間，一九五四年五月二十日，老總統蔣中正由經國先生陪同蒞臨台中製片廠視察，聽取報告，老先生了解到製片廠資金短絀，出品不多，在國內也沒有完整的發行網，導致成本回收緩慢，經營不易，隨即指示國民黨中央強化農教公司體質。六月三十日決議將農教公司與擁有戲院、發行影片業務的台灣電影事業股份有限公司合併，於一九五四年九月一日成立「中央電影事業股份有限公司」。

服完四個月的補充兵役後回公司復職，沒多久因製片量增加而將我調回台中製片廠。在錄音部門工作一段時日後，我如願請調到攝影部門，參與自製片工作。印象比較深刻的就是拍攝中影出品的第一部電影《梅崗春回》（1955），導演宗由，主要演員是張仲文、穆虹、唐菁、黃宗迅等人；華慧英擔任攝影師，我擔任第一攝影助理。該片的城樓場景搭設在製片廠後方空地上。有天晚上拍攝外景，碰到寒流來襲，不曉得是否因為氣溫太低，攝影機馬達轉速不穩定，達不到每秒二十四格的速度，無法與錄音機聲帶同步，這會造成演員嘴型對不上的問題。我們馬上現場應變，替攝影機套上保暖外套，卻沒有用；於是卸下馬達，用木炭燒烤加溫。徐廠長聞訊趕來，指示相關人等焚香祭拜，同時又找了好幾條厚棉被把機器整個包起來；經過這些措施，再開機後果然正常工作，終能順利完成拍攝。到底是什麼因素導致機器故障？又是如何排除？無人能清楚解釋，但在那麼寒冷的夜裡工作，我即使穿上三條褲子（包括一條衛生褲），仍被凍得骨頭發疼，心想如果能在屋裡裹著厚棉被睡懶覺該有多好。這種遭遇若不曾親臨其境是無法體會的。

《碧海同舟》（1956）一片也是宗由執導，副導演李嘉，攝影華慧英，我是攝影助理，化妝雷鳴，化妝助理周玲子；演員有宗由、張仲文、穆虹、唐菁、黃宗迅等。一九五五年十月底開拍，顧名思義，《碧海同舟》的外景拍攝不能沒有海，該片主景就選在萬里鄉的野柳海邊，需要以小舟載送人員器材渡過一條小溪才能抵達拍攝地點。當我們的小舟划進溪中時，負責道具的張翰卿不小心掉入水中，他在水中掙扎著：「救命啊！救命啊！」我們大夥都很緊張，一時不知所措，反倒是撐船的船家慢條斯理地說：「站起來就沒事啦！」驚慌中的張翰卿好不容易站了起來，果然水深只到他的腰部。他難為情的說：「我天生怕水，一看到水就腿軟。」有人說山東人旱鴨子多，這話一點也不假！

我先前已經服過四個月的補充兵役，但農教改組成中影之後，公司不再隸屬國防工業體系，而且政府在一九五四年十二月修改了兵役法規，以至於後來我再度接到召集令，要補服不足的役期。《碧海同舟》拍到一半，我又收到召集令，限時返回戶籍地豐原報到，入營服常備兵役。我們從豐原火車站上車前往湖口訓練基地。湖口基地有兩個作用，外島部隊輪調回本島時會先來這裡補充兵員，然後前往新駐地。再者就是新兵訓練，在這裡受訓十三週之後，再抽籤下部隊，運氣不好的就抽到金馬獎。我被分到第九十二團衛生連，先是駐防淡水的大坪林營區，後來移駐六張犁，直到退伍為止，都在大台北地區。衛生連的主要任務是醫療、搶救傷患，但我因學歷的關係被調去連本部協辦文書業務。

一九五二年二月入伍服補充兵役。

當時部隊生活的衛生條件很差，在退伍前一天，我們這梯屆退人員被集中在一起，當天晚上睡覺時明明掛了蚊帳還是全身發癢，有人受不了，向排長報告，他要我們開燈看看，一開燈不得了，奇景出現，一排排臭蟲列隊行軍往還在熟睡的阿兵哥前進。當時沒有殺蟲劑，只好用訓練有素的戰技與它們肉搏，一個一個消滅，才能安穩睡覺。其實早期的戲院座位也不乏臭蟲，看電影時莫名其妙就癢起來，但大家見怪不怪，直到有了DDT之後才改善。

結束臭蟲之戰，重新入睡沒多久，討厭的起床號就響了，我們這群經歷一場夜戰的兄弟勉強起床參加早點名。值星官看到我們無精打采，馬上發飆：「你們這批活老百姓，以為要退伍了，什麼態度！立正站好！」有人不服氣，正想舉手發言解釋，排

參加拍攝《碧海同舟》，左起林文錦、張仲文、洪慶雲。

長連忙制止，低聲說：「不要解釋，我不是也陪你們一整夜嗎？」值星官還沒完：「立正站好！我在這裡重新宣布，你們雖然服役期滿，還沒走出營區大門之前別忘了還是堂堂正正的中華民國軍人，要像個軍人的樣子！」這次服常備兵役，為期一年八個月，連同先前四個月的補充兵役，完成兩年的國民義務。一九五七年退伍，返回台中製片廠報到，繼續我的攝影工作。

參加中影公司第一部劇情長片《梅崗春回》拍攝，中央後方三人是我、洪慶雲和林贊庭。

克難拍攝新藝綜合體

《長風萬里》（1958）是軍事教育片，也是中影公司因應世界潮流拍攝的第一部三十五毫米黑白「新藝綜合體」規格的電影，當時西方、日本都已紛紛改拍這種規格（標準銀幕片門長寬比是1：1.33，新藝綜合體片門長寬比是1：2.35），台灣各地戲院為了放映新藝綜合體電影，已率先配合添購鏡頭與設備。中影製片廠當時沒有拍攝新藝綜合體的專用鏡頭，於是就近到戲院放映室參觀這種新設備，了解到新藝綜合體是將底片片格上下拉長，為了配合新的長寬比而必須更換放映機片門，還要在普通放映鏡頭前加裝壓縮鏡，把原本方型的畫面往兩邊放寬。在製作方面，由於新藝綜合體的片格上下拉長，所以每兩格之間的間隙就變窄了，如此不但苦了剪接人員，剪接機勢必也得修改。

我們幾個臭皮匠逆向思考，心想，如果把放映用的壓縮鏡裝在攝影機原有的鏡頭前，應該就可以拍到比以前更寬的畫面，得到新藝綜合體的效果吧？我們向戲院借了一顆壓縮鏡頭試拍，在中山北路上有條剛建好的復興橋，跨越火車鐵軌，入夜後兩旁立著成排路燈。我們把攝影機架在車上，由中山南路一直拍到橋上，試片效果良好，於是決定用臨時拼湊起來的器材開拍《長風萬里》。

《長風萬里》以中華民國海軍為背景故事，由王方曙先生執導，攝影賴成英，我擔任攝影助理。演員有張仲文、黃宗迅、梁銳、李冠章。王方曙是名編劇家，劇本當然出自他手，卻是他第一次執導。王導演個性急躁，片刻都不能等。比方說，我們登上軍艦拍攝一場海戰戲，大部分工作人員都暈船，我也不例外，尤其聞到船艙飄出炒菜的油煙味時更覺得噁心想吐，難過到了極點，但還是強忍著繼續工作。每卷底片拍完時，要當場把一千呎裝的暗盒卸下放入黑布袋，換上新底片（裝在鋁製片盒中，用防光黑紙袋包著），袋內空間不大，簡單的換片步驟在平時出外景時易如反掌，但在不停搖晃顛簸的軍艦上，我心急又暈船，手腳不聽使喚。脾氣急躁的王導演已經看好角度，準備拍下一個鏡頭，回頭一看，我兩隻手還在黑布袋中摸啊摸的，就開口罵人：「怎麼動作這麼慢？快啊！快啊！」叫得我心急如焚，但又不能操之過急，以免忙中出錯。

第一天拍攝完畢，軍艦靠岸，大夥搖搖晃晃總算回到碼頭，雙腳踏上扎實的水泥地時仍感覺天搖地晃。偷偷問了海軍弟兄會不會暈船？不暈才怪！晃久就習慣嘍。那暈船時會不會吐？吐啊！嚴重時連膽汁都會吐出來！

一個星期拍攝下來，也逐漸習慣了，偶而遇到風浪較大時還是能聽到外景成員在舷邊吐得七葷八素。上了軍艦，隨片木匠向澤長師傅也得上船，鋪鋪軌道、墊墊什麼總是要的。有一個鏡頭，畫面右邊是艦上的雙門炮台，畫面左邊是敵方軍艦，兩方開火互擊，高潮處就是我方船艦擊中對方的畫面。拍攝時敵艦先開火，炮彈在我方軍艦附近爆炸，濺起兩、三層樓高的水柱，我方接著瞄準，以優勢先進武器還擊，命中敵艦，火花四射，敵艦落荒而逃，精彩震撼。大家拚命的鼓掌叫好，王導演也連說不錯不錯。突然從我方炮台後跳出一個背著工作袋的傢伙，邊跳邊大喊：「救命啊！救命啊！」原來是向師傅。怪了，難道他被炮彈碎片打傷嗎？後來他才說：「耳朵被炸壞了，什麼也聽不到！」原來他在炮台旁清理四周雜物，正式開拍時來不及跑回來，心想躲在炮台後面不被拍到就好，不料被炮聲震到失去聽力。船上醫務官緊急將他送往軍區診所，幸虧耳膜沒有震破，是不幸中的大幸。向澤長是個非常盡責、經驗老道的布景師傅，手工細緻，不喜歡講話，任何有關木工技術，小如櫥櫃，大到布景，都難不了他。提到布景，順便談談當時的狀況：布景是依劇情所需搭建的，拍攝結束後，檢查毛片沒問題，就可以動布景，不是改就是拆。這時木工師傅腰間都會繫著一個帆布袋，袋內分成兩邊，一邊裝的是新洋釘，一邊裝的是拆卸布景時拔下的舊洋釘，一根都不浪費，絕不會像現在隨手丟棄。這些師傅在拆除布景時，除了盡量不要傷到布景板之外，工作告一段落回到工務室補充新釘時，會順便把彎曲的舊洋釘倒在桶內收集起來。他們雇請片廠附近的歐巴桑用榔頭把舊釘鎚直，回收再使用。我們不時可看到三兩個歐巴桑蹲在水泥地上敲敲打打，她們工資微薄，談不上貼補家用，但都做得很愉快。雖然這樣為公司省下的錢不多，但回收再利用的精神本身就值得讚勉。

《長風萬里》片中有場戲，海軍官校全體官兵在集合場上排成整齊隊形，校長宋長志將軍站在司令台上訓話，場面莊嚴隆重。鏡頭是靜態的，攝影機架在兩節高的高台往下俯拍，這個大場面鏡頭拍到一半時，竟然出現一個伙夫，挑著兩桶水走進畫面，攝影師賴成英馬上向站在攝影機旁的王導演示意，當時導演正全神貫注在聆聽宋校長訓話，回頭往賴成英所指的方向一看，國罵就大聲飆出口：「幹ＸＸ的！王八蛋！」一瞬間，我們全傻了，這個鏡頭肯定要重拍。我們不知道他事後有沒有對自己的粗魯言行表示歉意（王方曙導演當時還是萬年國會的國大代表），也不知在場的官校教官跟宋校長對此做何感想，不了解狀況的官兵當時一聽到導演飆罵，彼此交頭接耳，整齊的隊伍也開始鬆動。王導演一看苗頭不對，馬上通知製片部的人向官校的聯絡官說明原委，請他轉達給宋校長知曉，要求重拍這個鏡頭。經過一番溝通後，官兵重新整隊，保持待命狀態，隨時可以重拍。

第二次拍的鏡頭遠比第一個精彩，部隊依然壯觀，司令台上宋校長的訓話也張力十足。第一次拍攝時因為距離太遠，宋校長的身影並不顯眼，我們在第二個鏡頭拍攝前告訴校長，表情動作要儘量誇張加大，觀眾的注意力才會集中在他身上（這個想法是攝影師賴成英在觀景器中觀察到的。賴成英一向謙遜客氣，他趁王導演稍微氣消後才禮貌地提出建議，王導演連聲稱好，卻連一聲謝謝也捨不得說）。由此可見，頭腦冷靜、全神貫注在觀景器上的攝影師往往可以協助導演修正演員的表情動作，這個大場面可說是因此因禍得福。

《長風萬里》除了戰鬥場面之外，還有海軍官兵生活面的描述，例如男女之間的感情，有趣的交往過程，還有軍校出操授課的情形。外景大部分在左營軍區周邊拍攝，為節省時間預算，就近商借專門接待海軍軍士官的新式招待所「四海一家」給全體外景隊入住。雖然沒有飯店那麼豪華，也還算舒適，伙食也統一由四海一家的廚房提供。這裡的庭院景觀還算不錯，片中有場戲就在此取景，拍攝張仲文、黃宗迅（飾演海軍官校學生）的感情戲。他們依劇本試了幾次總覺得不順口，希望能修改對白。當時影片都是事後配音，不管對白說什麼，只要表情自然就行（配音間裡有經驗豐富的資深領班處理對白）。王導演走到演員旁再次看了他們的表演，覺得很順，決定依照劇本走，但演員堅持要修改，王導演說：「我是導演，劇本是經過層層審核的，一個字都不能改！」雙方為此爭得面紅耳赤互不相讓。這時，王導演火了，劇本往地上一摔：「老子不拍了！」滿臉通紅地坐在導演椅上大口喘氣。現場氣氛就此僵住，大夥都不知如何是好。我們私下嘀咕：他會不會就此拒拍？有人說不會，他只是擺擺姿態，顯示權威吧。果不其然，經過劇務居中斡旋，雙方各退一步，演員梁銳也把劇本拾起送還給王導演，讓這場火爆衝突平息，繼續拍戲。

拍攝過程中小磨擦、小糾紛不斷，還是好不容易拍完，宣布殺青。為了拍攝新藝綜合體影片，我們將戲院借來的壓縮鏡頭裝在普通鏡頭上，不僅加重攝影機的體積與重量，木製三腳架也改為鐵管製三段式固定三腳架，更重、更不方便。李葉總經理對攝影組能以克難方式拍出充滿氣勢的影片甚是滿意，也對我們嘉勉一番，同時交代負責器材採購的李希賢主任儘速訂購新藝綜合體電影的相關設備。首批進來的新設備是日本ＮＡＣ鏡頭，輕巧好用；稍後向美國好萊塢訂購的成套新藝綜合體鏡頭也陸續到廠，終於減輕攝影同仁的體力付出。

《長風萬里》拍攝現場，左起女主角夷光、攝助林文錦、導演王方曙、攝影師賴成英。

我們拍攝《長風萬里》時土法煉鋼，加裝壓縮鏡頭，拍出新藝綜合體畫面。

嘗試水中攝影

《海埔春潮》（1961）是三十五毫米黑白國語時裝片，由國民黨元老吳忠信的公子吳申叔獨資（中藝公司）委託中影攝製，這部片捧紅了臉蛋亮麗、輪廓鮮明、身材姣好的金楓小姐。導演有兩位：李嘉與白克。演員除了金楓外還有方平、崔小萍、宗由等。攝影師洪慶雲，第一攝影助理林贊庭，我是第二攝影助理。李嘉導演不苟言笑，是嚴肅、全神貫注、工作認真又有紀律的導演。他在拍攝現場很討厭聲音干擾，尤其正式開拍時更容不下任何雜音，喊開麥拉之前他會一本正經地說：「床鋪底下的炒鍋（台灣諺語；後來演變成「床鋪底下的電鍋」）。」我們一聽他喊就知道意思，眾人馬上噤聲，等到四下完全寂靜下來，李導演喊：「預備——預備——」兩聲後才正式開麥拉。

這部片子可以說是為了宣傳新時代國土規劃而拍的政策電影，故事背景是開拓海埔新生地的過程，趁著退潮後露出的空檔，運土大卡車川流不息開進海埔地填高地基，然後趕築堤防，工程場面相當浩大。有一場戲是男主角工程師方平為來探訪的女主角——國小老師金楓——導覽海埔地工程，首先拍的是高空鳥瞰鏡頭，我們特地調來電力公司專門用來維修高空電纜的的升降機，第一趟拍攝方平、金楓搭乘工作箱升空，第二趟是主觀鏡頭，只有攝影機和攝影組人員升上去，第三趟是左右兩個工作箱同時升空，一箱是攝影組，另一箱是男女主角。這場戲總共拍了三趟，雖然耗時費力，但遼闊的海岸線一覽無遺，非常壯觀。三趟升空鏡頭經過交叉剪接之後，呈現出相當有趣的效果，每升高十尺，男女主角的感情就升溫一級，升到最高點時，愛意也到達頂點，手牽手四目相對，如果不是考慮到電檢尺度，就該拍接吻鏡頭了。

接下來一場戲是方平用小舟載著金楓沿岸導覽解說，突然一個浪頭打來，小舟翻覆，金楓不會游泳，掙扎著沉入水中，方平急忙將她救起……這場水中救人戲是由蛙人替身執行的，他們替劇組找到南方澳一處離岸約四百公尺的水域拍攝，說這裡水質清澈，拍起來清楚。

為了拍攝這場水中戲，外景隊浩浩蕩蕩開拔到南方澳搭船出海，當時那裡尚未開發建港，只是一片海灘。臨登船時才發覺沒帶到攝影機電瓶，劇務急速調來海防部隊支援的吉普車，我二話不說就跳上去，畢竟這是我這個第二攝影助理的疏失。我們火速趕回旅社，取了電瓶，再飛馳趕去南方澳。到了岸邊，搭載全體外景隊的船已離岸，停在距離約四百公尺外的海面上。我傻眼，現在是要怎樣？這時看到一位蛙人在等我，他說我們把電瓶送過去就可以啦。怎麼過去？游過去啊！我說別開玩笑，這水很深吧？他說沒錯，電瓶我帶著，你跟著我游就對了。這位蛙人老弟說完，把電瓶綁在頭上就下水往船隻方向游去，一回頭看我還呆站在岸邊，他招手大聲喊：「跟我來，不用怕！我會保護你！」我只好硬著頭皮緩緩下海，以蛙式跟著游，他也放慢速度，在前方不遠邊游邊等我。游了一段相當長的時間後，感覺距離沒有縮短，船始終還是那麼遙遠。我覺得累，大喊：「班長，我要休息一下！」班長說好，我等你。我把身體放鬆，當腳伸直觸碰到水下三呎左右，突然感到海水凍得要命，只好縮起腳來繼續游。好不容易游到船邊，雙手往船舷一搭就再也沒有力氣，全靠同事把我拉上船。完成這趟水中送電瓶的任務，水中救人戲才得以順利拍攝。

為了《海埔春潮》的水中拍攝需要，工業學校出身、聰慧過人的洪慶雲帶著我、賴成英、廖繼燿、林鴻鐘，我們一群《映画技術》海外會員共同研發出克難的「水中攝影罩」，運用在此片的水中攝影，效果頗成功；之後因應世界潮流改拍寬銀幕影片，再度動腦筋研製寬銀幕水中攝影罩，解決長久來水下畫面拍攝不易的問題。更巧的是，拍這部戲時下水操作攝影機的就是洪慶雲本人。

事隔數十年，我們這群老攝影師在固定聚會中偶而聊起陳年往事，洪慶雲才提到當年為了拍攝這顆鏡頭差點送了命。當我把電瓶送到船上時，蛙人已經替他穿好潛水裝備，包括輸送氧氣的口啣跟防水面鏡，他提著攝影機就往水裡跳，沒想到一直往下沉，不一會兒他感到呼吸困難，不知如何是好，幾近窒息之際，心中只有一個念頭：一定要趕快浮上水面！於是他慌忙動手把綁在腳上的鉛塊拔掉，快速浮升，救了自己一命，支援單位這時才知道攝影師沒有受過相關訓練，根本不會使用潛水裝備。洪慶雲回到船上後，支援單位替他臨場惡補，要他強記每個步驟，重覆演練到熟練才放行讓他下水，也終於克服困難完成任務。

在拍攝過程中，漂亮小妞金楓偶而也會鬧情緒，情緒一來就賴在旅社不出門。此時，製片陸建業先生會打電話向老闆吳公子報告，吳公子每每急忙從台北趕過來安撫，接著就看到她開開心心地走出房門，口中唸唸有詞拍戲去，活像隻快樂的小鳥。《海埔春潮》就是在嚴肅、緊張加上錯綜複雜的環節中按表操課，但其中也有輕鬆的一面。據說《海埔春潮》開拍前沒多久，金楓小姐出席參加展示會之類的活動，她自信滿滿，以傲人身材套上旗袍穿上高跟鞋，連內衣也免了，就搭車前往圓山大飯店赴會。一到現場，被攝影記者團團包圍，所有相機對準了她猛拍，更誇張的是，有個調皮記者還刻意放低相機從下往上拍。金楓小姐跟洪慶雲以前曾合作過台語片，後來和我們攝影組的年輕人都混熟了，經常開起玩笑毫不避諱。閒聊中問起她在圓山大飯店展示會大出風頭這件事，金楓笑而不答。話鋒一轉，洪慶雲指著她的上衣說：「金楓太過分了，假得過頭。」金楓知道洪慶雲指的是什麼，答道：「我是貨真價實，如假包換，你們信是不信？要不要證明給你們看？」說完手拉著衣擺就要往上撩。我們大夥齊聲驚呼：「信！信！我們信！」所幸她沒有真的動手繼續脫，否則這個玩笑開下去可能讓很多人付出嚴重代價。

要正式開拍前或NG重來時，隨片化妝師通常會趁機幫演員擦汗補妝。但金楓小姐硬是與眾不同，她就是要等到導演喊：「我們正式來，預備——」的那一剎那才匆匆喊著：「寶玉！鏡子！」（化妝師寶玉後來嫁給中影著名剪接師汪晉臣；在台語片最興盛的時期，汪晉臣成立剪接室，利用公餘時間承接獨立製片的剪接工作。寶玉在旁輔助成為得力的助手）。喊久了大家就習以為常，也認同金楓小姐想把最漂亮的一面完整呈現給觀眾的敬業精神，所以現場只要聽到一聲：「寶玉！」我們大家都會幫她喊下一句：「鏡子！」

《海埔春潮》拍攝一段時日後，我們突然發覺少了一張導演椅，白克導演缺席了，本以為是

為拍攝《海埔春潮》的水下救人畫面，我們兄弟共同研發出水底攝影罩，左起賴成英、試拍模特兒陳惠珠、洪慶雲、林文錦、林鴻鐘，拍照者是廖繼燿。

《海埔春潮》全體演職員。

身體不適，再過一段時間才輾轉得知他已被警備總部逮捕，從此再也沒有出現過。據說李嘉與白克同樣出身於廈門某所大學，因而有親共、賣台的嫌疑，事實是否如此我們無法得知。但奇怪的是，李導演有很長一段時間無法出國，直到一九八四年拍攝中影公司出品的《戰爭前夕》（又名《山河歲月》）才解禁，獲准以導演身分帶隊赴日拍攝外景。我可以體會李嘉導演在長達二十餘年的歲月裡所受的委屈與感受。

另一位爭議人物是演員崔小萍。她當時已是廣播界紅人，集節目製作人與主播於一身，也在國立藝專兼任講師，可謂多才多藝。《海埔春潮》的外景隊下榻礁溪大旅社，她常利用沒有通告的空檔，以蒐集題材製作廣播劇為由，帶著小型錄音器材，獨自雇用小漁船，三天兩頭去離岸不遠的龜山島。她不斷往返龜山島的行徑讓人起疑，但大夥兒為拍片各忙各的，無暇多管。

第二章

在台語片熱潮中抓住機會

台語片時代來臨

一九五六年，我參與了台語歌仔戲電影《薛平貴與王寶釧》（1956）的錄音工作，這是民間電影公司來中影租用錄音室製作的第一部台語片，此片由何基明先生執導，他可算是本土台語片的先驅。據說他們拍攝《薛平貴與王寶釧》的內景時所搭的攝影棚是露天的，根本不使用燈具，利用自然陽光或在陰天拍攝，在如此惡劣的條件下完成，克難精神真令人敬佩。何基明先生拍這部作品，確實呈現了電影這種新媒介有別於傳統歌仔戲演出模式的地方，當時的傳統歌仔戲通常一個布景演到底，文戲武戲都在同樣的場景裡進行，何基明則找布景師傅依情節變化繪製不同的布景片，分場拍攝，給觀眾耳目一新的感覺，難怪大獲成功，創下極高票房紀錄，也開啟了一波台語片熱潮。

台語片漸受歡迎，產量逐漸增多。《海邊風》（1957）也是獨立片商委託中影攝製的，由田琛執導，攝影方壯猷，我是攝影助理。這天外景隊到南方澳海邊取景，一行人各自帶上自己的器材裝備，浩浩蕩蕩跟著導演逛沙灘尋找合適的拍攝點，我也不例外，一肩扛起六十斤重的美製三十五毫米 Mitchell NC 攝影機（當時的規矩是除了攝影人員外，其他人都不能碰機器，裝箱後的搬運不在此限；當然也只有導演才有權看觀景器）。空手走在沙灘上都已經有點吃力了，更何況要扛這麼重的機器，實在很累。

我好不容易跟上導演站定的位置，攝影機還沒放下來，就聽到導演說這裡不理想，遙指遠方說：「我們到那邊看看。」我只好把肩上的機器放下，稍微喘口氣再扛上肩，跟著大夥來到下一個位置，但導演仍不滿意，繼續尋找更好的取景點。此時我已累得上氣不接下氣，卻不敢直接向導演要求讓我小歇一會，等選定位置後我再把攝影機扛過去。我偷偷向副導演請求轉達，卻被導演一口回絕，他說：「攝影機不跟著走我沒靈感。」這個時候我雖然已累得不成人形，腦海中卻浮現母親「做事要認真打拚」的叮嚀，我咬緊牙根扛著攝影機跟上大隊人馬，總算找到導演想要的拍攝位置。雖然身心俱疲，但想想能藉此鍛鍊體魄也不錯啊。

如果片商自行拍攝台語片的話，通常

參加台語片《海邊風》拍攝，左為小艷秋，右為汪萍。

最多不會超過十五個工作天，時裝片多選在新北投拍攝，內景租用旅社房間，外景就去附近的公園就地取材。由於台語片票房節節高升，愈來愈多老闆投資拍片，也需要大量的攝影師，我們這批訓練有素的攝影人員正是他們所需的班底，片商不斷向中影辦理人員外借，我們一方面可利用機會磨練技術，一方面可多賺一份外快。最重要的是，當時公司自製電影數量有限，在僧多粥少的情況下，很難獲得擔任攝影師的機會，只有具備實際掌鏡經驗的攝影師才有機會通過審查，因此，利用拍攝民間公司的台語片來累積實戰經驗，是我們這些年輕人的大好機會。但我沒有自吹自擂、到處拉生意的口才，只能靜靜等待片商自己找上門。

接著我參加了台語片《萬華白骨事件》（1957）拍攝工作，這部電影在第一屆台語片金馬獎中大放異彩。此片也是片商向中影承租場地攝製，由時任劇務主任的莊國鈞執導，他啟用曾經擔任過攝影助理的賴成英掌鏡。賴成英聰明過人，苦幹實做獲得上級賞識與信任，因而得到這個難得的機會，讓其他更早進廠擔任練習生的學員羨慕不已。我擔任這部片的第一攝影助理，離攝影師之路更往前了一步；雖然攝影助理還沒有看觀景器的機會，但能貼近攝影師近距離學習，也讓我受益良多。

《萬華白骨事件》的道具，我和攝影師賴成英。

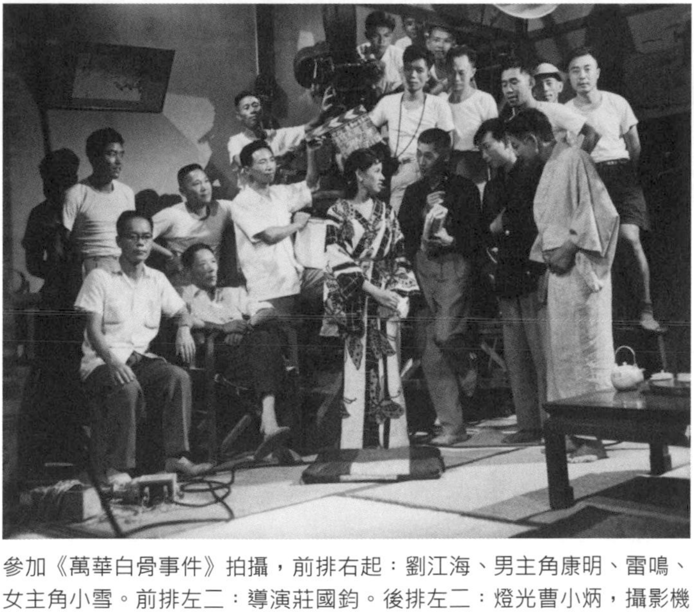

參加《萬華白骨事件》拍攝，前排右起：劉江海、男主角康明、雷鳴、女主角小雪。前排左二：導演莊國鈞。後排左二：燈光曹小炳，攝影機右前是攝影助理林文錦、右後是攝影師賴成英。

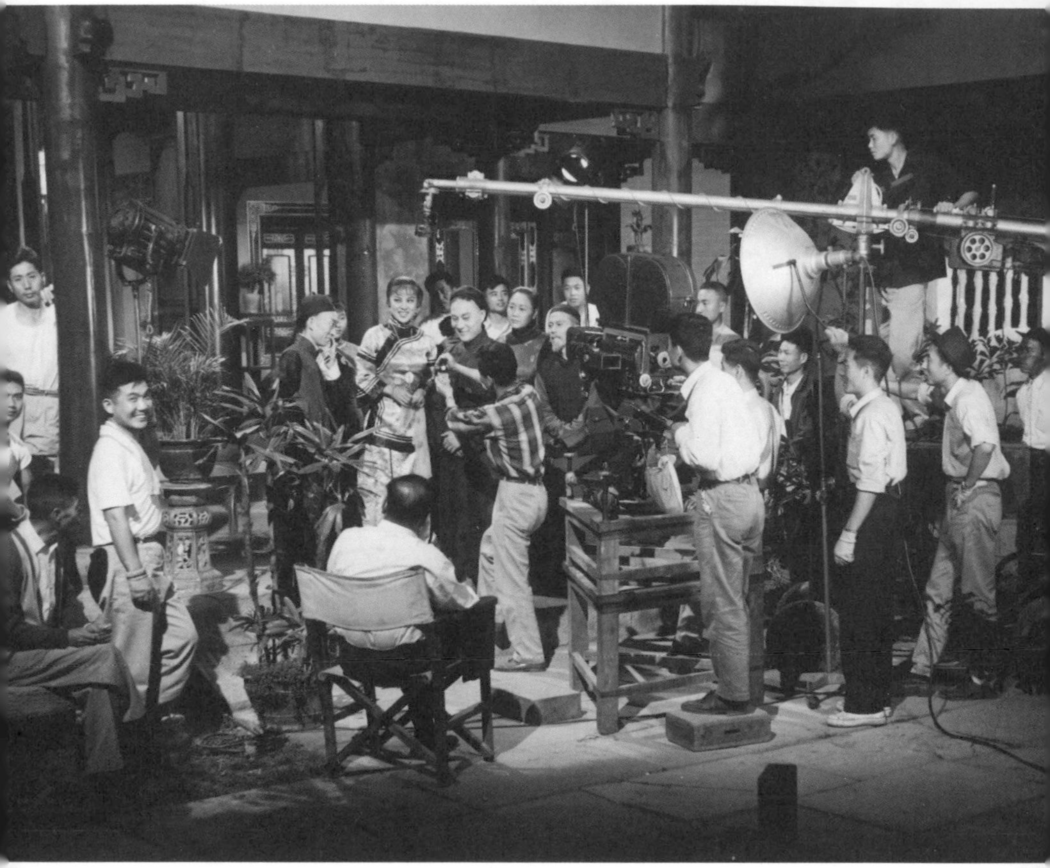

在中影作品《蕩婦與聖女》擔任攝影助理，
我正在為女主角穆虹測光，攝影師洪慶雲。

蔡秋林讓我首度掌鏡

擔任了好幾年的第一攝影助理之後，終於，美都影業社老闆蔡秋林先生（兼導演）找我為他拍攝《烈女養夫》（1962），演員全由歌仔戲班「美都歌劇團」團員擔綱，三十五毫米黑白片事後配音。這是我首次掌鏡當攝影師，總算有機會把這幾年擔任攝影助理所學到的實務經驗以及累積的能量，毫無保留地全部發揮出來。

我一接到邀約訊息，既興奮又激動緊張，立刻前往西門町昆明街的美都影業社求見蔡先生。他非常客氣地說：「我這部片子就拜託你了。」我非常謝謝他給了這個機會，很快就談妥合作細節，臨走時我向他索取劇本好做準備，不料他說：「沒有電影劇本，就是用歌仔戲劇本，我們的團員都已經滾瓜爛熟了。」回家途中，興奮之情尚未平息，一直喃喃自語，我要獨當一面了，要正式成為攝影師了……那天夜裡，我在夢中對阿公說：「我要當攝影師了，這個第三孫仔以後無法陪你上山撿柴火、下田種地了。」也告訴阿嬤：「以後過年時不會再騙妳的錢去買鞭炮了。」

第二天，我開始組織攝影團隊，找助理。前輩廖繼燿一向愛好拍照，我請他來幫忙擔任攝影助理。另一位攝影助理葉清標是李嘉導演推薦的，葉清標和丁善璽都是李導演在國立藝專教過的高材生，同屆不同科。

我們向大基行租用ARRI II攝影機，還有五十毫米、七十五毫米鏡頭各一。另外需要一個二十五毫米鏡頭，原本我已經和林贊庭合買了一個，專供出租之用，收入的租金對分，自己使用的話也要付一半的錢給對方，後來我乾脆按原價的一半給了林贊庭，自己把鏡頭買下來。我估計這部片最起碼需要十五具燈光，聚光、散光各一半，聚光燈需要配套筒才能讓光線集中，我自認無所不能，去錦州行買材料自己做套筒，省下了一筆租金。

《烈女養夫》是美都歌仔戲團的招牌戲碼，這是我掌鏡的第一部戲，因此對劇情還有印象：年幼體弱、家境窮苦的女孩，為貼補家用，每天一清早出門步行到一小時外的工地打雜，天黑才拖著疲憊身軀、提著燈籠走回家，到家時家人早已上床，桌上飯菜都涼了，她只能匆匆吃完趕快睡覺。就這樣風雨無阻，一日又一日。她十六歲的某一天，在回家路上發現路邊草叢裡像是有東西在動，她好奇走近查看，昏暗的燈光下竟是一個奄奄一息的小男嬰，已經沒有了意識。她趕緊背著小男嬰回家，不敢驚動家人，用熱水幫他擦身體，讓他吃飯，小男嬰一吃飽就倒在床上睡著，女孩這才稍稍寬心，把剩下的飯菜吃完也睡了。第二天早上，家人發現有異，打開房門一看，這還得了，雖然只是約莫一歲的小嬰孩，依然是個來路不明的「野男人」，未出嫁的少女跟野男人同床成何體統。雖然少女說明原由，家人依然怒不可遏，無論如何都不准留下這個小孩。少女心地善良，不願拋棄他，僵持不下，最後被家人掃地出門，永遠不許回家。少女帶著小男嬰先找了個可以遮風擋雨的地方安頓下來，有一餐沒一餐地過著比過去更困苦的日子，幸好工作地方的老闆有時會把原本要丟棄的食物留給她。日子一天一天過去，他們的生活逐漸改善，有了餘力之後，少女不忘接濟家人，但家人始終不諒解。小男嬰逐漸長大，過了好多年，到了適婚年齡，他主動向救命恩人表達心意，兩人終成眷屬。地方仕紳知道了這個有情有義的故事後，請求衙門上奏，少女獲得賜封為「烈女」，成為後人楷模。

當時那個年代外匯嚴格管制，底片從美國進口，被視為寶貝，毫釐都不能浪費。一部劇情長片的長度通常約為八千五百呎，因故事長短而異，整部片子是數百個甚至數千個段落連接而成；每一段我們稱為一個「鏡頭」，每一個鏡頭拍攝前一定要先拍一個一尺見方的小黑板，上面寫著片名、場景、場號、鏡號及日期，這個動作也稱為「拍板」，剪接師便是依據拍板記錄把整支片子依序串接起來，所以拍板不能短到剪接師找不到，但拍得太長則會被老闆嫌浪費。因為拍板時得同時將攝影機馬達轉速調到每秒二十四格，如果手腳稍微慢些，讓底片多走了一小段，老闆就會忍不住開口：「喂喂喂，這底片都是要錢買的耶。」我回想起服役時的射擊訓練，老式步槍是一發一發的射擊，自動步槍則是板機一扣就可以把彈匣裡的二十發子彈全打光。教官教導我們，如果遇到敵軍單兵，就改以「點放」的方式來節省子彈；所謂的點放就是扣一下板機即鬆手，一次約射擊兩顆子彈。拍板時，我就是利用點放的技巧，將攝影機對準拍板，一扣開關馬上彈開，拍攝約四到五格，既省片子又不為難剪接師，符合老闆的要求，兩全其美。

有次去霧峰的台灣省議會出外景，拍攝主角不慎摔落水池的畫面。兩個助理匆忙架起機器，把底片盒裝上攝影機，一時疏忽沒把底片夾上片門，導演一聲開麥拉，演員數一二三就跳入水池，攝影機對準池中同時開機。這時我發覺攝影機運轉的聲音有異，連忙關機喊卡，但演員還在水裡繼續表演。不出我所料，底片沒裝好，這等於空拍，浪費底片不打緊，演員的衣服也完全濕透。我連聲抱歉，只換來導演大聲斥責：「你這個攝影師是怎麼幹的啊！」因為沒有備用戲服，大夥亂成一團，七手八腳把衣服弄乾，已經耗掉大半天時間，好不容易才拍完這個鏡頭。

蔡秋林導演曾經說過，他出外景不會中途收工，也就是說除非碰到下大雨無法拍攝，否則不管是陰天、大太陽或是黃昏，只要底片能感光就會一直拍到天黑。黑白底片分為 Plus-X 八十度、Double-X 二百五十度、Tri-X 三百二十度，度數愈高感光度愈強，通常在戶外會使用 Plus-X 八十度外景片，Tri-X 三百二十度多用在室內，也叫做內景片。我們曾經在拍攝外景時遇到八十度底片用完的狀況，公司竟拿出三百二十度底片要我們繼續拍。在大太陽底下使用高感光度底片，勢必要縮小光圈，攝影師從觀景器看出去的畫面就會很暗；靜止不動的戲還好處理，如果鏡頭需要 Pan 動的話，就真的是考驗攝影師的眼力了。

我的第一部作品就在種種嚴苛的拍攝條件下完成了，幸好蔡老闆看過片子後讚譽有加，相約下回繼續合作，我總算鬆下一口氣。蔡老闆說：「中影這塊招牌確實不一樣，工作態度好，快又穩，品質有保證，希望下次再借重你。」我當然悉聽尊命，後來又跟蔡老闆合作拍了《雪梅教子》（1964）。

在此我要特別感謝李嘉導演、陳棟主任、蔡秋林老闆、廖繼燿前輩還有葉清標，你們教導我、提拔我、協助我，雖然都已辭世，我永遠以感念的心謝謝你們。

在拍攝《烈女養夫》期間，我與歌仔戲班團員閒聊得知，演出之前戲班老師會集合所有演員講解劇情，並且分別交代每一位演員的台詞，要他們牢記。當時歌仔戲演員的教育程度普遍不高，有些甚至不識字；令人佩服的是，這些演員聽過一次就可以將所有台詞背熟並能順暢演出，不須老師講解第二次。另外，也因為歌仔戲團不斷移動演出的特性，衍生出其特有的文化。戲團在演出期間都會住宿於左右後台，各自以家庭為單位搭起不透明的防蚊帳棚，生活起居都在棚內解決。戲班嚴格規定，未經主人許可，帳棚門簾一旦闔上，任何人都不可揭開入內。

晉升中影攝影師

一九六二年，我在湖口參加李嘉執導的《狹谷軍魂》（上映前改名為《黑夜到黎明》）外景拍攝工作，擔任第一攝影助理，突然接獲公司來電，要我跟化妝助理周玲子回廠報到。公司立刻用軍方支援的吉普車把我們送回台北。

原來是中影公司要籌拍三十五毫米黑白寬銀幕電影《誰能代表我》，由張英導演，演員包括李冠章、矮仔財、游娟、江繡雲、戽斗、康明。攝影由我掌機，這是我在中影的第一部作品。公司決定由我掌鏡之前，其實經過了高層的重重考核，他們看了我參加過的所有獨立製片作品，肯定我的能力足堪大任。

搭著吉普車回到台北，我直奔技術組的布告欄，上頭貼著工作通知單，真的榜上有名！這時我反倒緊張起來了，責任重大，只許成功不許失敗，即刻前往劇務組索取劇本，仔細一讀再讀，也交代兩位助理整備器材。此外，拜碼頭這事不能省，我前往沖印部門說明來意，千萬拜託，他們還虧我：「算了吧，這套免了。」無論如何，誠意還是得傳達的。

《誰能代表我》是一部政策片，配合即將實施的開放部分民意代表選舉活動，當時的口號就是「選賢與能」，全片風格是以輕鬆滑稽的方式呈現父女情深，讓觀眾在娛樂當中了解選舉對自身福祉有多麼重要。

勘查外景時第一次見到張英導演，第一印象是位風度翩翩的紳士，他說：「文錦啊，你看過劇本了，想怎麼處理畫面？」我沒料到第一次見面就出題考我，莫非先前沒看過我的作品，對第一次為中影掌鏡的我還不放心嗎？我毫不遲疑地把構想說出來，打算採用明亮鮮麗的風格，營造輕鬆流暢的氣氛讓觀眾在不知不覺中接受。他看著我說：「好，就這麼辦。」

當天晚上吃過飯，我立刻打電話回家向父母親報告這個好消息，他們高興之餘不忘重申：「要好好掌握得來不易的機會，絕對不要犯錯，對人要謙虛客氣。我會找時間和媽媽去台北看孫子。還有，你一定要找時間去隆淮家拜訪，感謝林家對你的提拔。你應該記得，你阿軟嬸看到你就會想到隆淮，把你當自己的兒子看待，你每次要走的時候她都流著眼淚送你，一直送到看不見你背影了才轉回家。」「會啦，我空下來的時候一定去拜訪。」父母這才放心。

籌備就緒，隆重舉行開鏡典禮，每人一炷香，由張英導演帶領祈求眾神保佑，我喃喃祝禱，多加上了請林家列祖列宗保佑我拍攝成功。

整個過程在一片和諧中進行，演員展現拿手好戲，工作人員各盡本分，我當然更加全力以赴，每一個小細節都不放過，每天直到導演下令收工才稍微輕鬆下來，但仍然自己把一早開始的每一個鏡頭回想一遍，想想是不是有缺失，檢討下來覺得沒有什麼閃失了，這才真的收工。第一次看毛片後，張英導演緊握我的手說：「果然名不虛傳，百聞不如一見，中影的攝影師硬是要得，快、準、穩，品質佳。」

我與張英導演這次合作得相當愉快，最高興地當然是張英導演，殺青後少不了請劇組吃一頓豐盛的宴席，當晚他特地叫我到他身邊坐下，悄悄告訴我：「這部片是按一般行情編列預算，提早殺青就省下不少錢，都是你的功勞。」我連忙謙辭：「不不不，都靠導演領導有方。」他說：「這次我真的體認到中影公司臥虎藏龍，名不虛傳，文錦啊，說實在，我有相見恨晚的感覺，下次的檔期可不可以留給我？」我說沒問題，君子協定說話算話。閒聊告一段落，我起身要回座位，他按住我不讓走，我說：「這裡是長官席，我還是回去跟我的夥伴一起坐比較自在啦。」他才不再堅持。《誰能代表我》上映後票房相當好，評價也高，我圓滿完成公司交付的任務，正式成為中影公司認證的攝影師。

一九六五年張英導演自組公司，拍攝創業處女作黑白國語片《一江春水向東流》，演員有劉華、柯俊雄、李虹、沙麗文。導演親自找我談：「文錦啊，要不要攝影、燈光一腳踢？」什麼意思我不懂。原來導演希望我同時承包攝影和燈光，我接受了。

拍這部片時，有次在碧潭出外景，張英導演臨時有事，請副導演代他上船拍攝柯俊雄與劉華對坐划船談情說愛的鏡頭。演員、攝影機、反光板一切準備就緒，我示意副導演可以下令開拍，等了好一陣子都沒聽到：「預備——開麥拉！」的號令。再過一會兒，副導演終於出聲了，卻把前頭的「預備——」省略掉，只喊「開麥拉！」這一下變化讓大家都無法適應，原本設定好的鏡位也走了樣。我沒有開機，告訴副導演要先喊：「預備——」，讓在場的所有人都進入情況，他迅速檢視後，再喊：「開麥拉！」副導演試了好幾次，都犯下同樣的毛病，我建議他暫停，深呼吸幾次後，複誦個幾遍，好不容易才完成這個鏡頭。事後問他怎麼回事，他說臨危受命太過突然，怕出錯，緊張到不行。

《一江春水向東流》的三位女演員都是老將，演技沒話說，柯俊雄雖然較資淺又滿口台灣國語，但高頭大馬帥氣十足，完全是小生資質，又非常用功，在前輩的引導下演出稱職。這部片的工作十分順利，也提早殺青，張導演即刻付清我的酬勞，我收下後，他馬上又補上一個兩千元紅包給我說：「給你的大兒子買糖吃。」他與第二任妻子生的男孩跟我的大兒子同年，我們有時會帶小孩來拍片現場，孩子們彼此熟識。

原本還要再合作下一部戲，但因故停拍，從此就再也沒有機會跟張英導演合作了。

在六〇年代台語片熱潮中，我多次為李泉溪導演擔任攝影工作；一九六四年是歌仔戲型黑白台語片《李亞仙》；一九六九年是彩色國語片《樊梨花移山倒海》，白蘭飾演樊梨花，練就一身神功，以移山倒海的法術協助父王擊退來犯敵軍。一九七〇年是彩色國語片《薛剛大鬧花燈》，演員有王戎、柳青、白蘭、崔福生，助理白同義、林清雄。故事描寫地方官不顧農民歉收，仍提高稅賦，還舉辦花燈會邀請其他高官貴賓前來，熱血青年薛剛憤而率領夥伴大鬧花燈會，嚇得觀禮台上貴賓落荒而逃，百姓稱快。李泉溪導演是多產名導，每部電影都有不錯的票房，拍後面這兩部戲時，他已改名為李國華。但李導演喜歡與片商老闆賭博，有時輸了錢就預支片酬，然後拍片還債，因此工作情緒反覆不定，卻不影響品質，可算是一位相當有個性的導演。

一九六四年我與林福地導演合作《桃花泣血記》，這是一部標準銀幕的黑白台語片，演員有金玫、陽明、金塗、康明等。同年繼續合作《可愛的人》，改成了寬銀幕黑白台語片，演員有金玫、劉江海、何玉華、白蘭。林導演進入電影界之前是美術老師出身，相當重視構圖，每個鏡頭都要求絕對的美感。他片子的女主角非金玫莫屬，金玫是活潑又會演戲的玉女型演員，紅極一時。提到金玫，就會想起目前活躍於教育界，人稱「電影教父」的郭南宏教授。金玫曾跟郭導演合作過一部黑白台語片《只愛你一人》，這三人的關係似乎相當微妙。林福地導演後期轉戰電視圈，發展也相當成功，屢創佳績，尤其著名的連續劇《晶晶》更創下相當傲人的高收視率。

《悲戀公路》（1965）是黑白台語片，由資深又正派的辛奇導演執導，演員有金玫、陽明、石軍、矮仔財。劇情敘述一對論及婚嫁的情侶，在一趟旅遊途中，男主角陽明拿出信物求婚，女主角金玫答允了，兩人打算抵達旅程終點時步入教堂完婚，不料石軍飾演的富家子會同雙方家長等在終點站，強行帶走金玫，獨留男主角目送愛人遠去，是一齣悲情故事。這部片顧名思義少不了許多公路場景，我們選擇了橫貫公路，一行人輕裝以九人座巴士為交通工具前往取景。某天拍攝即近尾聲，準備轉移陣地，上了車卻怎麼也發不動，司機檢查之後才發覺油箱見底。我們處在前不著村、後不著店的困境下，不知如何是好，眼看太陽西斜，再拖下去勢必影響後續的拍攝工作，司機只好拎著塑膠桶四下找汽油，可見事前的準備工作不管多麼微不足道都會影響大局。《悲戀公路》叫好又叫座，可惜我跟辛奇導演的合作僅此一部。辛奇導演在一九九七年成立「台語片演藝人員聯誼會」，辦得有聲有色，後來擴大為「台灣影人協會」。

由於台語片熱潮持續了好幾年，各家片商都在搶人、搶器材，讓我動起購買攝影和燈光器材的念頭，但手中資金有限，我把所有的錢全拿出來，與林贊庭合買了一顆廣角鏡頭，自用出租兼顧。有空的話也會幫林贊庭代班賺取工資（林贊庭夫人當時在台語影劇圈中相當活躍，四處幫夫君拉生意），我不分日夜地工作，加上賢內助持家有方，省吃儉用累積了一些小錢，不足的部分就向親戚商借，他們也樂意不收利息相助，但這樣還是湊不出購買一整套攝影器材的金額。最後只好開口向父親求援，父親二話不說，把他的退休金先撥給我使用，終於如願向大基行購買一套ARRI IIC 攝影機。

後來經過一段不算短的時日拚命工作，才把所有借款加上利息如數還清，我十分感謝他們熱情的資助。後來我又添購了第二套攝影燈光器材，有時自用、有時出租。這一來反倒苦了賢內助，她不僅要照顧我的助理和四個年幼小孩的生活起居，還要在三更半夜或凌晨起床點交或點收出租的器材設備。

一九六四年參加《蚵女》拍攝。

拍攝張英導演《一江春水向東流》現場。

首度為中影公司作品掌鏡，拍攝《誰能代表我》。

一九六三年擔任《薇薇週記》攝影助理，為女主角王莫愁測光，她當時的藝名是華欣。

於火燄山拍攝李泉溪導演《樊梨花移山倒海》。

拍攝台鐵委製的劉銘傳傳記《台灣大動脈》，
左起史守勤，攝影師華慧英，我擔任攝助。

張曾澤堅持完美

《橋》（1966）由中華電影公司出品，張曾澤執導，男主角是柯俊雄，女主角由台灣電影製片廠三寶之一的張美瑤擔任（三寶的由來：當紅埔里美女張美瑤是一寶；三十五毫米 New Wall Camera 是二寶；三寶是片廠滿場飛、勤奮的場務領班歐立寶）。台製廠承包《橋》片製作，包括人員、器材、設備；唯獨攝影師一職，張導演指名要我擔綱，他也向中影公司辦妥外借。

我獨自踏進台製廠準備點檢攝影器材時，就隱約感覺氣氛不對，可能是因為我們這批中影人不知好歹地「又」侵犯到他們的地盤與權益。先前是張曾澤執導國際公司《菟絲花》時也由台製廠承製，但找來中影的林贊庭擔任攝影師，當時該廠攝影師就口出惡言：「他媽的！台製廠的攝影師都死光了嗎？為什麼不用我們的攝影師？」緊接著林鴻鐘也外借到台製廠為周旭江導演的《春歸何處》掌鏡。不知道是否因為中影的攝影師接二連三「侵門踏戶」，讓他們顏面無光、心生不平，我無法猜測他們的情緒，只能硬著頭皮前往攝影部門檢視設備。他們抬出我未曾見過更沒用過的機器擺在眼前，應該是下馬威吧，我慌亂之餘仍仔細查看，原來這機身與 Mitchell NC 構造相似，只有底座是以雙手搖動操控，而我慣用的機座是只靠右手操作。我只好老實告訴他們，我沒使用過雙手機型，可否換成單手操作的機座？經該廠總技師張寶清先生（據悉是剛從西班牙學成歸國）協調，同意我的要求，才化解尷尬場面。

張寶清先生以技術顧問身分全程參與《橋》片拍攝，攝影助理是台製廠的張瑞林與袁鴻威。片名既然是《橋》，當然以橋為主景，我們走訪勘查全台灣所有橋梁，最後選定員林鎮外一座極為普通的橋，因為周邊環境景色符合劇情需要，再經過布景師顧毅先生的巧手設計，將它改造為美麗又能融入地景的一座橋。

《橋》片花了很長一段時日在員林鎮拍攝日夜場景，常遇到濃霧或大風雨攪局而停拍，但絲毫沒有影響到拍攝進度，如期完成外景部分回到台北，在重慶南路的台灣電影製片廠拍攝內景戲。劇中有場戲是主角張美瑤從搭景的二樓跑下來，順著樓梯衝到樓下玄關，撞上飾演女傭的歐陽菲菲（後來赴日發展成紅歌星），然後奪門而出。當時沒有升降機（即使有也塞不進狹小的布景內），為了拍這個鏡頭，我們順著樓梯往上搭出一條斜斜的軌道，軌道車上不只要放攝影機，攝影組三人也要蹲在上頭，使軌道車變得十分笨重，必須動員所有現場可用人力才能頂住。為防止翻覆，我們三人全力壓住攝影機。這鏡頭既危險又難拍，開機前試戲不知道試過多少次，開機後又拍了十二個 Take，一千呎的底片完全用完，重裝底片時，任寶齡製片來到我身邊抱怨：「文錦啊，怎麼辦？浪費這麼多底片跟時間？」我雙手一攤：「沒辦法啊，導演求好心切，一定要拍到滿意為止。」張導演對每一個鏡頭都要求盡善盡美，但從未對我的構圖提出修正，他對中影出身的攝影師信任有加。

話說這軌道車上載著攝影機、攝影組三人，重約四百斤，負責推移軌道車的場務早累得連氣

赴員林拍攝《橋》。
左起我、導演張曾澤、台影總技師張寶清。

都喘不過來，我們攝影組也快撐不下去，不難想像張美瑤樓上樓下一次又一次的跑著，肯定也累壞了。我發現她咬著牙痛苦地一步一步上樓復位待命，正式拍時又要拿出該有的神情演到底（這是台灣囝仔的工作態度與美德），值得讚佩。

全片拍攝過程中難免會出些小失誤，讓張導演失去耐性，情緒也波及到工作團隊。一次外景軌道車跟拍江繡雲的鏡頭，連拍幾次張導演都不滿意；其中一次中途喊卡重拍是因為我的失誤，張導演忍不住酸我：「怪不得我們這部片子ＮＧ特別多。」我只好連聲道歉，摸摸鼻子繼續工作。所幸順利殺青，我也跟參與拍攝的台製廠同仁結為好友。

《橋》的故事描述柯俊雄和張美瑤偶然在一座橋上相遇，彼此留下深刻印象，後來在玫瑰花園（也在員林）重逢，兩人四目相對觸發愛苗，此後經常相約在橋上見面談戀愛。不過女方家長知悉後十分生氣，覺得門不當戶不對，警告女兒不許再見對方，但張美瑤十分堅持，懇求父母見見一表人才的柯俊雄，最後家長終於軟化，有情人終成眷屬。這部片上映後廣獲佳評，創下極高票房記錄，東南亞版權也賣得不錯，中華電影公司趁勢籌拍第二部片《七色橋》，影響力頗大的東南亞片商表示願意提高版權購買費，唯一的條件是指名原班人馬再次合作。《七色橋》前期作業準備就緒，開鏡在即，卻突然生變，張美瑤拍完下樓梯那場戲後，發誓再也不與張曾澤導演合作，用盡辦法也無法動搖她的決定，包括非常疼愛她，張美瑤也非常敬重的台製廠龍芳廠長與夫人出面勸說都無用，《七色橋》無疾而終。

不過，這當中也傳出一件喜訊，男女主角柯俊雄、張美瑤在拍攝期間日久生情，雙雙墜入愛河，成為人人稱羨的銀幕情侶，更結為連理生下小孩。雖然日後柯小生受邀赴港發展導致婚變，留張小姐獨自在台默默扶養小孩，但柯俊雄競選立法委員期間，張美瑤看在昔日情分上仍出面為前夫站台拉票，讓柯俊雄如願當上國會議員。同樣的，曾經紅極一時的林鳳嬌女士，不管夫婿成龍在外如何遊戲人間，她仍在家中默默扶養獨生子長大成人。這兩位閃耀的銀幕女星，為了愛情與家庭甘願犧牲自己的星途，隱身奉獻讓人心疼。

隔年，我再跟張曾澤導演合作拍攝由中影公司出品的民初時裝片《悲歡歲月》（1967）。張導演仍堅持完美無缺、貫徹他的理想。為了兼顧拍攝方便與美觀，內搭景通常都是三面固定，尤其門口這一面常要開關門，更需以固定方式搭建，其他則是以布景片碰接成方便拆卸的活動牆面。張導演的理念就是畫面一定要動，不是演員動就是攝影機要動，哪怕是短短幾秒鐘的鏡頭，也要用移動車拉遠推近讓畫面有變化。《悲歡歲月》主景客廳有個鏡頭必須一邊移動一邊上升，張導演不惜把正門這片牆打掉，以便架設軌道與升降機。拍完後還要布景師大費周章恢復原貌。為了追求完美，就算超出預算也在所不惜，這就是張曾澤導演。

曾有過這段一起辛苦工作的革命情感，重情義的張曾澤導演每回從僑居地美國回台時，都會宴請曾經跟他一起打拚過的攝影師：林贊庭、洪慶雲、林鴻鐘與我，賓主相見把酒敘舊情，此景此情永記心頭。

李嘉與我捧回金馬獎

我兩次擔任李嘉導演的攝影師，分別是《我女若蘭》（1966）與《生命之歌》（1968），都是中央電影公司出品。先前我在《海埔春潮》擔任攝影助理時就跟李嘉導演合作過，深知他在拍片現場的習性：他習慣訂定詳細的拍攝計畫，一達標就收工。李導演每天來到片廠就把當日的分鏡表交給場記，複寫後分送給相關的演職員（當時並沒有影印機可大量複製，分鏡表需用手工每天辛苦抄寫），讓大家很快就能進入狀況了解當天的工作內容。我有時偷瞄他筆記本上的分鏡表，可以看出每場戲的拍攝順序，他會劃上兩條由上而下或由下而上的斜線；如果這一場戲的開頭是遠景（LS）、結尾是近景（CS）的話，他分鏡表的兩條斜線就由左右兩側往中間聚攏；反之如果這場戲的開頭是近景，結尾是遠景的話，兩條斜線就會從上方中間往左右兩側斜畫下去。

《我女若蘭》是健康寫實路線的作品，演員有唐寶雲、葛香亭、馮海、江明、林雁、謝玲玲。女主角唐寶雲是青春洋溢的活潑玉女，一九六二年參與過潘壘導演的《颱風》三十五毫米黑白片演出，在第九屆亞洲影展獲得最佳女配角。同年也參加日本大映株式會社與中影公司合製的三十五毫米彩色歷史影片《秦始皇》，有相當出色的演出。製作《秦始皇》時，日方派出勝新太郎、山本富士子、若尾文子等著名演員；台方派出賴成英、林贊庭、鄒志良分別擔任攝影、布景與劇務；我被分配到服裝部門擔任翻譯。那次有幸參與中日合作的電影拍攝工作，讓我見識到日方團隊的籌備工作做得非常周詳，導演田中重雄要求日方導演組把要拍的每一個主景都畫成圖，讓所有參與的演職員徹底了解拍攝重點；可惜這一點我們沒有學起來。一九六四年香港邵氏公司來台與中影合作彩色片《黑森林》，由袁秋楓執導，演員包括杜娟、焦姣、張沖、武家麒；唐寶雲以配角身分參與演出，表現不凡。

唐寶雲小姐參與上述幾部影片的演出後，累積了不少寶貴的經驗，她本身外型條件不錯，又很好學，中影公司總經理龔弘先生決定力捧；他特別要求美術造型部門務必要做到盡善盡美，在拍攝期間只要有空也會蒞臨片場指導。公司既然這麼重視這位演員，我們工作團隊當然也不能輕忽。我和李嘉導演同樣木訥、不善言笑，合作之初就約定好：「咱輸人不輸陣，輸陣歹看面。」我們自會全力以赴，也將公司對本片的高度期望傳達給全體演職員了解，希望大家能同心協力，達成使命。我在這部片中體認到攝影對健康寫實路線電影的重要性，不僅在工作之餘勤於觀摩外片學習，也善盡攝影師的職責傾力投入，盡力發揮累積至今的經驗，無論在構圖、採光，尤其處理演員細膩鏡頭時更格外小心，務必達到盡善盡美的境界。

劇中有場後花園的外景戲（室內戲都是在攝影棚搭布景拍攝），為追求完美，我們找遍北部、中部地區，均未找到符合劇情需求的花園，唯有士林總統官邸的玫瑰花園是我們中意的目標。靠著中影公司這一層特殊關係，終於奉准入內拍攝，取得不少珍貴畫面。

收到從日本東京沖印公司空運回台的無聲 A 拷貝（也稱為無聲毛片，供後製剪接用。台灣當時還沒有沖印彩色片的設備，只能寄到日本）後報告龔總經理，他馬上放下公事，乘車趕到製片廠放映室，會同有關人員觀看試片。他非常滿意，也對在座的演職員嘉勉一番，尤其對李嘉導演處理鏡頭的方式讚譽有加；唯一有意見的是唐寶雲小姐的近景特寫。他馬上召集服裝設計進廠開會討論，因為唐寶雲的脖子比較長，拍近景時容易顯現出缺點，影響美感；他要求服裝設計重新修改戲服，但這一來將會花費更多時間與製作預算，而她先前已拍好的近景也勢必要重拍。會後總經理單獨留下李嘉導演與唐寶雲繼續討論細節，我們各自回到自己的工作崗位。不一會兒，李嘉導演回到現場，宣布改拍若蘭孩童時代的部分，劇務發出通告要加三位小朋友：謝玲玲、巴戈、李端。巴戈、李端分飾江明、馮海的兒時角色。兩個小男生精力充沛，演得生動自然，不拍戲時調皮搗蛋，弄倒道具打破花瓶等。飾演唐寶雲兒時角色的謝玲玲也不弱，演起戲來有板有眼，三位都可稱為天才兒童，幾乎每個鏡頭都一次ＯＫ。謝玲玲每天由父親陪同進片廠，整天陪在一旁直到收工，不時為謝玲玲擦汗遞茶水。謝先生自情治單位退役，對女兒呵護備至，待所有工作人員也都非常客氣，一路風雨無阻陪著謝玲玲演到殺青，是個和藹可親的好爸爸。

一段時日後，看到唐寶雲的身影重新出現在片廠，我就利用未拆的布景比對以前的毛片，找出老位置準備重拍她的鏡頭（通常毛片沒問題之後，布景師會拆掉舊景另搭新景）。燈光師很細心地為她打光，化妝助理也拎著化妝箱為她補妝，唐寶雲穿上修改過的戲服看起來就是不一樣。我在觀景器中做最後檢查，心中狐疑：短時間內怎麼會有那麼大的改變？整體更均勻、更有美感了。李嘉導演再三確認現場所有工作人員就緒，等化妝助理補好妝就正式開拍。這個鏡頭拍完後，李嘉導演沒有問過各部門意見就直接喊ＯＫ，這實在太不尋常了。

的確，唐寶雲的演技似乎成熟許多，而且充滿了自信，尤其眼神更是表達得恰到好處，贏得滿場工作人員的稱讚。我利用換鏡位的空檔走到唐寶雲身旁，往她的臉上瞧個仔細，心想這小姐真不簡單，休息時間仍用功猛啃劇本嗎？怎麼進步這麼多？唐寶雲被我盯著，有些不好意思，食指對嘴一比，我一看，哦——懂了。一個小動作讓我知道她的心意，彼此心照不宣，我輕聲對她說：「沒問題，我會保密。」原來，李嘉導演、唐寶雲、龔總經理在那場密會中一致決定讓唐寶雲進行微整型手術。這事一直沒有對外公開，這個祕密從一九六六年保密至今，如今李嘉導演、龔總經理、唐小姐均已仙去；寶雲啊，妳應不會怪我在此公開這段祕密吧。

即使有這些插曲，《我女若蘭》的進度依然正常，我們抓緊每個機會補拍唐寶雲的鏡頭，如期殺青後就交給剪接跟錄音了。後製工作繁雜又瑣碎，當時因製片預算與拍攝進度的因素考量，一律採取事後配音；當然也考慮到演員本身的條件，如柯俊雄濃濃的台灣國語就必須靠事後配音取代。但事後配音的影片參加國際影展時，往往因為欠缺真實感，在第一關就出局。為求在國際影壇占一席之地，後來我們被迫採取同步錄音拍攝，製作成本提高自不在話下。

沖洗好的彩色底片從日本空運回台，印製Ａ拷貝毛片直接送進剪接室，剪接助理按場記表順接毛片，接下來，導演必須會同剪接師一場一場順著精剪，因為老道剪接師的建議對劇情有很大的幫助。配樂師收到劇本之後，便會先依據故事內容作詞作曲。毛片剪接完成，總經理會邀及所有演職員參與第一次審片，看到該修的就修，該補的就補，做出完稿片。接著邀請配樂師、錄音師、配音領班等後製聲音部門來看，當然導演全程在場。聲音部門根據完稿片選定詞曲，決定配音對嘴的配音員，並準備音效器具，開始製作聲音部分。首先讓配音員把台詞錄在第一條磁帶上，再將主題曲、配樂、音效收錄在第二條磁帶上，由導演與總經理做驗收。定稿之後，由錄音室把磁帶轉成三十五毫米黑白聲帶片，錄音室檢查沖妥的聲帶片後，連同 A 拷貝送至剪接室，剪接助理會根據定稿（按場記表的順序，把原底片及毛片掛上套片器）選出底片，接成一條與毛片一樣長度的定稿底片與聲帶片裝箱，辦妥保險寄送到日本沖印廠印製有聲彩色 B 拷貝再空運回台（聲帶片與彩色底片暫存日本，留待後續按需求印製其他拷貝），《我女若蘭》這才算完工。

《我女若蘭》製作嚴謹，品質自不在話下。該片創下台灣票房最佳記錄，東南亞版權也有可觀收入。這部片先後拿下第十三屆亞洲影展最佳攝影、最佳配樂、最佳童星獎；一九六七年金馬獎最佳影片、最佳導演、最佳女童星、最佳剪接、最佳美術設計與最佳攝影獎；另外還獲得伊朗第一屆國際兒童電影節最佳演技特別獎。我得到新聞局頒發最佳攝影獎金新台幣貳萬元，對我是莫大的鼓勵，父母親、內人、家鄉親友無不以我為榮。

一九六七年，我再度與李嘉導演合作，也是中影公司出品的時裝片《生命之歌》，由白蘭、柯俊雄、傅碧輝聯合演出。白蘭小姐從台語片時代就養成與眾不同的習慣，她不靠化妝師，都是自己上妝，但每次都要花兩個小時以上。當時她在拍攝台聯影業社出品的台語彩色片《樊梨花移山倒海》（李泉溪導演執導，白蘭、岳陽分飾男女主角），有一場在北投旅社的內景，因故遲到，讓所有劇組人員空等了兩個多小時。台聯影業社老闆賴國材的年輕弟弟賴逸松是製片，決定要給白蘭一個教訓，特地要劇務準備一串鞭炮，等白蘭一走進旅社大門就點燃，霎時炮炮聲震耳，把白蘭嚇哭了。她委屈地要找製片理論，大夥勸說：「小孩不懂事，不要計較了。」白蘭氣未消，回了一句說：「他不小了，送一個女人給他，照樣能生出孩子來！」惹得大家哄堂大笑。

男主角柯俊雄早在一九六五年八月拍攝李行執導的《啞女情深》時就接到兵役單位寄來的召集令，當時中影公司以柯俊雄正在拍攝富有社會教育意義的影片為由申請緩召獲准。事隔兩年，拍攝《生命之歌》時又接到召集令，他再次申請緩召，被拒，限他於一九六七年九月三十日入營報到。製作單位緊急開會修改劇本，一方面由公司代柯俊雄向軍方請假十天，另一方面全部劇組人員不分日夜趕拍柯俊雄的戲。九月二十三日，中影公司製片部經理胡成鼎、李嘉導演、李行導演與劇務組長陪同柯俊雄到新竹新兵訓練中心報到，此時已開訓了十天。新訓中心的長官一見到柯俊雄可樂了：「你終於來了！上操場先做伏地挺身五十下，操場跑兩圈，然後再向理髮部報到！」三兩下就把柯俊雄頭上時髦的髮型剃成大光頭。

柯俊雄在《生命之歌》的表現進步神速，讓人刮目相看；該片雖然經過一些波折，仍在預算內拍攝完成，不過我跟李嘉導演搭檔了這兩部片之後竟然就沒有機會再一起工作了。李嘉導演後來在中影製片廠擔任劇務組主任，做人公正，處事認真，是個受長官器重，員工們都尊崇的學者型人物，我們永遠懷念他。

第五屆金馬獎得主合影。

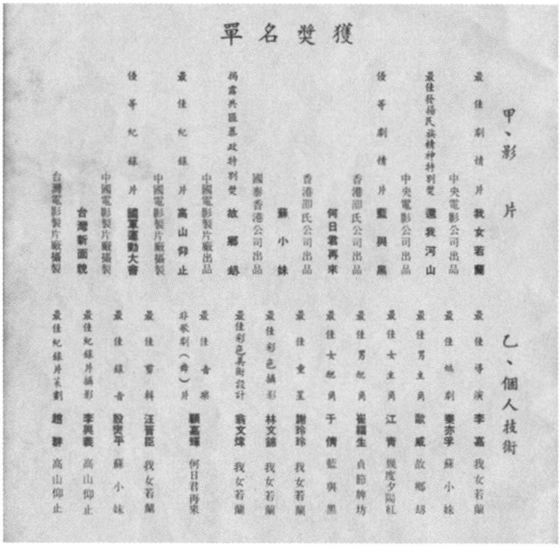

獲獎名單

甲、影片

最佳劇情片 我女若蘭 中央電影公司出品
最佳發揚民族精神特別獎 還我河山 中央電影公司出品
優等劇情片 藍與黑 香港邵氏公司出品
何日君再來 香港邵氏公司出品
蘇小妹 國泰香港公司出品
揭露共匪暴政特別獎 故鄉劫 中國電影製片廠出品
最佳紀錄片 高山仰止 中國電影製片廠攝製
優等紀錄片 國軍運動大會 中國電影製片廠攝製
台灣新面貌 台灣電影製片廠攝製

乙、個人技術

最佳導演 李嘉 我女若蘭
最佳編劇 秦亦孚 蘇小妹
最佳男主角 歐威 故鄉劫
最佳女主角 江青 幾度夕陽紅
最佳男配角 崔福生 貞節牌坊
最佳女配角 于倩 藍與黑
最佳童星 謝玲玲 我女若蘭
最佳彩色攝影 林文錦 我女若蘭
最佳彩色美術設計 翁文煒 我女若蘭
最佳音樂 非歌劇（舞）片 顧嘉煇 何日君再來
最佳剪輯 汪晉臣 我女若蘭
最佳錄音 殷寶平 蘇小妹
最佳紀錄片攝影 李興義 高山仰止
最佳紀錄片策劃 趙靜 高山仰止

我以《我女若蘭》拿下金馬獎最佳攝影獎。

梁哲夫省錢有一套

《生命之歌》結束拍攝工作不久，台聯影業社要我承包三十五毫米彩色國語片《目蓮救母》（1968）的攝影與燈光，由老闆賴國材監製，製片賴逸松，導演梁哲夫。演員有唐威、盧碧雲、艾黎、孫越。我看了劇本，國語片，搭設布景，感覺跟一般民間公司想在十五個工作天拍攝完成的片子不一樣。若想用現有的強光燈泡（聚光與散光兩種，聚光用於高強度照明，散光做為陰天用）來打燈一定要有相當的數量，否則就得另付昂貴租金向外租借，於是我趁此機會自費購買台灣萬全公司仿美國 Mole-Richardson 牌的燈具五千瓦兩只、兩千瓦五只、七百五十瓦五只，總共十只，加上其他配備，花了不少銀兩。

《目蓮救母》的主要布景搭在鶯歌林博秋先生經營的玉峰影業公司湖山片廠，導演梁哲夫是廣東人，說國語帶著濃濃的廣東腔，私底下卻是個好好先生，也沒見他發過脾氣。差不多的鏡頭都一次OK，如遇到NG，他也不像其他導演從頭來過，而是要場記打板（如果是第五場第三個鏡頭）五場三A與五場三卡的往前重疊一些，拍三A來接，如此就可把底片的耗損減到最低。他曾自豪說，他可以用九千呎底片拍完一部片（通常一部九十分鐘影片的長度約為八千五百呎）。省片的方式要從拍板開始，只拍三到四格，馬達轉速會在正式開拍前調整成二十四格。梁導演不要我們先試速，而是在正式開機時快速調整到正常；他的理論是每個鏡頭開頭的部分將來一定會剪掉，善用這部分來調整轉速，省下的片子可積少成多，聽起來似乎有點道理。

拍戲時搭建的布景也有學問，如果牆面用泥巴糊的話，一定要等泥巴乾了之後再進去拍，但限於預算考量，就算泥巴未乾也得拍。如此一來，我預期非用五千瓦的大燈做為主燈不可，常常戲拍完了，布景也乾了。這部分就得靠經驗，根據詳細的場記記錄慢慢來減弱光源，否則會造成壁面顏色不同、前後不連戲的狀況。而鏡頭的處理也不能忽略民間傳統故事的特性，達到神怪片劇情的需要。

看完《目蓮救母》試片後，我們這位正派但香菸從不離嘴的賴國材老闆樂得連菸都掉在地上，開心地與每位工作人員一一握手致謝。他的眼光果然不錯，票房開出紅盤，每天由各地不斷回報佳績。據悉光是這部片的回收，就足以讓賴老闆在當時西門町的黃金地段買房子開起旅館來。後來我拍攝其他影片時遇到參與《目蓮救母》演出的蔣姓演員，他問我：「《目蓮救母》賺了那麼多錢，老闆沒包大紅包謝你？」「怎麼可能，」我答道：「老闆的錢打了二十四個結，想都別想。」不過，我跟最能省片的好好先生梁導演合作卻僅有《目蓮救母》一片。

影壇巨擘黃卓漢

跟黃卓漢先生結緣是在一九六七年。他一九五〇年代就在香港成立過自由影業和嶺光影業公司，導演兼老闆，出品過數十部粵語片，是個斯文、和善的長者，也很早就來台灣發展。黃卓漢先生親自執導嶺光影業的《謎一樣的愛情》（1967，原名《毋忘我》），邀我為他掌鏡。女主角丁瑩小姐是該公司的基本演員，也是黃卓漢一手捧紅、一起帶來台灣發展的班底，主要演員還有武家麒與張琦玉。

張琦玉是中影公司的基本演員，主演過幾部票房不錯的電影。拍攝《珊瑚》（1968，又名《漁娘情淚》）時受張曾澤導演嚴格磨練，苦不堪言仍堅持到底。其中有場戲是張琦玉在沙灘上狂奔的畫面，攝影機架在十節的長軌上（每節軌道長十呎，十節共一百呎），攝影師林鴻鐘掌鏡跟了幾次，張導演都不滿意，他告訴張琦玉要像個粗獷、充滿野性的漁家女，不要當成在伸展台上走秀。張琦玉苦練了幾次，腿都發軟了仍咬牙硬撐，含淚拚了老命終於達到張導演的要求，不過對她來說這也是段重要的學習過程。果不其然，《珊瑚》榮獲西班牙第四屆國際海洋影展最佳女主角獎。後來張琦玉也與龔總經理的二公子——《難過情關》的副導演龔天俠——結為連理，成為人人稱羨的銀色夫妻。

《謎一樣的愛情》在台北地區實景拍攝，過程順利，票房也不錯。我有幸跟著如此紳士般的長者一起合作，他的脾氣不溫不火，習慣按部就班一步一步來，我們因此建立了良好的互信關係。

為了要大舉開啟在台事業，黃卓漢先生於一九六七年創立了第一影業機構（註冊地在香港，但業務均在台灣），當時香港邵氏公司帶動武俠片盛行，黃卓漢先生也動起拍攝武俠片的念頭，特地從香港邀來對武俠動作片經驗豐富的羅熾來執導《大瘋俠》（1968）。除張琦玉在拍攝其他片子無法分身外，演職員幾乎是《謎一樣的愛情》原班人馬，武家騏飾演的大俠裝瘋作聾，算是另類武俠片，還加入了崔福生與吳恆來助拳。《大瘋俠》拍攝地點遍及全台，最遠南下高雄旗山，也多利用民間古厝拍攝外景。

這是我第一次接觸武俠片，有不少新東西要學；例如需要動態畫面時，羅導演要我手持攝影機跟拍，我擔心畫面會亂晃，直到看毛片時發現，手持拍攝配合演員武打的畫面動感十足，效果的確不錯，這才鬆了口氣。黃老闆稱讚不已，說我沒拍過武俠片就能有這樣的效果，畢竟是底子好，一點就通。我說這都該歸功於羅導演的教導與鼓勵。之後我也用心將所學應用在其他拍攝工作上，有機會便建議導演這個鏡頭可以怎麼拍，羅導通常欣然接受。

某天不知何故，黃卓漢老闆將我叫到一旁，說考慮要把羅導演換掉，我問清事由，其實是小事一件，我提議只要導演改進或補拍即可，不必大動干戈，陣前換將恐怕會影響片子的拍攝，黃老闆想想也對，氣消了，也同意放羅導演一馬，繼續讓他拍下去。《大瘋俠》在製片詹錫藩先生的妥善安排下，進度順利。黃老闆後來也較少到現場過問。如此一來，羅導演拍起戲來反而更起勁，有如神助般順利殺青，成功推出第一影業機構在台的首部電影。

經過後製與試片後，各地戲院無不爭取《大瘋俠》的上映權，東南亞片商聞訊也飛趕來台灣購買版權，黃老闆要製片通知沖印廠加速加印拷貝。《大瘋俠》在台上映盛況空前，各地紛紛傳出捷報，算是相當成功的電影。黃老闆樂得合不攏嘴，不時約我喝茶聊天，我也逐漸了解他的雄心壯志，答應日後有空一定會接拍他的新片（之後的新片果然都是他直接吩咐導演跟我合作）。日後第一影業機構在黃卓漢老闆領導下推出不少膾炙人口的大片：《秋瑾》（1972）、《女朋友》（1974）、《古鏡幽魂》（1974）、《獨臂拳王大破血滴子》（1976）、《梅花》（1976，與中影合資）、《變色的太陽》（1976）、《異鄉夢》（1977）、《樓上樓下》（1979）、《山中傳奇》（1979）、《真假大亨》（1980）、《大小姐與流浪漢》（1981）、《金大班的最後一夜》（1984）、《國父傳》（1986）。

第一影業公司出品的《金大班的最後一夜》由白景瑞執導，攝影師是跟白導演合作許久默契良好的林贊庭。中影公司培訓的人員以技術見長，在外風評一直不錯，沒有執行中影任務時，可以接受外借，是外部獨立製片公司借將的首選，中影公司也樂得收取調借費。尤其號稱「三林一賴」攝影師：林贊庭、林鴻鐘、林文錦、賴成英，這四位是搶手貨，獨立製片公司能搶到四人其中一位就高興得不得了（另外還有一位洪慶雲，也是中影公司出身的名攝影師，他早被潘壘導演網羅到香港邵氏的台灣士林製片廠，當然也可以像我們一樣在空檔接案）。林贊庭有位賢內助，片約特別多，忙不過來時會由我們其他人幫忙「代工」。

《金大班的最後一夜》某次要到高雄拍外景，林贊庭剛接新片不宜離開，經白景瑞導演同意由我代工。外景隊一行人搭九人座巴士直奔高雄，上車後白導演將我介紹給該劇其他成員。男主角親切地伸出手向我自我介紹說：「我是歐陽龍。」我想起之前拍戲認識也姓歐陽的女打仔，問他有沒有親屬關係，他說沒有。我又想起拍攝《橋》片，飾演張美瑤家的女傭歐陽菲菲（當時才剛出道），歐陽龍說那是他的親姊姊，此時已在日本歌壇闖出名聲。高雄外景拍攝得很順利，短短兩天的合作，讓我見識到白導演處理畫面的功力，真不愧是名導，可惜之後再也沒機會跟他合作了。

第一影業的《國父傳》由我熟識的丁善璽執導，演員有林偉生、劉瑞琪、爾東陞、萬梓良、王道、劉家輝、梁家仁、錢小豪、艾迪、黃錦、湯鎮業、呂良偉、潘志文、張沖、李昆玉、王俠、王小鳳、李賓鳳、惠英紅、葉德嫻、王萊等。該片榮獲華夏二等獎章，也陸續獲國民大會祕書長、立法院、教育部、中國歷史學會、前後任新聞局長張京育與邵玉銘頒贈獎牌、獎狀。國民黨中央黨部祕書長馬樹禮先生率秦孝儀、宋楚瑜蒞臨中山堂主持《國父傳》的盛大招待會，慰勉該片全體演職員。當時的行政院長連戰先生代表政府跟全體國民頒發第三十屆金馬獎「終身成就獎」給黃卓漢先生，我私自認為再加贈一座「台灣電影貢獻獎」都不為過；這是黃卓漢先生從影四十多年，製作兩百餘部電影應得的榮耀。

黃卓漢先生謙遜和氣、犧牲自我，是樂於助人但頭腦冷靜、處事穩當的影界前輩，不僅走在世界潮流前端，也將一生奉獻給電影事業，除了出資拍片外，也建構綿密的發行網絡，不管是在美國、加拿大，只要有華人居住的地區，就有他投資的戲院，既可放映公司發行的影片，也幫助台灣同業向外擴展，可稱是當代獨立製片的巨人。

第一次拍武俠片，《大瘋俠》工作現場。

郭南宏坦率直言

《只愛你一人》（1969）三十五毫米寬銀幕黑白時裝文藝片，是我首次與郭南宏教授合作的電影，也是唯一的一部。他是非常冷靜，聰明絕頂的名導，最具代表性的作品是改編自日本名片《宮本武藏》的《一代劍王》，轟動影壇，也創下高票房收入，其他佳作不在少數。郭導演擅長靈活調度拍片資金，精明程度他人望塵莫及，後來除了多元化經營其他事業，也投身教育，在好幾間大學講授電影課程，桃李滿天下。

《只愛你一人》由石軍與當紅女星金玫小姐分飾男女主角。拍攝期間，郭南宏導演總在有意無意間透露說，找我這個攝影師是退而求其次、勉強錄用的備胎；聽到他親口說出此事，我一點都不以為意，欣然虛心接受並感謝他的坦率。

我個人認為，活到老學到老，人生旅途上要學的東西太多，不能因為太忙而忽略再學習的機會。電影這個行業更不例外，它是由西方東傳的文化產物，技術日新月異，但原文的資料卻沒幾人看得懂；幸虧臨近的日本電影產業比我們先進，幾乎可與西方媲美。全世界幾乎都買美國柯達公司的底片，日本影業卻有自己富士公司的底片可用，他們也紛紛成立相關電影社團，讓產業人士發表、討論研發技術及工作經驗與心得。我們這批從業人員略懂日文，見此良機便積極申請加入「日本映画技術協會」這個組織，成為該協會的海外會員，定期收到由日本寄來的刊物《映画技術》，人手一本互相研究討論，對我們這一批電影新血可謂受益良多。不過，我們自己研發的水中攝影機也曾受邀刊登在《映画技術》上。

從《映画技術》的內容看起來，日本使用的技術跟我們大同小異，但很注重細節，例如我們用來載攝影機的移動車，四個輪子都是橡膠做的，方便在平滑的木板上滾動，他們則會在木板上多加木條作為保護，避免移動車「出軌」。後來日本人又開發了新式移動車，將木板改為圓形鐵管，兩根鐵管之間用木條固定，像火車軌道一樣；通常十呎為一節，可以任意加長縮短，也有五呎的短軌。如果把鐵管做成彎的，就成了彎軌，滾輪也改成直軌彎軌兩用款。軌道通常一頭公一頭母，方便銜接，但如果要拍攝長距離移動，為了避免拍到軌道穿幫，就會準備兩頭都是母的接口，方便場務人員搶軌。

那段時間，雖然我們這批海外會員工作量很大，平常各忙各的，還是會找時間兩三位聚在一起討論《映画技術》上的新玩意兒，例如分隔畫面拍攝法、接頂、使用半反光鏡、雙鏡頭三D立體電影等等。

分隔畫面可以用來表現一個演員飾演兩個不同性格的角色，但如何同時出現在銀幕上，具體做法就是讓一段底片分兩次曝光，第一次先曝光畫面的一半，另一半用黑卡紙遮起來，拍完之後，算準底片長度倒轉回去，遮住另一半再拍。

接頂是美術設計的技巧，例如拍城樓時只搭下半部的城牆，美術人員另外在卡紙上繪製上半

實驗接頂技術，繪製建築物上半截的圖案。

部建築，擺在鏡頭前恰到好處的位置，拍起來就像一整座完整的城樓，這樣一來可以省下許多時間和金錢。

半反光鏡可以用來同時拍攝正反面的景物。普通鏡子是在玻璃的一面塗上水銀，再塗上一層不透光塗料，半反光鏡就是省掉這層不透光塗料。但透過一層水銀拍攝的那一邊要加強打光，讓兩邊光度平衡，而且除了人物之外不可以有背景雜物。

一般攝影機只有一個鏡頭，拍攝立體電影時則要用一個特製的套筒將兩個鏡頭拍到的東西投射在同一條底片上，進了戲院戴上特製的眼鏡就可以看到立體效果。張美君導演找了跟我同輩的攝影師陳榮樹，用這個方法拍出台灣第一部三D電影——武俠片《千刀萬里追》（1977），

在鏡頭前將繪製的圖案擺好位置，就和實景完美結合。

轟動一時，瘋狂賣座，但不知何故立體電影就這樣曇花一現。

讀了書上的理論，總得親自實驗。我為了嘗試接頂法，徵得技術組長許可，商請布景師畫了一幅美輪美奐的屋頂，找一棟平頂的建築物來試拍接頂，沖印出來之後覺得效果還不錯。不料，那天隨我出去的木工心生懷疑，覺得這趟拍攝沒有導演也沒有場記，以為我公器私用，於是去打小報告，我因而被找去質問，後來說明清楚才解開誤會。

雖然發生過這樣的誤會，我們這群攝影師並不氣餒，私自集資訂製了一面半反光鏡，我率先使用在《目蓮救母》上，我們在玉峰影業公司湖山片廠搭了一個山洞，我利用等待泥土乾透的空擋跟導演商量，說我有一種特效對戲有幫助，想試拍看看，導演非常贊同，即刻請唐威、盧碧雲和飾演妖怪的演員來配合。花了不少時間調整位置，最後效果不錯，導演滿意極了，但也非常客氣地告訴我，僅此一次，下不為例。

在台語片普遍急就章、低成本、快速回收的製作環境下，我們只能舉雙手投降，鑽研來的新技術無用武之地。而且我們在百忙中接到的劇本已經定型了，如果想引入新技術，應該要從編劇的階段就參與討論。可惜了這些新知識，只能自我陶醉，留待回憶罷了。

鄒亞子過海來台顯神通

鄒亞子是從香港來台發展的年輕人，具備書生特質，說得一口流利的中文，沒有半點香港人的廣東腔。鄒亞子早年隨著名編導程剛先生學習，有時會不經意地告訴我，程剛師傅能言善道，是典型的編劇人才，跟我木訥不善表達的性格有強烈對比。鄒亞子來台初期以編劇為生，打下基礎後轉換跑道，編劇、導演一手包。他擅長神怪片，但時裝片也難不倒他。我首次跟他合作是全球影業公司的《八仙過海》（1969），神怪片對我來說是新課題，表達的方式有別於其他類型的影片；譬如燈光設計會添加特別的色彩要素，呈現富有神祕感氣氛的畫面。該戲演員都是當紅的明星，如美麗漂亮的祝菁、帥氣十足的陳駿、性格的佟林、青春活潑的恬妮（恬妞的姊姊）。

鄒亞子的鬼點子特別多，有場戲為了增加氣氛，臨時告訴我說要以模型拍攝，呈現載著八仙的船由小變大的視覺效果，問我有沒有辦法辦到？我回答可以，但有許多困難技術需要克服。他說模型會由美術造型負責，單格拍攝就讓我來想辦法。我回製片廠打算向公司租用三十五毫米能拍動畫的單格馬達，不巧那顆馬達已調去拍攝公司自製片，無法出租。我只好跑到石牌文林路上的何家鐵工廠碰運氣，看他們能否製造安裝在ARRI攝影機上的單格馬達。當時何家與日本電影專門技術專家「辻桑」合作密切，辻桑簡直把何家當自家工廠在使用，何先生也從辻桑身上學到許多製作電影相關器材的技術；最著名的是三腳架跟攝影機用的機頭，品質優良，一點都不輸給歐美進口貨，影視界也樂於採用何家開發出的ＭＩＴ產品。可惜辻桑來台的日期是固定的，無法臨時更改行程，因此這回沒辦法幫我裝設定格馬達。

我回到製片廠，懇請由大陸隨廠來台的修理師韓玉良先生代勞，他的經驗也相當豐富，再複雜的電影器材故障都難不倒他。我告訴他《八仙過海》全班人馬都在等這顆馬達，他勉為其難答應我，但不保證成功，而且上班時間不能經營私事，只盡己所能連夜趕工。果然幾天後就來電要我取貨，試拍之後也很成功。為了答謝他，我們包了個大紅包，建立另一種情誼；內人生雙胞胎時，他還拎了兩罐奶粉專程探視。

船隻模型是由香港來的廣東人鐘仔所製，鐘仔擅長布景，也是多才多藝的美術老師，製作的模型維妙維肖。我們在攝影棚搭了一個大水池，花了整整兩天時間把小船變大船的畫面拍成動畫，效果還不錯，創下台灣首次用ARRI攝影機搭配單格馬達拍攝成功的案例，日後有許多同業跟進效法。日本映画技術協會聞悉後也很好奇，來函要求我們提供相關製作過程及成果的文字、照片與資料，但由於當時太忙沒有時間整理而作罷。

《八仙過海》上映後票房成績不錯，該公司要求鄒亞子跟著拍攝塵封許久的劇本《華光救母》（1969），以原班人馬為底儘快開鏡。攝影師還是由我擔任，男女主角仍是祝菁與陳駿。鄒導演對神怪片可說是駕輕就熟，加上我們合作默契良好，全班人馬通力合作下，在預定的時間與預算內順利殺青，勞資雙方皆大歡喜。當然，票房也好得沒話說。

《玉面貓》（1969）由鄒亞子編導，我仍出任攝影師。主要演員是甄珍、陳駿、雷明、蔣光超。籌拍期間，甄媽代表女兒出面與資方討論片酬與條件，對公司提出的價碼不甚滿意。原因一是公司不大，也沒出品過什麼大片；原因二，這個星媽精明能幹，甄珍所有電影都是由甄媽出面跟資方談判，經驗自然老道。甄媽慢條斯理地說：「我們接拍貴公司的片子已經是給了很大的面子，我女兒可是國聯的五鳳之一，外貌不說，演技更是不用講；一大堆公司都想要找甄珍我們可沒答應，你們運氣好，因為我們已口頭答應在先，雖然沒有簽訂任何契約，但我這個人一向講話算話。」幾度討論後，資方身上被割了好大一塊肉，忍痛達成協議，甄媽說：「用我們甄珍你們絕對不會後悔的。」說完心滿意足、面帶微笑離去（後來這些錯綜複雜的談判都由經理人代勞，以免傷了雙方和氣）。協議條件之一是，拍片期間若同時有通告，需以國聯公司優先，幸好《玉面貓》拍攝期間都沒有遇到國聯公司發通告，順利如期完成；甄媽隨片跟拍，完全配合，沒再節外生枝，該片成功發行也讓老闆鬆了一口氣。

之後鄒導演的片約源源不絕，王金財老闆看中他的才華，找他拍三角戀愛故事時裝片《妳我她》（1971），鄒導演仍舊找我掌鏡。該片的演員有楊群、李璇、張清清、金石，個個卯足了勁努力演出。楊群能言善道，很能演戲；李璇較為生疏；張清清已是台語片當紅演員；金石是舞台劇出身自然不弱。《妳我她》如期完成，票房不惡。鄒亞子導演可能是腦中裝滿了神鬼故事，拍愛情文藝片不能搞怪反而不自在。拍完《妳我她》之後他對我說：「文錦，我們還是繼續拍神怪古裝片吧！」

《要錢不要命》（1971）是由台灣電影製片廠資深剪接師沈毓奇出資拍攝的時裝片。鄒亞子導演的片子多由沈毓奇擔任剪接師，我們一個前端攝影，一個後製剪接，雖然從未見過面但熟知對方。他眼看鄒亞子的片子都能賣到好票房，心動之餘開始付諸行動，但以他本身的財力無法獨資，我猜想他可能已經遊說親友集資來應付龐大的製作費用。說著一口寧波口音的沈毓奇比我年長，社會歷練當然比我豐富得多。籌拍期間接到他的來電，說他跟鄒亞子在世紀大飯店喝咖啡，找我過來聊一聊。

見了面之後，我們像是幾年沒見的老朋友親切握手寒暄，我也恭喜鄒亞子片子部部賣錢，現在紅得發紫，身價水漲船高。鄒亞子笑答：「都好兄弟了（我們年齡相若），你不要再挖苦我啦。」沈毓奇開口：「閒話少說，我現在在籌拍一部時裝片，雖然廠裡也有好幾個攝影師，但鄒導演指名要你掌鏡。」我問新片預計什麼時候開拍？因為我正在拍攝丁善璽導演的《秋瑾》，還有五個工作天才能殺青。他連說沒問題，可以配合。接著沈毓奇話鋒一轉，說有件事一定要我幫忙，他說：「我們公務員收入有限，雖然有額外收入，但要獨資拍完一部電影恐怕能力負擔不起，我已說服親友投資但仍嫌不足，林兄你可否考慮投資一些？」我想了想：「我的財力也有限，恐怕無法滿足你的需求，但既然你這麼說，我只能盡力而為。不如這樣，通常包拍費用分三期，開拍前付第一期，拍到一半時付第二期，殺青後付清第三期餘款。但我要負擔助理、燈光師與器材費用，第一、二期你需照付，第三期你可以開票，算是我的投資，暫不兌現，等片子發行賺了錢你再通知我，我再軋進去，如果不幸賠了錢我會把支票還給你，紅包的話就隨你意。」沈

我與鄒亞子。

毓奇雖然不滿意但勉強接受我的提議。這是生平第一次違反我保守性格的舉動，但人生偶而總得冒個險吧？至於鄒亞子有沒有投資我就沒有過問。

《要錢不要命》仍由鄒亞子執導，女主角請到剛從西班牙學成歸國的著名舞蹈家陳秀峰小姐擔綱，活力充沛的陳秀峰雖然第一次上鏡頭，但台風相當穩健，演起戲來也很自然。男主角因年代久遠已記不起他的名字。該片拍攝順利完成，也找片商發行，唯風評普普票房也平平。我在拍其他片子時，突然接到沈毓奇的電話：「林桑，你可否將我開的第三期支票緩一緩軋進去，等我結完帳再打電話給你？」我說沒問題。沒想到電話掛斷之後這人彷彿從地表上消失般就此音訊全無，第三期尾款自然沒有下文。嗯，這是我首次嘗試冒險所得的代價，看來我應該沒有橫財運，還是乖乖的幹我的攝影師吧。

題外話，《要錢不要命》是喜劇風格時裝偵探片，偵探這個角色由我推薦的孫鵬萬演出，他出身文化大學戲劇系，祖父孫連仲是國軍名將，其兄孫大強是把麥當勞引進台灣的關鍵人物。孫家後來創辦了寬聯傳播公司，邀請陳耀圻擔任總經理，我也曾為寬聯拍過一些高品質的新聞局委製宣傳片。有時遇見孫鵬萬，兩人也會敘敘舊。

第三章

丁家班

初會丁善璽

與丁善璽導演首次合作，是拍攝第一影業公司出品的《先生、太太、下女》。

一九七一年某天，有個穿著一般的中年男子來到中影製片廠，東張西望好像要找人還是辦事，我向他請教來意，他說只是隨便看看，聽說中影有很多傑出的攝影師，我回道：「我叫林文錦，也是攝影師。」他馬上掏出名片說：「久仰大名，請多指教。」我一看名片，上頭寫著「嶺光影業公司 製片詹錫藩」，我問他的來意？他很乾脆地說：「我這趟就是來找你的。」「找我？有什麼事嗎？」「找你拍片。可否請你明天到公司見見我的老闆？」原來他的老闆就是第一影業公司黃卓漢。

第二天，我搭車到西門町武昌街第一影業公司，透過詹錫藩介紹，跟丁善璽導演會面。詹錫藩待人客氣謙沖，處事有條不紊，是黃卓漢的得力助手。黃卓漢為了處理發行業務，經常在國外奔波，至於公司的製片業務方面，黃老闆只訂下大方向、選定題材，剩下的龐雜製作事務就交給詹錫藩全權處理，他也從不出差錯，準時完成任務。由於後來合作順利，我和詹錫藩之間建立了深厚的友誼。

一見到丁善璽，覺得似曾相識，原來在多年前曾在李嘉導演的《海埔春潮》拍攝現場看過他，那時丁善璽飾演測量員，戲分不多，兩天後就沒再見過。後來才知道丁善璽是李嘉導演在國立藝專任教時的編導科學生，攝影師葉清標當時念技術科，兩人都是李嘉門下。

我和丁善璽熟識之後逐漸得知，丁導曾經以當屆最高分考進位於高雄的陸軍軍官學校，與蔣孝文是同班同學。蔣孝文知道丁善璽文筆一流，於是經常請他代筆寫信給女明星，尤其是幾位港星，因此丁善璽設法購買了許多香港的電影畫報等刊物作為下筆的參考資料。這些刊物在官校裡被視為違禁品，某日不幸被校方查到，以違反校規處理。不巧的是，由於丁善璽長得一表人才，高大英挺，經常被派去台北出差當官校制服模特兒，南北兩頭跑，課業自然不盡理想，兩件事加在一起，迫使他不得不離開學校。

離開軍校反而為丁善璽開出了另一條路，由於先前大量閱讀香港的電影刊物，讓他對這個領域產生濃厚興趣，當即轉考國立藝專，錄取編導科，正式與電影結緣。

丁導被迫離校這件事算是蔣孝文欠了他一份情。我聽說丁善璽有一次去桃園的聯邦片廠拍片，當時片商請片廠代為攝製的話，通常會雇用片廠人員擔任所有工作，這次卻插進了丁善璽這個「外人」，這麼一來就被聯邦方面視為侵門踏戶，因此處處為難。恰好蔣孝文擔任過台灣電力公司桃園分處處長、中國國民黨桃園縣黨部主任委員，跟這個地區極有淵源，聽說這件事之後，便以探望老同學的名義親自去片廠走了一趟，此後聯邦再也不敢生事，工作順利進行，蔣孝文這招算是還了當年那份人情。

丁善璽從藝專畢業後，曾短暫在中影擔任副導演，一九六三年前往香港進入邵氏兄弟公司，從編劇開始慢慢闖出名號，曾為聰明絕頂的國際名導胡金銓編寫劇本《大醉俠》。他在李嘉、胡金銓兩位名師的調教下逐漸展露鋒芒，一九六八年開始擔任導演，在港台兩地都有作品，這次被港台兩地跑的黃卓漢老闆相中，邀請他執導時裝新片《先生、太太、下女》。

丁善璽導演對我說：「黃老闆強力推薦找你來承包技術（攝影、燈光）。」我說：「沒問題！」兩人手一握，就握出長達二十多年的合作基礎。日後丁善璽導演拍中影或外界獨立製片的影片一定會率先找我搭檔。

《先生、太太、下女》不僅開啟了我跟丁善璽數十年的友誼，也因此結識了劉立立。這部戲由楊凡跟秦密擔任男女主角，另一個主要角色就是劉立立。她是政戰學校影劇系畢業的高材生，據說也是校花。劉立立在這部片裡飾演下女，兼任場記工作。

第一次見到她時，一聽到名字就覺得耳熟，仔細一想，原來她就是喜歡交友的洪慶雲常提到的劉某某。我伸出手說：「久仰大名，咱們合作愉快。」她嚇了一跳：「你怎麼會知道我？」我笑了笑，偷偷把洪慶雲給出賣了，還低聲跟她說：「這個祕密暫時保留。」我們相視會心一笑，彼此心照不宣。

劉立立小姐青春活潑、充滿幹勁、工作賣力又熟練，待人有禮貌，演起戲來駕輕就熟。丁善璽導演喜歡準時上工、準時放學（放學是電影界的行話，收工的意思）。放學是演職員辛苦一天後最喜歡聽到的兩個字，哪怕是條懶蟲，一聽到放學，馬上搖身一變成了活龍。

丁導演不愧為高材生，在香港經過幾年磨練，處理戲來駕輕就熟，一點都不拖泥帶水。三位演員拿出渾身解數展現實力，有時丁導演還得提醒他們不要演得太過頭，不過基本上大部分鏡頭都能一次ＯＫ。這樣一來，省時間又省膠捲，全片在合作愉快的氣氛中完成，順利殺青。

黃卓漢老闆看過毛片後，開心得合不攏嘴，緊握著丁導演的手說謝謝，丁善璽也感謝黃老闆把他從香港找回來，給他機會。他們聊了一會兒，黃卓漢老闆回過頭來問我對丁導演的看法。我說：「老闆你眼光精準。」黃老闆聽我這麼一說，得意的點點頭。果然《先生、太太、下女》一上映，票房節節高升，東南亞版權也賣得很好。黃老闆要求丁導演接著籌拍新片，愈快愈好。

月世界裡的《落鷹峽》

《先生、太太、下午》殺青之後，片子還沒上映，我就被公司指派擔任《落鷹峽》（1971）的攝影師。這是丁善璽導演首次跟中影合作，他指明要我為他掌鏡，我們在前一部片子合作愉快，沒想到這麼快就有幸再度共事。

這部以民初軍閥紛起時期為故事背景的《落鷹峽》是動作片，風格粗獷豪邁，跟我以前常拍的文藝片很不一樣。劇本由時任製片部經理的張法鶴先生與鄧育昆先生兩位名家合編，演員陣容經過精挑細選，由甄珍、楊群、葛香亭、陳莎莉、傅碧輝、孫越、薛漢、陳良群、周少卿，柯佑民、山茅聯合演出，堅強團隊星光閃閃。其他工作人員也是一時之選。

這部片的主景「高家酒店」搭在高雄縣田寮鄉的山坡地上，那是一座寸草不生的禿山，又名「月世界」。公司動員所有布景師花了很長一段時間日夜趕工，搭建完成後，布景師們收拾行李準備回廠，有人眼尖發現怎麼裡頭多了個青春少女？原來是阿川師傅的嬌妻，在搭建布景這段期間認識的當地人，情投意合結為連理。戲還沒開拍就先有喜事，真是好兆頭。

開鏡之前，篤信佛教的丁善璽導演特別交代劇務準備豐盛牲禮，祭拜天地眾神與好兄弟，保佑片子順利拍攝。

《落鷹峽》的女主角是我在《玉面貓》合作過的當紅明星甄珍，她外表亮麗、個性活潑，任何角度拍起來都好看，演起戲來沒話講，再刁鑽的角色都難不倒她，一開機馬上入戲，喜怒哀樂各種情緒收放自如，大部分鏡頭都一次ＯＫ。甄媽隨片跟了兩天，就放心地回台北去了。

其他演員也發揮高超演技，楊群的俠客扮相帥到沒話說，葛香亭、傅碧輝兩位老演員也不讓年輕人專美於前。原本比較讓人擔心的是資歷尚淺的陳莎莉，但她非常用功，劇本從不離手，演起戲來可圈可點。有一場她被歹徒五花大綁吊起來的戲，我出於好意，想要幫她博得觀眾疼惜，建議丁導演把她雙臂往後反綁再吊起來。陳莎莉一聽，手一指說：「好壞心的攝影師哦！」雖然最後決定是正面的五花大綁，她還是演得很用心，咬牙切齒的表情，讓我們覺得不忍，值得敬佩。後來每次遇到陳莎莉，她都會用開玩笑的口吻：「壞心攝影師！」來跟我打招呼。

片中飾演刀疤老六的孫越，把奸詐狡猾的壞胚子演得維妙維肖，讓人看了恨得牙癢癢的，跟現實中獻身公益、勸人為善、導正社會風氣的孫叔叔完全是天壤之別。另外值得一提的是武行小黑（本名柯受良），每逢打鬥場面中有演員從山上滾下來的驚險鏡頭，徵求替身時他都是第一個跳出來的，固然這樣可以多領一些酬勞，但他的冒險與敬業態度也真不簡單。小黑是特技演員出身，表演飛車相當拿手，轟動一時的飛越黃河是代表作；他後來也改行當導演，票房成績還不差。

外景隊在月世界拍攝期間常遇到三大災害。第一，那裡的地質結構是鬆散的沙子堆積而成，寸草不生，每遇強風來襲，飛沙走石，別說外景眼睛睜不開，連酒店的內景都無法拍攝；下大雨則泥濘滿地，寸步難行，不能拍外景只能退進酒店臨時改拍內景戲。

第二，是適逢電影景氣大好，演員軋戲在所難免，尤其這批以演技掛帥的名演員，個個同時有幾部片約在手，跑片難免；今天張三無法到班，明天李四接拍他片等等，很少有全員到齊的時候。幸虧丁導演調度有方，會用臨時替身穿上戲服帶背拍攝，一點都不影響進度，等哪天演員有空現身，再找機會補拍正面。可是這樣一來就苦了場記，必須把替身的動作記得一清二楚，免得不連戲。

第三就是蟲害，在這個前不著村、後不著店的荒郊野外，處理大隊人馬的排泄物是一大難題。場務人員在離酒店主景不遠處挖坑，搭建臨時廁所供大夥使用。剛開始還好，時間一久，排泄物招引大量蒼蠅滿天飛，每個人都遭殃，嘴巴、鼻子、眼睛無一倖免，甚至飛進畫面影響拍戲，苦不堪言。怎麼辦？噴殺蟲劑是唯一有效的辦法，那個年代根本就沒考慮殺蟲劑對人或環境的負面影響，照噴不誤。更難忍受的是那股偶而隨風飄過來的臭味，但久而久之大家似乎也習慣了。

某天收工回到市區，忽然發現眼前竟出現雙重影像，心一急，馬上找眼科診所求醫；醫師告知這是眼睛過勞所致，點點眼藥水休息幾天就好。我心想，開什麼玩笑，大隊人馬進駐在此，每天都有進度要趕，怎能休息？第二天照常上工。當時我心想，應該是整天盯著觀景器缺乏休息所致，於是強迫自己改變工作方式，盡可能利用空檔閉目養神，讓眼睛休息片刻。每個鏡頭要正式拍攝之前，丁導演會先問我，我睜開眼睛一看沒問題，就告知導演可以正式來了。正因為如此，我不經意注意到丁導演每每將手上的筆記本一闔，擺進導演椅右側的帆布袋，再從左邊取出劇本，告訴場記現在要拍的場次跟鏡號，這個舉動讓我感到相當好奇。閒聊時才知道，他拍戲時會找空檔動手寫下一部新戲。丁善璽問我：「怎麼樣？你不要接其他的戲，咱們繼續合作？」我說：「只要中影沒派新片，我一定幫忙。」兩人手一握，連簽字蓋章都省了。

《落鷹峽》中有場萬馬奔騰的戲，馬匹跟騎士全來自后里軍用馬場，但他們只能支援數十匹馬，這樣拍起來的畫面一點都不壯觀。為了營造大批馬隊衝過來的氣勢，我們讓騎士策馬來回狂奔好幾趟，我的攝影機原地不動，待馬隊通過時就開機，這樣重複拍攝好多次，之後再剪接成有如千軍萬馬的場面，果真雄偉壯觀。

中影公司非常重視這部民初動作片，總經理龔弘只要有空就會帶著大批當季水果南下慰問，有時也請編劇張法鶴先生或廠長喻可象代表總經理來現場為我們打氣。據悉喻可象是以最高分考取的文官，但在電影這一行其實是門外漢，不過他對全廠員工客客氣氣，從不責難員工，典型的正人君子，也是心地善良的好長官。有一回，喻廠長不知道從哪裡聽說物價即將上漲，就把採購組找到辦公室，要他們在物價上漲前把沖洗底片要用的肥皂粉先備齊，大家只能搖頭笑著向他解釋：「廠長，沖洗片子是用特殊的藥水，不是用肥皂粉啊。」

某天，喻廠長奉總經理之命，利用假日帶很多水果來月世界探訪，看到我們這批外景隊，個個被南部的大太陽曬得黝黑，心中很是不忍。他抵達現場時，工作人員紛紛起身向他問好表示歡迎與謝意，喻廠長簡短問候之後，看到大家仍舊原地坐下，沒有動靜，覺得奇怪，走到我身邊問：「為什麼不繼續工作？」我往天空一指：「現在烏雲蔽日，光線不足，拍出來的畫面不好看（當時彩色底片色彩感光的寬容度很低）。」他說：「你放心，公司會特別交代日本沖印廠沖印時補救。」台灣當時還沒有沖印彩色膠捲的設備，拍好的底片只能全數寄往日本；日方通常會在拍片方的製作部門裡安排一個職銜為「彩色技術」的專人負責聯絡，溝通所有技術問題，但是否真能如廠長所說可在「沖印時補救」，這還有待商榷。當然，喻廠長是考量到製作預算，我連忙說：「廠長請放心，丁導演向來是個很能控制預算的人，以往拍的片子都在預算內完成。」

《落鷹峽》克服各種拍攝難關圓滿完成任務，替中影賺了不少錢，也榮獲第十七屆亞洲影展最佳社會教育特別獎、一九七一年金馬獎最佳導演獎、最佳女配角獎（陳莎莉）、最佳錄音獎（錄音師林丁貴也是農教公司出身的練習生，結業後就投入錄音工作）。那年十二月，中國人影評協會選出五部年度最佳影片，《落鷹峽》獲得第四名，在國片中表現最佳。因為這次的傑出表現，丁善璽導演、楊群、孫越同獲中影公司簽約為基本導演與演員，拍片論部計酬還可領取車馬費；有了他們加入，壯大了中影的陣容與實力。

隔年（1972），丁善璽導演與我三度合作，拍攝第一影業公司出品的《秋瑾》。這是黃卓漢老闆為紀念犧牲性命推翻滿清皇朝的革命烈士而籌拍的，丁善璽在拍《落鷹峽》空檔時寫的就是這部劇本。

《秋瑾》的男主角是王羽，他的片酬相當驚人。當時即使當紅的明星每部戲最多也只拿幾十萬，李溯導演卻用新台幣一百萬元邀請王羽演出《狂風沙》，簡直是天價！次日消息見報，成為台灣電影界的熱門話題。不過當時武俠動作片大為盛行，王羽的貢獻確實厥功甚偉。《秋瑾》若非有黃老闆的野心與誠意、丁導演的才華加上堅強的製作團隊為後盾，哪裡請得到王羽來參加演出。傷腦筋的是，王羽手上同時有好幾部片約，為避免惡意爭搶拍攝時間，只好讓各公司的製片設法協調排班了。

《秋瑾》的女主角郭小莊是京劇名武旦，當時紅得發紫；其他演員包括王戎、秦密，還有在台語片時期已走紅的易原。戲中的靈魂人物——秋瑾——根據記載是個賢慧的女士，但為符合當下武俠動作片盛行的潮流，丁善璽導演刻意把秋瑾塑造成文武雙全的女性，讓郭小莊能把武旦的專長發揮得淋漓盡致。黃老闆看毛片時一度有些擔心，會不會跟史實不符而適得其反，影響票房或受到輿論批評？丁導演似乎一點也不擔心。

《秋瑾》拍攝期間，因王羽軋戲的關係，我們每個工作天只分到八個小時，時間一到，其他公司的劇務便分秒不差地把他帶走。一場戲若有王羽的話，往往就得分好幾天才拍得完，甚至他一離開片廠，我們的工作團隊就臨時雇車轉移陣地繼續拍別場戲。王羽雖然一天二十四小時趕三班拍戲，但他一進到片廠，就精神飽滿準備上陣，演出照樣生龍活虎，武打動作沒有達到自己的標準就絕不放鬆，即使是高難度動作也不輕易妥協，真不愧是當時武打明星的第一把交椅。郭小莊也不例外，雖然她已經具備相當的舞台動作基礎，仍然拚命做到武術指導所要求的高難度動作，每每收工時都不難看出她的倦態。

《秋瑾》拍攝過程可謂一波三折，幸好在頭腦清醒、精打細算的丁導演靈活調度下，終於在預算之內如期交卷。上映後好評如潮，也創下第一影業公司歷年來最高票房記錄。聽說，蔣老先生看過這部影片後讚譽有加，轉頭跟隨從講：「沒想到秋瑾也有好功夫啊。」這時，黃卓漢老闆才總算鬆了一口氣。

影星、攝影軋戲忙

丁善璽導演在拍攝《秋瑾》期間繼續編寫新劇本，他常常把遠近場景鏡頭交代清楚後就埋首寫作。《秋瑾》殺青時，新劇本也大致完稿。沒多久我又接到丁導演來電邀約，當然恭敬不如從命，設法抽出時間接拍新片《英雄膽》。

《英雄膽》（1972）的男主角仍是王羽，女主角是陳莎莉。陳莎莉在《落鷹峽》飾演名叫黑娃的啞女，演技精湛，榮獲第九屆金馬獎最佳女配角獎的肯定。她在《英雄膽》開鏡當天碰到我，笑著指著我：「壞心攝影師。」我也笑笑回答：「妳的皮肉並沒有白痛啊，拜託不要再把壞心兩字掛在嘴上啦。」她說：「很難，我偷偷告訴你，拍完那場戲之後，我躲在牆角足足哭了一陣子；心想為什麼拍戲還要受那種殘酷的折磨？」我答道：「好吧，我那時候是出於好意，隨便妳怎麼想我都不會怪妳。」

《英雄膽》按拍攝計畫順利進行，唯一美中不足之處是王羽能分給《英雄膽》的拍攝時間仍舊被卡得死死的；同時軋三部戲，每部每天只有八小時，一分一秒都不能浪費。丁導演儘量先挑有王羽戲分的鏡頭先拍，其他公司的製片等在場邊緊盯手錶，預先叫好計程車在一旁待命，時間一到，不管拍攝進行到哪裡，製片走進來打聲招呼，丁導演也只能按照三家公司協議好的分配計畫放行。放行前一刻，全場工作人員突然忙碌起來；副導演盯緊每個人的工作，場記記錄演員的位置，攝影師、燈光師分別記錄燈光的配置方向及強弱光對比，化妝師記錄傷疤妝的狀況，服裝師記錄該場的穿著，道具師也不能置身事外。就在這一陣忙亂當中，丁善璽導演仍氣定神閒地安排拍攝下一場戲，一點都不浪費時間。

我想這當中最辛苦的莫過於王羽本人，日夜無休地工作幾乎都沒有休息；尤其他的自我要求又特別嚴苛，每個武打動作若沒有達標絕不罷休，有時一個動作重拍 Take 2、Take 3、Take 4 都毫不遲疑。他的敬業精神跟過人的體力沒人比得上，領天價片酬自有其道理。陳莎莉小姐也不用說，演技更加成熟，比起《落鷹峽》時更有自信。

《英雄膽》殺青前七個工作天，應第一影業公司黃卓漢老闆要求，開拍另一部新片《馬素貞報兄仇》（1971），仍由丁善璽執導，原班人馬繼續合作。男、女主角仍由王羽、陳莎莉擔綱，另外新增一位嶄露頭角的生力軍燕南希小姐來助陣。我當時也已經接受好友孫揚導演懇求，為新片《江湖半把刀》（1971）掌鏡，這部戲由劉洪生老闆出資，葛小寶、李芷麟、柯俊雄聯合演出。原本我對孫導演說：「抱歉，手中還有兩部戲，恐怕無法勝任。」他向我保證每天的通告絕不會超過八小時，萬一遇到其他片子在趕拍收尾無法脫身時，他這邊的通告可以彈性停工。面對好友如此禮遇，我不好意思再推辭，就這樣掉進了日夜軋戲的緊張狀態。

這時候我手上同時要拍三部片子，一天三班，一班八個小時，這種狀態必須持續一星期，幸好其中兩部戲《英雄膽》跟《馬素貞報兄仇》都是丁導演執導，調度比較容易。這七天裡我很少回家，頂多回去洗個澡換過衣服，再匆匆搭計程車趕上工，一上車就呼呼大睡，那是我唯一能補眠的時段，到了目的地，司機自然會叫醒我。明星紅到軋戲不稀奇，攝影師搶手到軋戲卻不曾聽聞；感謝我的兩位攝影助理——廖本榕跟林博源——也跟著我二十四小時軋戲，他們亦步亦趨跟在我身邊，堅守崗位協助拍攝，工作雖累也不吭聲。雖然林博源因故英年早逝，但他們的敬業精神讓我感念至今。

因為睡眠嚴重不足，體力不濟，我也在片場鬧了笑話。導演喊「開麥拉」時沒什麼問題，如果鏡頭要跟 Pan 的話也可以打起精神緊盯畫面，麻煩的是固定鏡頭，開機之後就自然放鬆（ARRI 攝影機是單眼觀看，左眼閉著，右眼頂著觀景器），左眼閉上後，右眼也跟著閉上，幾乎馬上睡著。直到演員演完，導演喊卡，攝影機卻還在跑。導演看我沒反應，輕拍我的手：「文錦，醒醒啊。」我這才驚醒，馬上關機連聲道歉。還好丁導演跟孫導演都能感同身受，沒有半點責怪我的意思。三部戲，兩個導演，拍攝期間雖有些困擾，王羽的八小時協定也沒有改變，有時難免遇到遲到的情況，大夥也都能體諒。最難得的是王羽的敬業態度，一開機就充滿電力看不出倦容，每一個動作依舊要求到盡善盡美、乾淨俐落。

《江湖半把刀》的劇照師是許宗榮先生，先前曾與我合作過好幾部片子，也結為無話不談的好友。他有天跑來說也想改行當攝影師，可否讓他體驗一下掌鏡的感覺。剛好下一場是固定鏡頭，拍攝武打演員打鬥的畫面，攝影機不需 Pan 動，於是我告訴許宗榮：「只要眼睛盯著觀景器開機、關機就可。演員試戲時，在鏡頭拍得到範圍內活動都不是問題，如果出了鏡頭，再提醒他們的界線在哪裡。試演完就等導演的口號，通常導演會確認攝影師、燈光、武術指導都準備就緒才喊開麥拉，這時你就開機，全神貫注看觀景器裡演員有沒有出差錯，當然，武術指導跟導演也會看演員的動作，導演更會注意整體的氣氛跟演員的表情有沒有到位，結束之後，等導演喊卡再關機。」

我把過程交代清楚，就把攝影機交給許宗榮。我們正式來！導演確認全體演職員都準備就緒，喊：「預備！開麥拉！」攝影機開機，演員紛紛動了起來，賣力演出、動作逼真，真是精彩極了。突然間，攝影機關機了。「怎麼了？」坐在攝影機左側的孫導演愣住：「機器故障了嗎？」我也嚇了一跳，不可能吧？演員紛紛停了下來。這時候，許宗榮站起來鞠躬道歉：「對不起大家，我太緊張了，不自主的就把開關給關掉了。」這是攝影組的失誤，我馬上向孫導演道歉，請求重拍一次；也跟現場所有演員與武術指導致歉。站在我身旁的港仔武術指導笑著搖搖手說：「丟～～」輕鬆化解這尷尬場面。

Take 2 重新準備就緒，導演喊：「預備！開麥拉！」攝影機開機，演員走位一如試戲，我心裡祈禱這次可千萬別出錯了，正當武打進行到最精彩的時候，攝影機又突然關機了。是緊張跟壓力所致嗎？許宗榮居然在同一個重要時刻關機。這時，眾人開始有點情緒了，議論紛紛，聲音也大了起來。我除了道歉還是道歉，也跟孫導演要求再給個機會。台灣有句俗諺：「有一就有二，無三不成禮。」孫導演已經有些不耐煩，但忍著沒生氣。港仔武術指導藉機進場調整了幾個不盡理想的招式，等大夥準備就緒，導演喊：「預備！開麥拉！」攝影機開機。我心想許宗榮已經失誤兩次，應該不會再搞砸吧？我專心看著演員賣力演出，心裡愈來愈緊張，心跳不斷加快，暗地祈求上天保祐，這次讓我們都能安全過關吧。沒想到，真的沒想到，到了最精彩的節骨眼，這個關卡就是過不去，許宗榮居然又把攝影機給關了，這下，我的心也跟著停止跳動。

我深吸了口氣，無奈的跟全體演職員九十度鞠躬作揖不斷道歉：「對不起對不起，千錯萬錯都是我的錯。」我尤其對港仔武術指導及武打演員感到非常抱歉。許宗榮站起來對我說：「林桑，我到底不是幹攝影師的料，還是回歸本行照相好了。」孫導演的臉色非常難看，男主角柯小生原本就苦於不擅長的武打戲，此刻也火大了，指著我的鼻子：「攝影師！我慎重的警告你，不要再搞這一套，不然我拒拍！」我重新取回掌鏡權，順利完成這場拍攝。事後回想，許宗榮習慣拍照，追求在最恰當的時機按下快門獵取最好的畫面，因此當他看到演員演到最精彩時，下意識地按下快門搶拍，純屬本能，卻錯把攝影機關掉了。

幸好之後的拍攝工作順利，再也沒有意外插曲來攪局。劉洪生老闆體諒我的處境，也深知我這一陣子的辛勞，特地把第二期的片酬支票帶到現場，他說：「林桑辛苦了，這是你第二期款。」通常領片酬都要回到公司，從坐在寶座、高高在上的老闆手中領取，劉老闆不虧是政戰學校高材生出身，懂得利用機會攏絡人心。

那場鬧劇之後，許宗榮乖乖回去幹他的劇照師。由於他的技術不錯，當紅女星林鳳嬌於是找上他，兩人合夥在光復北路、八德路口開了間照相館，吸引很多男女明星爭相光顧，生意興隆，紅極一時。但不知何故，照相館開著開著突然易手經營，他也從台灣影劇界消失；後來從他親戚口中才知道，原來許宗榮移民到加拿大去了。

同時拍攝三部電影之中的《英雄膽》在丁善璽導演的妥善調度下首先順利殺青，進度與預算都控制在計畫內，王羽的武打戲完美得無可挑剔，陳莎莉的演技可圈可點。丁導演把這部充滿英雄氣息的《英雄膽》完美融合成溫情婉約的動作文藝鉅片，黃卓漢老闆看過毛片後樂得合不攏嘴，我也總算鬆了一口氣，起碼一天多了八小時可休息。這也讓我養成一沾枕就能入眠的好習慣，維持至今沒有改變。失眠對我來說是稀有的事。

《馬素貞報兄仇》的拍攝工作仍持續進行著，王羽的武打動作一樣敏捷優雅，陳莎莉的演技更上層樓；新成員武旦燕南希武打招式有板有眼，以柔克剛，一點也不輸給男武行，不過動作稍微生硬些，假以時日也將是優秀的女打仔。丁善璽導演依舊在演員排戲時把現場交給副導演李作楠指揮，配合武術指導修正演員的走位與動作，攝影師、燈光師忙著取鏡位及調度燈光，丁導演則專心埋首在他的新劇本中，偶而停筆看看準備進度以及演員的排練狀況，然後繼續低頭創作。等到王羽準時進片廠報到，化好妝，換上戲服，跟著已套好招的武行過招兩三回，熟練後便示意副導演，副導演再去請示丁導演，丁導演確認攝影、燈光與工作人員都準備就緒，便收拾好他的劇本，讓副導演李作楠喊：「預備！開麥拉！」假如這個鏡頭一如試戲順利完成，滿頭大汗、喘得上氣不接下氣的王羽跟丁導演都滿意，全體演職員又動了起來，現場鬧烘烘的準備下一個鏡頭。

《馬素貞報兄仇》完成每天拍攝後，攝影組與燈光組就得趕緊收拾東西，燈光器材上了早在外頭等待的卡車，我與兩個助理把攝影器材裝上計程車，趕赴《江湖半把刀》的拍攝現場。我一上車吩咐好目的地就閉目打盹，覺得才剛上路就被司機叫醒。「運將，你會不會開太快了吧？」我問計程車司機。他斜眼看著我：「哪有，是你們三個都太累了，完全睡得不省人事。」

到了《江湖半把刀》現場，其他演職員已在待命，孫導演過來關心我們的體力是否撐得下去，我回答只要是孫導演的戲一定全力以赴。他緊握著我的手用四川口音說道：「要得～」隨即大聲宣布開始拍攝。

有一場是柯俊雄的武打戲，武術指導示範一兩次之後，讓柯俊雄跟著模擬，他領悟力極強，沒幾次就能比劃得有模有樣，外表帥氣十足加上高頭馬大，能武也能文，真不失為演小生的料。葛小寶出身演藝世家，父親葛香亭先生是著名的性格演員，曾跟我在《我女若蘭》、《落鷹峽》中合作過，也在我早期擔任攝影助理的《養鴨人家》中有精湛演出。他的兒子葛小寶早在農教公司時期就進到台中製片廠擔任放映室助理，是我的學弟，不過他進廠時我可能已在台北總公司，或在服兵役，所以沒有正式照過面。聽說葛小寶當時瘦得跟猴子沒兩樣，團膳搭伙時食量特別大，每餐至少三碗白米飯，沒多久，身材有如吹氣球般一下子就胖了起來。葛小寶身上傳承父親葛香亭的演戲細胞，演什麼像什麼，一點也不費勁。李芷麟小姐也是天生演戲的料，假以時日一定能紅得發紫。

至於攝影方面，雖然一般人說血型A型的人容易優柔寡斷，但我在片場的作風卻絕不拖泥帶水，OK就是OK，直接了當，若發覺有任何瑕疵，就會馬上爭取時間要求重拍。這樣的演員組合、技術背景加上腦筋靈活、反應迅速、能編能導，號稱快手導演的孫導演，拍攝工作能不順利嗎？劉老闆在《江湖半把刀》殺青當天來到現場，等孫導演一宣布殺青，就把我拉到一旁，親手把第三期支票交給我，感謝我的效勞與付出，還預約下次合作，並以老闆的身分慎重命令我一定要撥冗參加殺青酒。孫導演也滿臉堆笑走過來，邀我繼續為他的新戲掌鏡。

跟聰明絕頂反應又快、又是名編劇家的孫揚導演合作相當愉快，卻僅此一部《江湖半把刀》的緣分。孫導演後來雖多次找我合作，卻都因另有片約而無法抽身，便把他的邀約轉介給曾經擔任我攝影助理的廖本榕。後來，由我擔任攝影指導的幾部電影《我愛芳鄰》、《我們永遠在一起》、《小小世界妙妙妙》、《永恆的愛》、《金盞花》等均由廖本榕掌鏡擔任攝影師。他天資聰明、學習力強、反應又快，獨當一面之後與蔡明亮導演長期合作，部部佳作，曾榮獲金馬獎最佳攝影的肯定，也多次受邀擔任金馬獎評審委員。廖本榕自中影公司退休之後，即赴台南崑山科技大學任教，於視訊傳播系與多媒體藝術研究所教授專業技術，曾經擔任系主任與所長。

丁家班儼然成型

把心中第二顆大石放下，瞬間感覺輕鬆許多。我回到《馬素貞報兄仇》的拍攝片場，向丁善璽導演報告《江》片已殺青。「好吧，」丁導演說：「現在不用再擔心你軋戲，我們就全力趕拍《馬素貞報兄仇》，在預算內把它完成。如果中影公司沒派新片給你，我們照樣向製片廠辦理繼續外借手續，籌備下一部新片。」經過幾天連夜趕工，《馬素貞報兄仇》也宣告殺青，為第一影業公司再添一部動作大片。沒多久，第一影業新片《天王拳》（1972）隨即開鏡，除男主角王羽外，尚有盧迪、張清清（台語片時代的名演員）還有曾與紅歌星甄妮有過一段戀情的性格小生江彬等聯合演出。工作團隊還是合作無間的「丁家班」成員，接連幾部戲密集拍攝下來，默契十足的技術團隊儼然成型，以丁善璽導演為首，其他成員包括李作楠、金鰲勳、董今狐、劉立立、王玫、朱純思、周玲子、周玲玉、周玲完、黃保重、陸伍、葉清標跟我，形成聞名業界的鋼鐵組合。

丁善璽導演本性善良、對人誠懇，從未責難過屬下或工作夥伴，處處為東家著想，總是絞盡腦汁創作出色的作品回饋投資者，不為一己之私、追求個人成就而浪費出資者的金錢。他也時時關注丁家班成員的家庭狀況，若知道誰有困難，他會馬上慷慨解困，簡直把這群工作夥伴視為手足。丁導演本人的生活則是樸實不奢華，專心埋首工作，如此高尚人格形成了典範，潛移默化影響丁家班每位成員。

最明顯的例子是金鰲勳，從場記、副導演升到導演，也執導過無數優秀作品，部部都創下佳績。女導演劉立立一點也不輸給金鰲勳，幾乎包辦巨星公司所有瓊瑤電影，之後轉戰電視圈也大紅大紫，不停工作連好好睡上一覺的時間都沒有。董今狐也是如此。後來居上的王玫不甘輸給前輩，在電視圈也有亮麗表現，電視劇一部接著一部忙得不可開交。朱純思也有不凡的表現，我曾邀她為中影公司承包台北市政府新聞處委製的年度市政建設宣導片，成果出色順利交卷，後來在電視圈跟廣告界也發展得不錯。

劇務出身的黃保重老實忠厚，一路跟著劉立立大江南北到處跑。攝影師葉清標由於表現傑出，在華視成立初期應邀派往日本學習電視工程，學成歸國在華視短暫服務，但因為理念不合，選擇付給華視一筆可觀的旅日費用後回歸丁家班，繼續他喜愛的攝影工作。他的理論與實務經驗豐富，獲政戰學校聘為影劇系講師，拍戲教學兩頭兼顧。葉清標幾乎可說是著名連續劇導播李朝永的「御用」攝影師，他不時提供好點子給李朝永參考，成就李朝永在電視圈難以動搖的地位。李朝永也被知名電視製作人阿姑俘為夫婿，在影視圈很有影響力，名利雙收，但他渾然不知當初助他的貴人如今何在。

丁家班成員後來各自開展新天地，只有我原地踏步，雖也在空餘時間接拍廣告片與電視短劇，但始終離不開攝影機，透過觀景器看著花花世界繼續工作。

王羽的武打戲仍是《天王拳》的焦點，其他演員也卯足了勁，有如演技競賽般，誰也不讓誰，技術部門更是駕輕就熟各司其職，丁導演一如往常，一邊導戲一邊忙著編寫新劇本。《天王拳》在預定時間和預算之內完工，最高興的莫過於黃卓漢老闆與一批等著領尾款的工作人員。黃老闆向大夥致謝後，忙不迭把丁導演拉到一旁，開始討論下一部新戲。

新片《大盜》（1972）宣布開拍，主角當然少不了王羽，另一位武打明星是在《秋瑾》中一打成名的郭小莊，還加入了張沖、田野兩位性格派演員，陣容可說是如虎添翼。加上丁善璽導演領軍的「丁家班」為技術背書，黃卓漢老闆放心把製作經費交給親信詹錫藩製片來處理，開鏡次日就搭機飛往美國、加拿大開拓第一影業公司的發行網。

一如預期，《大盜》的每個工作人員都戰戰兢兢堅守自己的崗位，演員也都賣力演出，再艱難的動作都要試到武術指導滿意才正式拍攝。此時可以正常拍戲而不需要再分三班跑片的王羽，對武打動作更不鬆懈；丁導演有時會跟我說這個鏡頭要「沙龍」一點，他的意思我懂，就是把角度構圖儘量美化。王羽聽到了，向我借觀景器一看，然後跟我商量：「這個畫面很美，但這個鏡頭主要是看演員的動作表演，這麼美的畫面會不會讓觀眾忽略了演員的動作？可以推近些嗎？」我說沒問題，把原本用來拍遠景LS的四十毫米鏡頭換成五十毫米鏡頭，如此就可以拍到演員的全身FS。我請王羽再看看觀景器，他看了後連連點頭道謝。我說不客氣，電影畢竟是八大藝術，需集眾人的智慧與創意而產生，只靠一個人是無法完成的。由此觀之，王羽不僅是武打動作巨星，思維也十分細膩，不管任何情況都希望把最好的一面呈現給觀眾，可謂是粗中有細。話說一般人若有機會補眠，睡覺都來不及了，哪還管那麼多？許多老闆願意花天價請王羽拍片，就是看中他的敬業與專業。

為了配合王羽的檔期，《大盜》的拍攝時間變得很不規律，有時晚班，有時早班，機動性臨時通告也是常有的事。雖然如此，丁導演一刻也沒閒下來，不是趕寫新劇本就是日夜不分利用空檔前往北投惇敘高工旁臨近陽明山第一公墓的河谷，視察新片《盜皇陵》（1973）主景的搭建進度。

有天晚上《大盜》拍到很晚才收工，攝影組把器材裝上車，大家坐定發動引擎剛準備離開，丁導演叫住我：「讓兩個助理先回去吧，咱們上陽明山看布景搭得怎麼樣。」隨即叫了台計程車直奔陽明山。到了現場，時值中秋，山上的氣溫比台北盆地低，風吹過來感覺很涼爽，遠遠就看到工地燈火通明，人頭攢動。走近前去，跟布景師傅寒暄了幾句，繼續繞著工地巡查。全景外觀看起來雄偉扎實，看樣子即使上游下大雨，洪水不太大的話應該還可以撐住。布景領班胡金鐘先生聽說導演跟攝影師來到現場，不知從哪間屋子冒出來，領著我們走入布景裡參觀每個房間，說明哪些是活動牆面，有需要的話可以拆下來方便攝影機運動等等，並保證他們會日夜趕工，一定如期交差。胡師傅隸屬製片廠工務室，中影製作電影時都會派一位木工跟戲，任務通常是搭建軌道、拆搭景片和高台等，累積資歷之後升格為布景師，再升一級就是布景領班。胡師傅身為領班，技術經驗均不在話下，他的工作就是根據美術設計的藍圖帶領木工和布景師按圖施作。

我們在現場停留一陣子，讓胡領班回去繼續趕工後便搭車下山。丁導演先送我回家，再搭原車回去他的寓所。我回到家後，生怕驚擾睡夢中的內人，躡手躡腳走進浴室，把渾身汗臭沖洗乾淨，輕輕爬上床剛要入睡，客廳的電話突然鈴聲大作，我懶得起床，想說深夜來電會不會響久了自己掛斷？沒想到電話一直響個不停，我擔心吵到家人，不得不起身接聽。沒想到電話那一頭居然是剛分手的丁導演：「文錦，對不起這麼晚還給你電話。」我說：「有重要的事可以明天再討論，你累了一天一夜也該休息了。」丁導演說：「你聽我解釋，我太太不讓我休息，她問我收工後沒馬上回家在外頭做了什麼，任我怎麼解釋她都不相信。」我這才恍然大悟：「把電話交給丁太太吧。」蕭蓉女士接了話筒，我就直接了當的說：「我們收工後，導演要我陪他到地熱谷看外景搭建進度，花了些時間，跟布景領班討論需要修改的地方，然後才搭計程車回來。」丁太太說：「我了解了，謝謝你，文錦。」就這樣。雖然花了些功夫卻化解一場潛在的家庭風暴，我體力不支倒回床上一覺睡到天亮。

通常拍戲也好、外地勘景也好，如果沒有特殊理由，丁導演都會吩咐製片將我們兩個安排在同一個房間，表面上是方便討論拍攝細節，但真正討論的次數不多，因為他都在埋頭寫劇本。丁導演習慣跟我住的原因有二：通常我們一住進旅館房間，整理簡單行李，丁導演就拿起電話打回家：「蕭蓉，我們已經住進某某旅館幾號房，老樣子，跟文錦同一間。」電話講完就坐在寫字檯前開始工作。其實，電影圈中有很多女演員為了爭取更多機會，會想盡辦法接近丁導演。外景隊一離開台北住進旅館，細心的劇務都會安排一間較寬敞的房間供丁導演使用，除了讓他能好好休息，為次日工作養精蓄銳，也可以用這房間召集工作人員、演員討論拍攝進度；這時是有心人士下手的好機會。丁導演為了迴避可能的麻煩，堅持要跟我住同一間。此外，人高馬大的丁導演睡覺時難免打鼾，但他的鼾聲對我來說一點都不礙事，累了一天洗完澡，我仍舊能一覺睡到天亮。

第二個原因可能是丁導演膽小，怕有奇奇怪怪的東西影響他的睡眠。丁導演是個虔誠的佛教徒，某次閒聊時談及他在美國的遭遇；他有次開車在路上，被一輛從巷子高速衝出的汽車迎頭撞上，他的座車被撞得稀巴爛，駕駛座的部分嚴重毀損變形，但他本人只受了點輕傷，自行從車內爬出來，真是奇蹟。趕來處理交通事故的警察跟救護員感到不可置信，車子被撞成這樣，駕駛應該傷勢很重，居然只有皮肉傷？丁導演說自己就是駕駛卻沒人採信，一直追問駕駛在哪兒，懷疑駕駛是非法移民或畏罪潛逃的通緝犯，而丁導演是頂罪的。後來，他們詳查駕駛座上並沒有很多血跡才勉強相信，不得不以普通交通事故處理，判肇事者負責維修及受害者的醫療費用結案。丁導演也覺得不可思議，受到這麼大的撞擊居然只有皮肉傷？後來他想起會不會是檔風玻璃上掛的十字架保住他一條小命？但他本人卻是個虔誠的佛教徒啊。

《大盜》的拍攝進度因丁導演調度得宜沒受到任何影響，遠赴美國、加拿大開拓發行網的黃卓漢老闆帶著豐碩成果回國，來到拍攝現場知道進度順利後，更是笑容滿面吩咐製片晚上加菜，表達慰勞之意，全體演職員也以熱烈掌聲回報。《大盜》在預定時間與預算內殺青，大夥休息沒幾天，一九七二年初，新片《盜皇陵》備齊豐厚牲禮舉行盛大的開鏡典禮，由黃卓漢老闆親自主持。因為臨近陽明山第一公墓，也特別多準備一份祭品給好兄弟，保佑我們拍攝順利，原諒我們這段期間的干擾，也請水神在拍戲期間別做大水沖壞搭建在河床上的布景，危及工作人員的安全。

丁導演帶領丁家班，還有新的演員組合，男主角是丁導演在藝專的同學王戎，女主角由左豔蓉擔任，所有成員到齊，開鏡儀式結束馬上開工。丁導演照樣利用鏡頭跟鏡頭間的空檔埋首寫劇本，每天忙完之後，丁導演匆匆跟大夥揮別，跳上劇務為他準備好的計程車，回片廠剪接室繼續工作。雖說丁導演手上現在只有一部戲在進行，但還要馬不停蹄處理前一部片子的後製。合作已久的丁家班成員已有絕佳的默契，在拍攝期間如遇小紛爭，大夥會像一家人坐下來討論把問題解決，不讓這些小事干擾到忙碌的丁導演。

出外景戲常遇到的頭疼問題之一就是飲食，尤其在前不著村、後不著店的偏遠地區，如何從外頭叫便當準時送達、餵飽一群飢餓的工作人員，這是一項挑戰。綽號「六五」的劇務在這一點上就做得很成功。他還會細心體貼地多準備一支大雞腿，用紙袋裝著放在導演椅側的帆布袋裡，提醒丁導演要趁熱吃。其實，丁導演塊頭大，按比例食量應比別人大上一倍才能應付消耗的體智能，但他通常一個便當就解決一餐，也多虧了六五貼心準備的雞腿，讓丁導演即使無時無刻都在工作，也能滿足口腹之欲，體態一天比一天更「穩重」。

說到便當，著實讓我們這個行業工作起來方便許多，也讓我們爭取到更多寶貴時間；無論今天外景拉到深山、到海邊、或城市鄉野，外景隊人在哪兒，便當都會跟著準時送達，一點也不浪費時間在用餐上。白景瑞導演是少數的例外，他認為讓工作人員在好的用餐環境坐下來吃一頓很重要；所以他出外景時通常會找附近的餐廳用餐，讓工作人員恢復體力，也可以在用餐時聊聊劇情什麼的。當然，萬不得已找不到合適餐廳時還是只能叫便當充飢。

《盜皇陵》拍攝工作順利進行，男主角王戎在不斷磨練下愈發像個武俠小生，女主角左豔蓉也表現得有板有眼。片子拍到七、八成時，片場來了位訪客，原來是丁家班的成員之一李作楠，現在已經獨當一面在外接拍新戲。他跟丁導演聊了一陣子後，跑過來跟我打招呼，我問起他的近況，他說現正籌拍新戲，他之所以來片廠的原因是來跟丁導演借將，希望我擔任他新片的攝影師。同是丁家班的成員，我當然一口答應。《盜皇陵》於一九七二年底拍攝完成，丁導演沒有辜負他在影界的美名，時間、預算控制得宜，如期交片。

出國拍電影啦

李作楠執導的新片《小英雄大鬧歐洲》（1974），監製是袁永年先生與黃先生兩位華僑，製片陸柏生是黃卓漢老闆的得力助手，劇務是香港來的曹柏權。李作楠導演轉告製片的要求，必須以最優秀的工作人員組成團隊；攝影組我挑了廖本榕當助理，燈光是曾拍過數十部台語片的楊木榮先生，劇照是香港來台發展的小陸。包括李導演、我以及其他工作人員五人，帶著ARRI攝影機一部、Zoom伸縮鏡頭一支、十八毫米、二十五毫米、五十毫米、七十五毫米鏡頭各一顆、高矮腳架各一支與黑布袋、皮尺、電瓶等最基本設備，飛到香港與其他團隊會合之後再轉往歐洲。

來到松山機場，首次搭飛機出國，我的心情興奮得不可言喻。想起幾年前曾陪鄒亞子導演在台北算命，據傳那位算命師很靈，頗受香港電影界朋友的肯定；鄒導演久聞其名，硬拉著我去試試。算命師看了半天，批下一張紅紙，鄒導演看了之後直說很準！也慫恿我試試。我說我不信這套，他說來了就試試看，反正費用算他的。我說錢不是問題。算命師看在眼裡，用台語講：「試看干耶系？」我只好坐下來，他讓我伸出左手看了半晌，開頭就說：「以你的手相看來，這輩子難有出國運。」我也拿到一張紅紙，但上面寫的生活、運勢等等，經過數十年印證卻沒有一項是正確的。所以說，這些事聽聽就好別當真，自己的命運只能掌握在自己手上。

我坐在靠窗座位看著飛機起飛，住了幾十年的土地在腳底下一點一點變小，愈來愈遙遠；心中想起過往的記憶，一幕一幕像放電影似的出現在眼前。在興奮與複雜心情中，不知不覺已抵達香港。製片陸柏生是第一影業公司的舊識，他介紹曹柏權劇務兼場記給我們認識。我問起其他工作團隊，他說人力會在荷蘭補足。我們一行人驅車到了九龍市區的民宿下榻，與《小英雄大鬧歐洲》一片的男主角金童、男配角高雄見面，兩位都是武打明星。陸柏生希望利用辦理赴歐手續這段期間，先把香港街頭的戲分拍掉。

第二天白天我們準時開工，製片調來四塊反光板與兩名臨時工權充燈光助理。那時候的九龍街頭還是人擠人、車擠車，在街上拍戲必須請港警幫忙保持現場淨空以便拍攝。警方派了四名年輕港警支援，由資深的警員帶隊向我們報到，身著全副武裝，配備當時台灣警察還沒有的無線通話機。他們依據我們的需求馬上管制交通、淨空街區讓我們拍攝，鏡頭一喊卡馬上恢復正常讓人車通過；被管制的人車都沒有異議，感覺港警已經建立了絕對的權威，讓我們的拍攝工作進行得很順利。我無意中發現，兩個小時後，支援的港警換上一批新面孔，現場劇務與帶頭的警員交頭接耳，暗地塞了東西過去。港警用無線電講了一連串廣東話，我沒聽懂幾個字。兩個小時過去，果不其然又有另一批港警準時來交班，現場劇務又有得忙。後來從劇務口中得知，港警若遇到有油水可撈時，都會有福同享、互相通報。請他們來維持交通秩序自然要給點好處，他們也會徹底執行任務，不然，為什麼那麼認真？

事後跟香港劇務閒聊，他說香港警察跟公務員多是如此，花點小錢就能把事情搞定。他又告訴我們，香港這樣的情形十分普遍，雖然廉政公署查緝很嚴，但上有政策下有對策。派來香港的英國官員任期有限，任期一到就調職回國或轉調他國。有些官員受了香港人的誘惑，但收下的錢無法帶走，於是找上賭馬中大獎的香港人，以高價購買中獎的馬票，以這種方式漂白洗錢。也有些人在任內拿了不少錢，不敢貿然回英國，免得被鄰里瞧不起，便辭官到其他國家享受富裕生活。反觀我們台灣，笑貧不笑娼，也不笑貪污的人，真可悲。

幾天之後，李作楠導演估計香港街頭的戲已拍得差不多，兩位武打明星與幾位武行過招的動作乾淨俐落，配合得天衣無縫；便把拍攝好的底片送交沖洗。利用空檔時間，劇務曹柏權帶我們上街逛逛，在台北只有委託行才看得到的舶來品或名牌服飾滿街都是，而且售價只要台北的一半不到，式樣多得眼花撩亂，讓我嚇了一大跳，完全不敢相信自己的眼睛；不只舶來品，連南北貨也便宜得不得了。事實上，幾乎全世界所有商品都可在香港這個彈丸之地以低價買到。

還有一件事讓我很驚奇。曹柏權帶我們去銀行，門口有個很像郵筒的立型裝置，他說只要把卡片插入洞裡，想領多少錢就可領多少錢（就是現在的ＡＴＭ）。他一邊說一邊操作給我們看，果然港紙（香港人通稱的港幣）一張張從另一個口吐出來。太神奇了！那時別說看過，我們連聽都沒聽說有這種先進的機器，真是百分之百的鄉下人進城。現在的科技跟金融，台灣當然都趕上甚至能領先潮流，但人心呢？有沒有更進化？

赴歐手續終於辦妥，我們一行九人先飛英國倫敦再轉機到鹿特丹。袁、黃兩位華僑老闆早在機場翹首期盼遠從東方來的同胞，也許同是黑頭髮、黃皮膚，流著同一祖先的血，初次見面格外親切，我們情不自禁相互擁抱問候，彷彿已認識一輩子那麼久。

我們被安置在一棟歐式三層樓旅館，每層樓有一間共用的浴室與廁所，每個房間都有一張床跟簡單桌椅。第一個晚上我睡得很安穩，一早醒來就聞到陣陣麵包香（早餐由旅館供應），趕緊刷牙洗臉下樓，循著麵包香味找到餐廳，坐下來大口享用各式美味可口的麵包，因為太好吃了，不知不覺吃得比平常多。不出一個禮拜，警覺褲頭明顯比較緊，這才提醒自己要控制飲食，否則戲拍完，身材也可能跟著變形。

開工第一件事就是檢點器材與設備，我們前往一間電影器材租賃公司，那間公司拍電影所需的設備一應俱全；我們租了燈光器材、軌道與發電機，也雇用了燈光助理及場務，包括一位略懂廣東話的中荷混血兒 Lees Lee，他兼任十人座小巴的司機。一切準備就緒，這部由兩位華僑出資拍攝的《小英雄大鬧歐洲》萬事俱備就等開鏡。荷蘭當地的華僑不少，開鏡儀式比照港台備齊各種祭品，點香拜拜，也燃炮驅邪。老外看在眼裡覺得新奇，我們告知燒香拜拜的儀式是東方人的習俗，可讓拍攝過程順利平安。

開鏡之後隨即拍攝男主角與一群街頭小嘍囉的武打戲，幾次套招排練後，李導演跟金童認為可以正式拍。李作楠導演在異鄉土地上格外意氣風發，丹田十足地下令：「開麥拉！Action！」攝影機開機，演員動作如排演般沒有走樣，表演順利完成。李導演詢問我攝影跟燈光如何，我說沒問題。李導演問過金童，金童以廣東話答道：「導演啊，莫得頂。」跟香港人合作一段日子，我也懂得這話的意思是「沒有比這更好了」。李導演宣布一次ＯＫ，眾人鼓掌表示這是此行的好兆頭。一旁觀看的 Lees Lee 對外國工作人員說：「See，拜拜還是有用的。」倒是負責發電機與器材的箱型卡車司機（香港人稱之鬼佬）從一開始就以懷疑的態度看我們這群黃皮膚用那種小不點攝影器材在拍電影（我相信他經驗老道），第一天的拍攝工作沒有意外插曲，順利完成預定的進度。

當天晚上，兩位東道主特地在高檔牛排館包下後花園設宴款待遠道而來的工作人員。我們的燈光師楊木榮沒見過什麼世面，切開牛排嚇了一跳：「林桑你看，他們真差勁，牛肉沒煮熟就端上來？」我輕聲提醒他：「別土了，這是三分熟，口感最好，會吃牛排的只點三分熟；如果你要七分熟或全熟，交代他們煮熟就好。」

《小英雄大鬧歐洲》需要一位女配角，他們在當地徵才，有個帥哥騎著哈雷機車載了一位亮麗小妞來旅館，在監製袁永年、製片陸柏生、導演李作楠與我面前試鏡。李導演要求她轉個圈，她不慌不忙以熟練的芭蕾舞動作優雅地轉了一圈。美妙的動作讓在場男士頻頻點頭，接著監製以荷語要求看看她的身材，她瞄了男伴一眼取得他的首肯，豪不猶豫褪去衣裙，露出傲人曼妙身軀，這是我生平第二次覺得面紅耳赤。記憶中有次拍攝台語片時，有場黑道大哥（吳炳南飾）與女孩共浴的戲，他們找來一位身材姣好的女演員。通常拍此類鏡頭時，所有閒雜人等都需清場，包括燈光師打好燈後也被請出場，僅留下導演與我。大哥泡在溫泉浴中等她進浴缸，此時，我的心愈跳愈快，想不通一個女孩如何能在五、六雙眼睛環視下還能寬衣解帶？導演下令正式來，小妞動作俐落三兩下便將身上衣物脫個精光，我此時已滿面通紅，心臟停止跳動。倒是那個全身赤條條的小妞若無其事的問導演：「我現在該怎麼做？」這時我的心情才漸漸平復下來，自嘲著，人家都不在乎了，你在害臊什麼來著？

《小英雄大鬧歐洲》受到老天爺眷顧，晴朗的天氣讓外景拍攝十分順利，偶而遇到陰雨天則改拍室內戲，一點都沒有影響進度。外景工作進行一段時間後，累積了不少待沖的底片，製片部將它們裝箱寄到倫敦沖印並印製 A 拷貝。收到毛片後，兩位老闆找了間戲院，邀所有工作人員一起觀看。大部分人忐忑不安，倒是我們這批從台灣來的工作人員老神在在，以平常心處之。兩位老闆看過毛片後龍心大悅，覺得這筆投資沒有白費；連一直抱持懷疑態度的卡車司機看過後也有三百六十度大轉變，豎起大拇指拍拍我們的肩膀，握著我的手直說：「Very Good！」之後他的態度變得更積極配合，我們所需的任何工具，他都能很快的挖出來讓我們免費使用。

片中劇情有一段是男主角從香港飛往荷蘭，需要拍攝飛機起降的畫面。在台灣如果要拍類似的鏡頭，一定要在濱江街的小巷內找個隱匿的地點躲起來偷拍，如果運氣不好被軍警單位抓到，一定人機扣押，搞不好還會以間諜論罪。這次在荷蘭，我們為了要拍男主角搭乘荷蘭航空 KLAM747 豪華客機降落機場的畫面，找了座視野良好的天橋，可清楚拍到飛機下降然後在跑道滑行的過程。我們才剛把攝影機架好，一個看似警察的人就從天橋另一端快步朝我們走過來。我們心想，糟！這下想逃都來不及！這人問我們在做什麼，其實他一看就應該知道我們在幹嘛。陸製片以流利的英文向他說明我們的計畫。出乎意料之外，這人居然提議說他知道有個更好的拍攝地點，如果願意的話，他可以用車子載我們過去。怎麼可能有種這好康？我們換到他提議的地點，果然視角更佳，拍出來的畫面又壯觀又大氣，跟國內偷偷躲起來拍的畫面簡直有天壤之別（文化差別一）。此外，這幾天我們在荷蘭拍攝街頭畫面時，也仰仗當地警察配合我們的行動維持交通，讓我們隨心所欲拍到收工，而且分文不取；哪像香港警察猛收油水（文化差別二）。

《小英雄大鬧歐洲》片中有段野生動物園的戲（當年台灣跟香港都還沒有野生動物園），外景隊浩浩蕩蕩從荷蘭開拔到德國一座野生動物園，因為大家都不清楚園區狀況，所以第一批由陸製片帶著導演、攝影師、燈光師、劇照師、劇務跟開車的 Lees Lee 七人先買票開車入園，沿途勘定拍攝點後出來，備齊器材再入園拍攝。劇務清點工作人員人數重新買票，眼尖的收票員納悶我們不是才剛進去怎麼又要再入園？劇務解釋我們是來拍電影的，剛剛只是先勘景，現在才要進去正式拍。想不到收票員馬上把我們的票全收去，跑回售票處很快的把全數票款退回給我們，誠懇的歡迎我們入園並祝福我們拍攝順利。試問，台灣或香港動物園的職員會這樣機靈主動嗎（文化差別三）？

拍妥野生動物園部分，還要多拍些代表歐洲特色的地標，陸製片提議去巴黎拍艾菲爾鐵塔。問題是我們此行的簽證只有比利時、盧森堡跟荷蘭三國。有人好奇，我們沒簽證，那天如何跨越國界到德國拍野生動物園？Lees Lee 解釋，通常德國海關看到荷蘭車牌都不會攔查，直接放行；但法國可就行不通了。他建議我們白天休息養足精神，利用夜間海關管制較鬆散時進入法國。於是我們天黑出發，抵達荷法邊境，減速通過海關，Lees Lee 揚了揚手中的荷蘭護照，果不其然，法國海關連看都沒看，大手一揮就放我們入境（如今海關檢查從嚴，這招可能沒用了）。天沒亮，我們就抵達艾菲爾鐵塔，附近的餐廳都還沒開門營業，我們只好窩在車上打盹。等天亮用完餐便開始行動，儘可能把附近具有歐洲特色的景觀全拍下來，直到太陽西下才收工用膳。這時突然有人發覺我們護照上的簽證竟已過期八天。這下可糟了，Lees Lee頭一摸連聲說不妙，因為入境荷蘭的海關檢查相對嚴格許多。Lees Lee邊開車邊思考，快到邊境時，決定還是不要硬闖，於是調頭走鄉間小路，雖然多花了些時間繞了一大圈才回到荷蘭，但至少沒惹上不必要的麻煩，大夥也總算鬆了一口氣。

在荷蘭首都阿姆斯特丹出外景，看到一群奇裝異服的男男女女無所事事在廣場上閒逛，聽說是最近正流行的嬉皮。碰到難得一見的景象怎能輕易放過？我馬上架起攝影機拍攝，他們看著我的鏡頭竟然毫無反應，繼續逛他們的大街。當晚拍攝紅燈區景物（紅燈區是荷蘭政府許可的性交易場所），我們照例坐在小車上跟著導演先繞一圈，勘查拍攝點。第二趟我手持攝影機，車窗搖下一條小縫，將鏡頭伸出窗外，原路再繞一遍，邊走邊拍。我們順利拍過第一家、第二家，車子剛到第三家時就被眼尖的櫥窗女郎發現，「巴達」一聲，鏡頭被突然飛來的異物砸中，我馬上收起攝影機，司機也機靈地踩下油門火速駛離現場。事後檢查，原來是被那櫥窗女郎的鏡子砸中鏡頭，幸好沒有破損。

我們在歐洲停留長達四十五天，內外景終於拍攝完畢，準備打包離開。我想說好不容易遠道而來又是第一次出國，總不能空手而回吧？問了袁老闆該買什麼當伴手禮，他說他會選擇最著名的當地土產。袁老闆帶我到一間散發出一股怪味的商店，店內陳列著一塊塊圓型、三角型、長

第一次出國拍電影，《小英雄大鬧歐洲》劇組夥伴。

條型還有不規則形狀的東西，看得我眼花撩亂，這東西我從未見過也沒聽過，袁老闆說這叫「起司」，是歐洲人喜歡吃的東西，營養價值高、用途也很廣。我沒敢多問，挑了塊跟鐵餅一樣大小的圓盤型起司帶走；他又送我一個古典造型鐘當這次歐洲行的紀念。這次短暫的合作，建立起難得的友誼，是人生旅途中很大的收穫（之後數年，袁老闆幾乎每年都會來台一次，每次都會在下榻的飯店設宴款待我跟內人）。至於那塊辛苦遠從地球另一端帶回來的起司，一直存放在冰箱多年動也沒動過，不好意思問別人怎麼處理，最後嫌它占位置乾脆丟掉，現在後悔莫及，只能怪自己太土不識貨。

我們這個迷你外景隊回到香港補拍了一些零星鏡頭，宣布全片殺青。回到旅館，李導演就幫丁善璽導演傳話給我，說丁導在籌拍新片，問我什麼時候可歸隊？我答道，如果中影沒派新片的話，我隨時可以上工。

回台次日我就到中影製片廠簽到上班，到會計室結帳付清外借費用，回到技術組請示組長有無新派工作，他說暫時還沒有。再繞到廠長室，向一直疼愛我的明驥廠長報告此行去荷蘭拍攝《小英雄大鬧歐洲》的種種細節，他老人家也聽得津津有味。我藉此機會向他說明這次克難團隊的拍攝過程，台灣方面除了李導演、我之外，還有經驗豐富、拍過數十部台語片的燈光師楊木榮，加上吃苦耐勞、工作能力超強的攝影助理廖本榕，完全不同以往的組合完成如此艱難的拍攝工作。明驥廠長對這名攝助起了好奇心，我說他已回南投老家休息。「叫他上來見個面吧，」明驥廠長說：「公司的製片量大增，急須補充攝影助理。」我還沒把歐洲行後續的故事講完，馬上打電話給廖本榕，要他明天北上。第二天中午，廖本榕出現在製片廠大門口，我帶他直接去到廠長室，他們坐下來談了一會兒，明廠長決定錄用他當攝影助理，要我帶他辦手續，隔天正式上班。

丁導即將開拍的新片是《男子好漢》（1973），仍是第一影業公司出品，詹製片發文向中影公司辦妥攝影師外借手續，一個星期內搞定演員陣容，隨即開鏡，攝製團隊當然就是丁家班。

《男子好漢》自然少不了王牌武打明星王羽，新面孔則是日本來台發展的倉田保昭，他是有真功夫的動作演員，還有中南部相當知名的女拳頭師傅謝金菊，看演員陣容就不難想像這部片子的風格了。

倉田保昭是學跆拳道出身的，多次在國際賽事中斬獲佳績，很早就參加了電影演出，動作敏捷、姿勢強穩有力。他趁著台灣風行拳腳功夫片的機會，來這裡開拓事業，在《男子好漢》之前就已經拍過好幾部台灣電影了。倉田保昭嚴守工作紀律，從不遲到，但不管報到時間是早、中、晚班，他總是用日文的「早安」向大家打招呼，這件事起初讓我覺得很奇怪。後來我想起當年參加中日合作拍攝《秦始皇》時，我因略懂日文而擔任服裝組翻譯，負責日方服裝的是一位中老年人，他臉上有個酒糟鼻，日方同事都笑稱他是酒仙，這個人不管何時見面也都是以「早安」打招呼，我當時還以為他是講醉話而不以為意，現在卻發現倉田保昭也是這麼打招呼，後來我才知道這是日本電影圈的一種特殊文化。

《男子好漢》在預定時間內開拍，主角王羽維持一貫追求完美的作風，演對手戲的倉田保昭長得俊帥，目光炯炯有神，令人望之敬畏，武打動作也強而有力，每一拳每一腳都充滿勁道。謝金菊雖已年過半百，但一點也不像大娘，全身肌肉結實，武術底子扎實，站穩馬步後很少有人能推得動；雖然武打動作不若兩位男演員華麗巧妙，但也不容小覷。空閒時我找謝金菊閒聊，才知道她是雲嘉地區著名武館的世襲傳人，自小好動，在家中經營的武館裡長大，也受到父親刻意調教栽培，練就一身好功夫，趁著這波武打片熱潮獲得拍電影的機會。

講到這兒，突然想起另一個練武人的故事。在台語片盛行的時代，有個南部黑道大哥出資拍攝一部影片，我負責攝影跟燈光，團隊中還有個雲嘉地區出身的黃姓劇照師，身體健壯肌肉結實，拳腳功夫聽說很了得。某天在片廠拍攝一個女孩的戲時，大哥的小弟看劇照師沒動靜，出聲提醒他多照幾張相，劇照師不耐煩地說：「小鏡頭不值得拍。」小弟一聽，不得了！這女孩可是大哥力捧的演員啊！馬上回報給大哥。大哥不動聲色來到拍攝片場，跟所有演職員打招呼，也看到劇照師正在不停更換角度補捉演員排練的畫面，這位大哥沒耽誤拍片作業，待了一陣子就悄然離開。其實這名劇照師並非刻意輕忽那個女孩，只是想等到人多畫面豐富時再拍，「忠心的」小弟卻誤會了。

過了幾天，到了發放第二期片酬的日子，依慣例各部門負責人得親自去業主辦公室領取，攝影組跟燈光組由我負責，自然也不例外。大哥的辦公室在某棟辦公大樓裡，有不少員工埋首工作，旁邊還有幾個年輕人在聊天打屁。一個曾在片場出現過的小弟看到我，馬上領我走進門上掛著「董事長」牌子的房間。大哥起身倒了杯茶給我，隨後從書桌上拿出一張支票：「林桑辛苦了。」我看金額沒問題，跟他道了謝，就說還有工作要趕，無法久留。出了董事長室，看到黃姓劇照師也碰巧來領片酬，寒暄兩句我就先行離去。

第二天到了片廠，劇照師一看到我，急急忙忙把攝影器材箱放下，拉了旁邊的場務木箱一屁股坐下，壓低聲音對我說：「今天差點來不了。」我好奇問他怎麼了？家裡出了事？他說：「我昨天進了老闆辦公室，站在他的桌前，老闆對我笑了笑說：『劇照師你來啦，你是瞧不起我們這個小公司嗎？』我愣住了，還沒回過神，老闆拉開抽屜，我以為是要拿支票給我。結果他居然拿出小刀，一下子就往我胸部刺過來，幸虧我練過拳腳功夫，眼尖手快把刀奪下來，心想，他若要致我於死地，我也不會讓他好過。但我念頭一轉，今天如果見血的話，我也未必過得了門口小弟那關。當下反轉刀柄懇求老闆收下，老闆笑笑說是在跟我開玩笑的，他一手收了刀，另一手拿張支票給我。我看都沒看就往口袋塞，說聲謝謝轉身就離開，出門時還感覺到辦公室所有人都用異樣眼光看著我，好像還可以聽到他們竊竊私語。」劇照師事後回想，可能是少拍那幾張照片惹出來的禍，幸好他有學過幾年功夫，不然恐怕只剩半條命了。

《男子好漢》如期殺青後，我的借調期滿，回製片廠報到，看到攝影組公布欄新的工作指派單上出現我的名字。我趕忙撥了電話給丁導演：「抱歉，下支片子的約定可能要黃牛了，因為公司派了新片給我。」丁導演問：「新片是不是《突破國際死亡線》？放心吧，文錦，那是我下一支新片，我特別跟製片部經理張法鶴指名要你，咱們繼續合作吧。」

第四章

中影愛國電影

從跨國緝毒英雄開始

現在說起一九七〇年代的愛國電影，大家一定會想到中影的一系列抗日戰爭史詩鉅作，大概很少人知道，中影這波愛國電影潮是從反毒警匪片開始的。

中影公司一直有董事會，但董事長一職向來只是酬庸性質，直到一九七二年辜振甫先生接掌之後才真正發揮作用。他將企業經營的理念帶進中影，一面整頓所屬戲院，一面倡議興建中影文化城。一九七三年，中國電影製片廠（中製廠）廠長梅長齡轉任中影公司總經理，隨即受辜董事長之託在製片業務上有所突破，《突破國際死亡線》（1973）就是梅總經理交出的第一張亮眼成績單。

《突破國際死亡線》由知名編劇張永祥撰寫劇本，改編自一件轟動全球的真實跨國販毒案件，在調查局諸多幹員不辭勞苦、冒著生命危險長期跟監行動之下，破獲龐大的販毒集團，將種植、提煉、運輸、銷售等所有環節一網打盡，同時揭露犯罪集團企圖毒化世界的陰謀。製作團隊由中影公司的精英組成，演員陣容空前盛大，同時也對外公開徵求動作演員，限二十二至二十七歲大專畢業生，身高一七十公分以上，身手敏捷、擅於擒拿、技擊、駕駛、游泳。最後錄取了合氣道高段楊書聖、跆拳道三段汪強，以及江火炎、陳金柱、賴丁宗、林天華、王永生、陳曉安、顧正雄、談清雲等，這批演員被送去調查局接受兩週魔鬼特訓。

《突破國際死亡線》於一九七三年三月二十九日在調查局本部禮堂隆重開鏡，由文工會主任吳俊才、中影董事長辜振甫、調查局長沈之岳共同主持典禮。開拍之初，丁導演交代劇務加印劇本分送每一位演職員，連助理也都要人手一本（通常除導演組外，劇本只給男女主角、配角與各部門負責人），讓所有工作人員能細讀劇本，了解故事內容。同時召集新錄用的動作演員精神講話，讓他們儘快進入情況。我有幸參與規模如此龐大的製作，特別交代助理要格外謹慎，不能有絲毫差錯，以免壞了大事。

我回想起早年在田琛導演的一部時裝片裡擔任攝影助理，某天商借打烊的咖啡廳，利用夜深人靜的時段以同步錄音拍攝男女主角談情說愛的場景。攝影機採用隔音設備完善的 Mitchell BNC，在打光、試拍時，隔音罩是打開的，攝影師可從觀景器看到畫面，等燈光打好，演員走位順暢後，正式拍前才把膠片片門撥到正確位置，蓋上隔音罩，攝影師只能從掛在罩子外的另一個長方型觀景器來操作。當天晚上進行得很順利，眼看田導演筆記上的拍攝鏡號一個一個劃掉，只剩下幾個就可收工時，擔任攝影師的方先生（資深攝影師，曾擔任我們這一期練習生的攝影老師）突然發現片門不在正確位置上。田導演責問：「從哪個鏡頭開始？」攝影師不好意思的回答：「不確定，有可能一開始就沒有撥過來。為了保險起見，我們可以重拍嗎？」「拍個屁啊！天都快亮了！收工！明天重來！」田導演火大掉頭就走，不忘交代劇務向店家續租一天，我們攝影組只能向辛苦一整夜的演職員鞠躬賠不是。

片子在萬全準備下正式開拍，所有工作人員都繃緊神經、戰戰兢兢，尤其對剛入行的武打新手特別嚴格要求，排練到一定水準才能正式來，每天都按照丁導演的計劃拍完進度才能收工。中影公司的正規會計制度中，每一項開銷都要經過隨片稽核認可才能動支，甚至連最基本的便當也包含在內。除了付出勞力較多的燈光、場務，和一些年輕力壯的武打演員有時會要求多加一個便當，除此之外絕不超量訂購，無形中也幫丁導演控制住預算。

《突破國際死亡線》儘可能找實景拍攝，實在找不到才在製片廠攝影棚搭景。好處是，如果遇到陰雨天必須把團隊拉回製片廠拍攝，反正占棚的部分中影公司也不計費。調查局本部場景所占的戲分也不少，久而久之，跟調查局的職員混得熟稔之後，我們獲准進入破案檔案室拍攝，甚至自己動手翻閱各類過往案件的檔案，他們都沒有阻止，調皮的攝影助理就這樣看到了轟動一時的神岡空難事件檔案。

檔案一開始記載著：一九六四年六月二十日，一批影壇重要人士、新聞處官員及眷屬十四人（馬來西亞代表團團長陸運濤、陸周淑美夫婦、電懋公司常務董事周海龍、周翁美麗夫婦、電懋製片主任王植波、編劇瑞德女士（Wright. S）、港九自由總會主席胡晉康、香港觀察員丘德根的夫人丘裘錦秋、許承鑌、台灣省新聞處長吳紹璘、石春霖夫婦、台灣電影製片廠廠長龍芳、新聞局聯絡室主任龐耀奎、國際公司董事長夏維堂）在台中水湳機場搭上民航公司 C-46 型客機，於下午五點三十五分起飛前往台北，五點四十分在台中北邊的神岡鄉上空墜落，全機共五十七人全部罹難。

攝助翻開下一頁，赫然在嫌疑犯欄中看到「崔小萍」這個名字，因為謠傳她在起飛前五分鐘匆忙送了蛋糕給機上的某個人。一九六八年，崔小萍突然被捕，兩年後被指控「意圖以非法之方法 覆政府而著手實行」，判處徒刑十四年；一九七五年因蔣介石過世而獲得減刑，於一九七七年出獄，直到二〇〇一年才洗刷冤屈，獲得國家賠償。

說起這次空難，賴成英與我被指派擔任訪問團記錄片的拍攝工作，我被分派到金門，賴成英分派到台中。以當時的局勢看來，金門的風險很大，因為不知對岸中共的炮彈何時會飛過來，我們的飛機飛過澎湖後即貼著海面低空飛往金門，驚險萬分。龍芳與陸運濤這兩位影壇巨頭想趁機討論合作事宜，因事關機密，所以該團的記錄片攝影師由龍廠長的親信蕭世勛取代賴成英。陸運濤先生原打算那天晚上以盛大的自助餐方式宴請所有參加影展的貴賓與工作人員，然而用餐時間已過，遲遲未見主人出現，原來飛機在下午從台中機場起飛數分鐘之後就在神岡鄉上空爆炸墜落，飛機殘骸、燒焦與支解的屍塊散落在三角村的水稻田裡，北返的訪問團成員與其他乘客、機組人員共五十七人全部罹難。賴成英幸運逃過一劫，更幸運的是蕭世勛，他的機位在最後一刻被臨時起意的某政要夫人所取代，他只好悻悻然拎著龍廠長送給陸老闆的一捆荔枝苗改搭火車北上。當噩耗傳到宴會會場，大夥默然吞嚥下最悲傷的一頓餐會。蕭世勛當晚回到自己家，看到臨時為他設立的牌位，驚訝不已，他太太以為是看到先生的靈魂不請自來，不斷膜拜。說清楚之後，大家化涕為笑全家擁抱在一起。劫後餘生的蕭世勛戲說：「多活一天賺一天，禍福無常，只在旦夕也。」

《突破國際死亡線》拍攝工作可謂空前順利，老牌演員施展渾身解數、展現優異演技，男主角王戎到底是科班出身，演來生動自如。性格演員盡情施展招術，武術高手楊書聖、汪強對打動作逼真無瑕，那一群生力軍動作演員表現得都不錯，假以時日定能成大器。中影公司派來的隨片稽核深深佩服嚴格執行進度、預算的丁導演，笑說跟丁導演的片根本就無用武之地，應該建議公司，以後丁導演拍中影的戲不用再派稽核，如此還可以再省一個便當。

《突破國際死亡線》如期上映，由於武打動作真材實料，招招到位，迥異於過去那種全靠被打者做反應的花拳繡腿，深受好評，票房亮眼自不在話下，東南亞版權賣得很理想，各地發行不斷回報佳績。此外，這部片報名了第十一屆金馬獎，榮獲優等劇情片獎、王宇榮獲最佳男配角獎；丁導演也因這部片而在第二十屆亞洲影展榮獲優異導演獎；我的攝影雖獲得提名，但槓龜了，只能自我勉勵用功再用功。

史詩鉅作《英烈千秋》

拍完《突破國際死亡線》之後，梅長齡總經理認為，將抗戰時期中國知識青年投筆從戎、獻身報國的故事搬上大銀幕，一定可喚起廣大民眾的愛國共鳴。梅總經理在中製廠時原本就有意邀請大導演李翰祥將張自忠將軍的事蹟搬上銀幕，但遲遲無法實現。現在他身在中影，見機不可失，便緊急召開高層會議，決定以這個題材製作一部悲壯感傷，結合濃厚鄉土情感與強烈民族意識的影片，命名為《英烈千秋》。該片陣容空前絕後，中影公司製片部門高層人員全數奉命投入，《突破國際死亡線》原班人馬加入拍片行列，導演組當然是由丁家班成員擔任。

由於製片計畫來得突然，丁善璽導演必須利用籌拍期間趕劇本，連外出勘景途中也必須抓緊時間苦思書寫。該片所需的拍攝場景遍及台灣各地，北部基隆開採金礦的九份金瓜石、湖口的戰車演習訓練基地，都將搭建戲中所需的布景。有一回，丁導演、我、副導演劉立立、美術設計王中和（王童）一行四人搭乘軍方支援的軍用吉普車前往南部勘景，回程經過大漢溪河床，突然遇到山洪爆發阻斷去路，駕駛班長機靈地把車開往河床最高處避難。

洪水越漲越高，轉眼就淹過底盤繼續上升，沒多久，滾滾黃泥水漫過前座座墊，坐在副駕駛座的丁導演也無法倖免，回頭看看後座，我們三人擠在一起，根本沒有空間可容納他這個大塊頭。丁導演只好學駕駛班長蹲上座椅，避免泡在水裡。個頭小的駕駛班長自然沒什麼問題，要人高馬大的丁導演長時間蹲坐可就苦不堪言。此時，副導演劉立立貼心開口：「導演，我們交換座位吧，您這痛苦的樣子我受不了。」丁導演考慮了一下，勉強同意讓劉立立代為受罪。其實，丁導演跟我們擠在空間有限的後座也不好受。丁導演坐定後，看看洪水暫時沒有消退的跡象，居然拿起劇本繼續寫作，絲毫不浪費寶貴時間。他後來告訴我，當下情況竟讓他腦中浮現戲裡一段感人肺腑的重要對話（留待後述）。沒多久，上游的西北雨來去匆匆，洪水漸漸消退，歷經這段有驚無險的勘景之旅，我們疲憊地回到台北，每個人都雙腳痲木難以行走。

《英烈千秋》的製片規模空前，需要搭建的布景也比以往的要大上數倍以上；其中一個主要場景搭在號稱全台最大的攝影Ａ棚，位於中影士林製片廠內高低起伏的山坡地。另一個就在湖口戰車演習訓練基地，那裡占地廣、布景複雜，動用數十位布景師傅和許多臨時工，他們全下榻於當年我參與拍攝《海埔春潮》的同一間旅館——新竹大旅社。我在那兒待了一段相當長的時間，跟老闆張家上上下下全混得很熟，他當年以親切的態度接待《海埔春潮》外景隊成員有如家人一般，讓我印象深刻也留下美好回憶。旅社張老闆一得知這批電影布景師傅全來自中影，又是我的同事，態度倍加親切。這件事是布景領班胡金鐘師傅事後告訴我的，讓我領悟到天下朋友不嫌多的道理。當然，人與人之間交往，以誠相待終會有好的回報。

這批布景師傅還遇過一件怪事，某天收工後上車準備離開現場，交通車在偌大的訓練場繞了好幾圈總是回到原地。司機累了，大夥肚子都餓得咕咕叫，有人說這就是碰到「鬼擋牆」，司機沒辦法，只好等到天黑，家家戶戶點起了燈，再朝著燈光最密集的方向開過去，這才終於脫困。也聽說某人在早上醒來，頭上少了一撮頭髮，光禿禿的直看到頭皮，有人稱之「鬼剃頭」；鬼擋牆也好，鬼剃頭也好，這兩件小插曲都無法用常理解釋，只能把它當成茶餘飯後的笑話，泰然處之。

我肩負《英烈千秋》攝影的重責大任，劇本讀了一遍又一遍，不斷苦思如何表現國軍在困境中英勇奮戰、抵抗強敵的精神，以及他們身處的氛圍，最後決定以平實低調的攝影方式來處理。演員拍定裝照時我全程參與，這個程序非常重要，可趁此檢視演員的外型、服裝等，若發現服裝尺寸不合或任何其他缺失，都可利用這個機會調整。例如唐寶雲小姐的脖子跟臉蛋不甚搭配，因為她的頸部比較修長，遇到這種情況就需從修改服裝下手。其他如演員臉上要加鬍子的、要加傷疤等等各式造型都可利用這時候著手調整。決定造型後拍照存檔，做為日後為演員化妝、著裝的對照參考，我想這跟建築房舍大樓需要按圖施工的道理一樣。

田野飾演日本軍官，試穿軍服時看起來帥氣威武，突然勾起我孩童時期的記憶，時值第二次世界大戰，台灣是日軍攻略東南亞的重要樞紐，來到台灣整訓補給之後兵分南北兩路，回日本或下南洋。他們滯留在台期間，有些城市和鄉間偶而可以看到日本軍人的行蹤；他們都抬頭挺胸，身著合身筆挺的軍服，足下短筒皮鞋一塵不染。士兵頭上戴著軟帽，軍官戴的是有帽沿的軍官帽，個個精神抖擻；若有兩人以上同行，其步伐整齊有如現代的踢踏舞，台灣同胞很難不把目光集中在他們身上。反觀抗戰勝利後國民政府派陳儀將軍率兵接收台灣，其部隊的裝備跟模樣都讓人一再懷疑：這樣的軍隊真能打敗日本？國軍不受約束的行徑也讓台灣同胞普遍產生反感，連小小孩童都對祖國的軍隊失望。

好了，老掉牙的舊事暫且擱下，回到一身軍裝的田野身上，整齊精緻得好像從軍裝型錄上走出來一樣，我靠近些仔細的從腳往上看，再從頭看到腳，前看後看左看右看似乎沒什麼破綻，但隱約中總覺得缺了什麼東西，直到我看見田野頭上的軍官帽才恍然大悟，原來帽上圓頂跟環型帽邊的接縫處缺少一條紅色滾邊。趕緊比對資料，果然我的記憶是正確的；美術設計王中和對丁導演大呼：「好家在有林桑在，不然肯定鬧笑話。」

一九七三年十二月二十四日下午四時，《英烈千秋》在中影士林製片廠攝影棚所搭的山坡景舉行隆重的開鏡典禮，由黨部祕書長張寶樹、中影公司董事長辜振甫共同主持。應邀觀禮的貴賓包括跟電影相關的官員、中影公司部門主管（催生《英烈千秋》的舵手梅長齡總經理、廠長明驥、製片部經理張法鶴）。

典禮結束後就開拍第一個鏡頭。丁善璽導演為了留給貴賓深刻的印象，特別安排一場張自忠將軍在槍林彈雨、炮聲隆隆中深入奮勇抗敵的我軍陣地，視察戰情並為堅守崗位的兄弟打氣。丁導演要負責爆破的周子驤在陣地各處安排爆破點，尤其靠近鏡頭處多安放幾發威力較強的。周子驤把鏡頭附近的爆破點交給他的助理小華（後來成為周夫人）負責，還特別交代多加些黑火藥，就去忙其他的事了。

一切準備就緒，演職員各自到位，丁導演宣布開拍《英烈千秋》第一個鏡頭。為了讓長官有親臨其境的參與感，我特地把攝影機以延長線接上另一個開關，雙手奉給辜振甫：「董事長，這個歷史性的鏡頭還勞駕董事長來開機。」辜振甫接過開關，恭敬的轉交給身旁的張寶樹祕書長，張祕書長雙手一檔：「你是中影的當家，你來。」辜振甫回說：「你是我們的頂頭上司，你來。」兩個人推辭互讓不下，辜董事長只好不再推辭。我走到辜董事長身旁輕聲的說：「等丁導演下令開麥拉的同時，您就把開關往上推即可。」

丁導演確定我這邊沒問題，也確定所有演職員準備就緒，大喊：「正式來～預備～開麥拉！」攝影機啟動，演員也開始動作，頓時槍聲、炮聲此起彼落，場面壯觀。在山頭遠處出現柯俊雄飾演的張自忠將軍，帥氣十足的手持指揮鞭，威武挺拔，緩緩走向攝影機，無視漫天子彈與炮彈，不時拍拍弟兄的肩膀，指揮若定，像極了一位將軍。事先安排在他前後左右的爆破依設計順序引爆，最後引爆黑火藥加量那一顆，強大的爆破威力震耳欲聾，煙霧馬上瀰漫整個攝影棚，嚇壞了在場觀禮的貴賓，紛紛往外竄逃。我的攝影機持續運轉，柯俊雄微作閃避但馬上穩住身形怒視著遠方。丁導演喊卡，環視攝影棚並問我如何，我說我這兒沒問題。他轉頭問柯俊雄，也說沒問題；副導演跟場記都說很棒！丁導演這時轉向驚魂未定的貴賓，宣布《英烈千秋》第一個鏡頭一次ＯＫ大家齊聲鼓掌慶賀。

回頭檢查那一發威力強大的爆破，發現地板被炸出一個直徑約八十公分的大洞。攝影棚的地板是一百乘一百八十公分的木板組合而成，全部使用上等檜木，因為它的特性就是抗壓、堅固、耐水、抗高溫又不變形（日本殖民台灣時期，砍了為數不少的千年、百年的檜木運回日本，大興土木建造神社。利用台灣廉價勞工大量開發大雪山、八仙山、阿里山、大霸尖山林場，有些還建有運送木材的小鐵道，方便運送珍貴的木材回日本。這種名為開發台灣，實為竊盜的行為讓人無言，許多政治人物卻還猛抱日本大腿。哈日族的朋友們，面對過去歷史的羞辱，你們的感受又是如何？）。檜木地板在台灣攝影棚內幾乎不可或缺，它可承受布景片、笨重器材的重量，可依劇情需要再鋪上任何東西，如大理石、平滑木板等。如此堅固的地板居然被炸出這麼大一個洞，可見當時爆炸的威力有多大，幸好沒有傷及演員或其他工作人員。

講到內搭景，有一項東西絕對少不了，那就是「天片」。二〇一七年三月我在陽明醫院一樓大廳排隊登記老人健康檢查，忽然聽到遠處傳來叫聲：「林組長！林組長！」咦，這聲音好熟，回頭一看，這不是小李嗎？（現在已經是老李了）小李個頭雖小，功夫可真了得，有呼風喚雨的本事，不不不，應該說他有「一夕變天」的本事。這不是我在胡說八道，凡是內搭景，除了密封式的地下密室或山洞之外，都需要用到天片作為背景，天片的顏色就是用來營造片中的天氣氛圍。小李可以依據任何劇情需求，單槍匹馬揹著噴槍帶著顏料爬上高梯，把原來的陰暗天色瞬間改成晴朗青空，可以加上朵朵白雲，或噴成迷人的黃昏彩霞。這種慢工出細活的功夫沒幾個人會做，卻被視為苦差事而後繼無人。他一輩子都默默投注於天片噴畫，兩岸三地的電影產業都搶著指名找他，可真是一位名符其實的「幕」後英雄。令人唏噓的是，他也到了可以做老人健康檢查的年紀，最起碼六十五歲有吧？我在此以電影老兵的身分，大聲呼籲金馬獎執行委員會主席與評審委員，應該考慮頒給這位碩果僅存的國寶級人物一座終身成就獎，表彰他對台灣電影的付出與貢獻。

光與影的藝術

《英烈千秋》投入如此龐大的人力物力，成本卻沒有因此增加，對擅於控制預算的丁善璽導演來說並不是難事。他儘可能找實景拍攝，有天收工，他交代我，以後出通告多帶一部攝影機，我答道沒問題。我開始暗地物色雙機作業的攝影師，但丁導演卻一直沒說哪天會用到雙機拍攝。當然雙機作業有其優缺點，在室外拍攝只要避開另一架攝影機，不穿幫即可，但在室內打燈就無法兼顧雙機都有理想的光影；好處是節省時間，演員的情緒、動作掌控一致。拍攝時他偶而會說：「這個鏡頭由我來掌機。」我猜他是下一部劇本都已完稿送印，閒不下來，但是讓非攝影出身的人掌鏡有其風險，普通的固定畫面還好，遇到要Pan動的鏡頭，當然不如專業攝影師那麼平穩；若出現像騎馬一樣上下Pan動我就會要求重來，但是若遇到重拍要調動部隊太過費時或太過於勞師動眾的情況也只能作罷。當然，出現不甚完美的鏡頭自然是我來概括承受。

《英烈千秋》的拍攝進度一天都沒有停頓，如遇陰雨天就改拍內景，中影文化城內的景全派上用場。就算遇到寒冬，別人還窩在溫暖被窩睡得香甜時，我們這批電影工作人員就得起床出門工作，常常冷到外頭草地上還結著一層雪白的霜，這種感受是其他行業所無法想像的。丁導演拍戲的原則是就地取材與臨機應變；需要用到馬匹的戲就直接在后里馬場搭建碉堡與壕溝；戲中男主角張自忠將軍的住家就選在新北市蘆洲的古式民宅。盧溝橋的場景也選在離中影製片廠不遠的蘆洲，在淡水河北岸搭建橋頭、延伸幾十公尺的橋面及附近的民房、城門等，縮短外景隊移動的時間。

某天，在盧溝橋頭拍攝我軍堅守陣地的戲，為了忠實還原當年盧溝橋的風貌，還特別破費租來兩頭駱駝充當臨時演員。這兩頭載送物資的駱駝從遠方的橋中央向橋頭這邊緩緩行來，鏡頭快結束時，突然聽到卡喇一聲，走在後頭的駱駝踏破橋面，前蹄陷了進去，牠掙扎著要起來，卻連另外一隻蹄也跟著陷進去。大家緊張地一擁而上，七手八腳把牠拉上來，幸好那頭駱駝沒有受到任何傷害，而我所需要的畫面也已經拍到了。這次橋面踏空事件得歸咎於布景師傅疏於事前檢查，沒有做好汰舊換新的工作，幸好沒有造成重大影響。

另一天，拍攝一場日軍以優勢兵力攻打我軍碉堡的戲。國軍的碉堡與長達數公里的彎曲散兵壕溝就搭在湖口裝甲兵教練場裡，中影公司特別租用大卡車載來一架升降機。這台笨重的升降機是中影成立初期自行設計打造的，當年公司財務不甚富裕，出身彰化高級工業職業學校的洪慶雲自告奮勇提出設計圖，獲得當時廠長徐欣夫導演批准與支持。洪慶雲的大哥洪培泉先生在離製片廠不遠的台中復興路開汽車保養場，知道胞弟有此計畫，便大方地以低廉的價格，幾乎等於半買半相送的方式提供報廢小汽車的底盤與四個車輪（台灣有許多大卡車或遊覽車也類似這樣，向國外購買附有動力裝置的底盤，進口之後再改裝成豪華遊覽車或大卡車）。洪慶雲設計出前端可裝載六十公斤攝影機與兩名攝影人員的鐵製長臂，另一端設置平衡用的鐵塊，還有兩根鐵製握把方便場務上下操控。為了運送這台升降機，也是大費周章，當時高速公路尚未建設完成（即使有也應該無法行駛吧？），大卡車載著這台笨重的怪物牛步駛上省道，一大早由士林出發，到傍晚太陽快下山時才緩緩抵達拍片現場，第二天就安排拍攝日軍大舉進攻我軍的大場面。攝影機一開始便升到最高，居高臨下拍攝敵對雙方的大批人馬；日軍坦克車一邊開炮一邊緩速前進，後面跟著密密麻麻的步兵，接著攝影機緩緩往下降至離地半米的高度，鏡頭慢慢往左搖到我軍防守的主碉堡，指揮官以望遠鏡觀察戰情，看著有強大坦克掩護的日軍來勢洶洶，趕緊鑽進碉堡以電話向上級求援。這麼複雜又勞師動眾的鏡頭，演練多次後正式拍攝，升降機與攝影機的配合操控恰到好處，順利拍攝完成，丁導演

大夥兒試用洪慶雲設計打造的自製升降機。

大喊ＯＫ。

我輕快地跨下升降機，聽到遠處有人在叫我，回頭望著遠處看熱鬧的人群，裡頭有人向我熱情招手，我心生好奇走上前去，看見一位面熟的男子，原來是新竹大旅社的少東張次郎與幾個妹妹。一九六一年拍攝《海埔春潮》之後，十幾年沒見，當年幾個小毛頭如今都已長大成人。我問他怎麼知道我在這兒，他說中影來湖口搭建布景時，就從胡師傅口中得知新片的攝影師是舊識，可是他們左等右等卻不見外景隊入住旅社，還到處打聽我們的落腳處。我向他解釋，當年拍攝《海埔春潮》是從台中製片廠出發，路途較為遙遠，必須住在拍攝場景的近處；這次是從台北出發，每天有公司大巴士接送往返。雖然此次無緣入住他們的旅社，但是當我們在湖口開拍的消息一傳開，張姓少東仍然帶了一籃橘子前來探視，高興地跟我話舊，尤其看到我已從攝影助理升任大片的攝影師，在升降機上指揮若定，更覺得與有榮焉。沒想到事隔多年，萍水相逢的緣分延續至今，這珍貴的情誼讓我銘記在心，卻不知他們近來可好？

外景隊在湖口陣地停留多日，拍畢此處場景準備收工，拆除大隊由領班胡師傅帶領早在現場待命，他們必須把所有布景拆除清理掉，回復原貌後才能還給軍方管理單位。電影這個行業雖然由許多雜牌分子組成，但到任何一個地方工作，結束時一定要打掃乾淨才能離開；套一句日本古諺：飛ぶ鳥わ後おにごさす。意思就是說白鷺鷥飛走時不會留下污染稻田的痕跡。順便一提，電影這個行業很現實，不管是導演、演員或是攝影師，今天有好的表現，眾人會稱讚你是大英雄，如果哪天有所閃失犯了錯，馬上會翻黑變成狗熊。

隔天，外景隊轉移陣地來到三峽某個小村莊，拍攝一場張自忠將軍救民救國的戲：為了營救眾多無辜老百姓、同時保存己方戰力，張自忠將軍賭上自己的名節，冒險親赴敵營與日方侵華最高指揮官談判周旋，真正的目的在於爭取時間，讓國軍有機會在後方重整，等待一舉殲滅日軍的最佳時機。張自忠此舉卻被中國百姓誤為投效日本的漢奸，舉國譁然，包括自己的下屬、友軍、全體國民與鄉里間親朋好友群起唾棄，更百般侮辱無辜的張家妻女，最後連張夫人與女兒也不能諒解。

張自忠將軍欲潛回家鄉向妻女表明原委，卻跟她們在離家不遠的暗巷中不期而遇。綿密的陰雨天中，張夫人（陳莎莉飾）打著傘陪女兒（甄珍飾）走到小巷口，看到對面一位身著長袍馬掛，頭戴呢帽的男子。女兒開口問：「那是爸爸嗎？」張夫人答道：「不是吧？」女兒繼續問：「不是爸爸嗎？」張夫人回道：「是吧？」女兒又問：「是嗎？」張夫人最後堅定的回答：「不是吧。」柯俊雄始終壓低帽沿不發一語，他與陳莎莉、甄珍三人的眼神、表情，搭配神來一筆的簡單對白，感人肺腑，就是丁導被洪水困在狹小的吉普車上時靈光乍現想出來的橋段。這場戲搭配三位明星演員的出色演技、燈光的配合、攝影的控光、角度與鏡位，我自認已達最高境界。

還有一場複雜的戲，張自忠將軍拿著妻子一針一線縫製的布鞋，率隊在兩面都是險峻懸崖的狹窄山道行進（地點在台北市郊的五分埔山上稜線小路）。丁善璽導演要求攝影機在軌道車上連推帶拉緊盯著柯俊雄走近，然後一百八十度 Pan 柯俊雄由正面到側面到背影最後再推進到他半身的鏡頭。「沒問題吧？」丁導演問。我的態度是：全力以赴，導演的要求再難也絕對不打折扣。

那裡地形狹窄，僅能勉強容下軌道車的寬度，拍這鏡頭實在有其難度，但考量到丁導演追求完美的立場，也突然想起「食人頭路要認真打拚」的母訓，便告訴丁導會盡力而為。

為了拍這場戲，大家綳緊了神經，四周平靜得有如暴風即將來襲，待一切準備就緒，導演一聲令下正式開拍，我的鏡頭 Zoom in 到柯俊雄近景半身，然後 Zoom out 到全身，軌道車往後移動至定位停止，柯俊雄繼續往前走經過攝影機，攝影機 Pan 動從他的正面到側面至他的背影，一如丁導演的要求操作。丁導演覺得有達到預期效果，喊了卡，回頭問我的意見，我覺得這個鏡頭沒有任何瑕疵也毫不遲疑的回答：ＯＫ。丁導演便宣布換拍下一個鏡頭。

我的血型是Ａ型，一般被認為重感情，但缺點就是優柔寡斷。早期拍攝內搭景的戲，都要等到看過毛片沒問題後才能拆改布景。現在這個年代哪有那個美國時間花錢占棚等著看毛片？通常一喊ＯＫ就拆了，所以攝影師這一聲ＯＫ所負擔的責任可想而知，也不能猶豫不決，必須當機立斷。如果拍攝過程中發覺有一點不對勁就立刻喊卡，說明問題要求重拍，節省時間跟膠片等無謂的損失，無形中，我優柔寡斷的性格也因工作型態而有了改變。

另一場戲拍攝張自忠將軍的指揮所，利用五分埔山下現成的山洞布置而成。攝影採取固定鏡位，柯俊雄從洞內往外走出來，一邊聽取各防守據點的戰情，一邊勉勵官兵弟兄。燈光師告知我燈光已打好，可以轉告丁導演正式開拍，我仔細一看，雖然洞底不是很深，但燈光師太認真負責，調配過頭了，視覺效果反而有些走樣。我找燈光師來看觀景器研究原因，山洞底端的牆壁打上二千瓦燈兩只，在道具後方從左右兩邊交叉投射把洞底顯現出來。我跟燈光師研究之後，建議他把其中一盞關掉，讓畫面中的洞底看起來不斷往深處延伸。以攝影師的立場而言，畫面的深度就是以光線的陰暗明亮來控制，我半開玩笑地向燈光師說：「雞婆，多打一盞燈反而吃力不討好。」他笑著回答：「你不早說，害我白費力氣。」

雖然幾乎沒有人重視，每年的金馬獎也不會有這個獎項，但燈光師在每部電影的拍攝工作中都擔任非常重要的角色。燈光跟攝影形同手足，他投射光，我捕捉影，兩者缺一不可。燈光師須帶著助理依畫面需要設置燈光，也常要親自上場搬燈打光，而燈光器材都很笨重。以二千瓦燈為例，鐵條打造的三腳架加上橡膠滾輪，重量高達四十五公斤，若是五千瓦、一萬瓦的燈具更不在話下。另外還有更笨重的炭精燈，色溫與太陽光相同，在棚內使用有如在戶外拍攝的效果。

回憶起一九五九年，火燒農教公司台中製片廠的大災難，可能也跟炭精燈有關。當時採同步錄音錄影，攝影棚除了四面牆壁都釘上麻布袋防止產生回音，布景上也掛滿許多麻布袋。袁叢美導演租廠拍攝電影《魔窟殺子報》，由夷光、唐菁、周曼華聯合主演，攝影師是出身農教公司的技術員賴成英，攝影第一助理史紀新，攝影第二助理史國文，我當時擔任錄音第二助理，第一助理郭仁鐘是從中國電影製片廠轉過來的。當天動用炭精燈當主光使用，中午大夥休息吃飯時，攝影棚突然冒出熊熊大火，一發不可收拾，整棟攝影棚在短時間內陷入火海。吊滿燈光板上的燈光器材、包括數具炭精燈、最新型的精密隔音 Mitchell BNC 攝影機全套、設在攝影棚隔壁二樓錄音控制室所有的設備都全部燒成灰燼，損失慘重。我的錄音聲帶機當時放在離大攝影棚旁五十公分處（後來被編為 C 棚），失火時，我一看苗頭不對拿了就跑，是唯一搶救出來的器材。大火從大攝影棚兩條粗壯電源線跟錄音用的音源線延燒擴散，當消防車來到片廠時，兩座攝影棚早燒得只剩光禿禿的骨架。看到如此慘況，每個在場的人不分男女都紅了眼框。這件火燒攝影棚事件發生在大白天，大夥都很機靈沒造成任何傷亡，事後檢討可能是炭精燈的火花觸碰到易燃的麻布袋，或是沒有熄滅的菸蒂所引起的，但最終沒有找到真正的肇事主因，仍是懸案一樁。

《英烈千秋》下一場重頭戲的地點在九份、金瓜石。情節是中日戰況激烈，日軍集中火力猛烈攻擊頑強抵抗的我軍，我軍在日軍不斷重兵進逼攻擊下死傷無數，眼看戰局危殆，部屬紛紛勸告張自忠將軍突圍轉進後方，但他都拒絕了，最後當場以短刃刺腹自盡。這個舉動不僅讓部屬失聲痛哭，也讓敵軍的最高指揮官（苗天飾）感佩萬分，命令全體日本官兵向中國戰神致上最敬禮。這場戲驚天動地，爆破特效自是免不了，但這片廢棄的礦區遍地都是碎石片，危險程度增加許多。丁善璽導演特別要求負責安置炸藥的周子驥千萬不能大意，以免碎石炸傷人；導演組也轉告每一位參與演出的兵員，炸起的石頭是不長眼的，除了機警避開之外，萬一不幸被擊中就要假戲真做就地撲倒，靜待導演喊卡之後再行求救，以免破壞這場戲，所有工作人員都戴上安全帽以防萬一。事後檢討，金瓜石這場爆破戲，僅有數名工作人員與來支援的弟兄傷及外皮，沒有大礙，真是萬幸。

另一場柯俊雄騎在馬上英氣十足向部屬精神訓話的戲，因為馬匹的需求量大，為遷就馬匹來源，不得不將全體演職員拉到后里馬場拍攝。柯俊雄原本不善馬術，也不了解馬性，但經過騎兵部隊臨時惡補，他也能在馬上顯得威風凜凜、帥氣十足像個大將軍。這幾場騎馬的戲於天黑前順利拍攝完成後，全隊北返，製片部門怕大家餓過頭，特地在回程中安排豐盛的晚餐。這是破天荒的預算外支出，助理製片張法鶴先生解釋機會難得，也想藉此慰勞這幾個月來辛苦的演職員；丁導演起身以茶代酒感謝張製片的溫馨安排，也感謝所有工作人員的辛苦付出。不久後完成拍攝工作，我一有空便跑到剪接室看丁導演與剪接師汪晉臣日夜趕工；鬼才劉家昌先生也花了四天的時間替電影製作配樂。

一九七四年七月十九日，《英烈千秋》在台北中國戲院、萬國戲院破例聯映，全台二十一家戲院四天半的票房突破一千五百萬元，締造國產影片票房新記錄。七月二十九日，國防部參謀總長賴名湯上將把「揚我軍威」金像獎、獎狀頒給《英烈千秋》。八月十日起移至新世界戲院獨家上映，票房持續居高不下。九月三十日在香港九龍一家戲院獨映；十月十日港島、九龍兩區增至二十二家戲院聯映，也創下最高票房記錄。海外其他地區紛紛以高價購買版權。十一月八日，中央黨部祕書長張寶樹頒發獎狀給《英烈千秋》；十二月二十三日影評人協會評選《英烈千秋》為十大國片榜首，評語為「表現民族情感生動深刻，製作態度嚴謹」。一九七五年六月十五日，第二十一屆亞洲影展在雅加達舉行，《英烈千秋》入圍最佳影片、最佳編劇、最佳導演、最佳男主角、最佳女主角、最佳女配角、最佳攝影、最佳配樂、最佳美術設計、最佳剪接等十項，最後《英烈千秋》榮獲得特別獎、最佳編劇丁善璽、最佳導演丁善璽、最佳男主角柯俊雄、最佳剪接汪晉臣。我的攝影仍有些瑕疵，沒逃過專業評審的法眼，並未得獎；雖然心情難免失落，但套一句大導演李行以《早安台北》獲頒金馬獎最佳導演時的感言：「這是公平的。」

一九五九年失火後的台中片廠廢墟。

《八百壯士》炸翻天

《英烈千秋》殺青之後，我受高寶樹導演之邀，前往泰國拍攝《女逃犯》。拍完回國向公司報到時，明驥廠長即刻召我到廠長室，關切地詢問去泰國工作的情形，也馬上把我的攝影助理曾介圭找來面談。此行留待後文說明，在此按下不表。明廠長告訴我，暫時不能再接外面的戲，因為籌備已久的《八百壯士》即將開拍，丁善璽導演指名要我掌鏡。

我在開拍之前就開始構思：因為日軍野心以更先進的武器傾全力侵華，我軍抱持誓死抵抗的決心，勢必有激烈的戰鬥畫面。為了要營造戰火熏天的逼真氛圍，我利用空餘時間在家中庭院試著燃燒枯樹枝、乾稻草與廢紙張（常被鄰居誤會失火），但煙霧效果總不如預期。印象中曾見過中南部工業區燃燒廢輪胎的景象，急忙跑到腳踏車店要了一條廢胎，試燒之下火光四射、黑煙猛竄，效果真的太棒了。我轉告劇組人員，拍攝戰鬥場景時多準備廢輪胎。另外，構圖燈光的考量也以能凸顯國軍英勇精神的高調風格為主。

《八百壯士》的故事講述一九三七年秋，淞滬抗戰進入緊急關頭。「八一三」抗戰爆發，日軍屢受重挫，不斷增調援兵，企圖切斷中國軍隊的後路，情勢危急。謝晉元團長為牽制日軍戰力，拖延時間讓更多中國軍隊撤離，十月二十六日奉命帶領八百名官兵留守蘇州河畔的四行倉庫，堅守四天四夜，多次阻退日軍進攻。上海女童子軍楊惠敏在對岸看著日旗遍布，唯獨四行倉庫未豎國旗，於是趁夜渡河突破日軍防線，成功將國旗送進四行倉庫。二十九日破曉，謝團長率領部屬於天台升旗，上海市民於一片煙塵火海中，目睹青天白日滿地紅國旗迎風招展，無不喜極而泣。然而，日方透過外交途徑讓各國使節團向國民政府施壓，要求國府下令撤軍，以免日軍重炮射入公共租界危及各國僑民。中國當局考量守軍已完成掩護國軍主力撤退的任務，遂令倉庫守軍撤出並轉進租界，謝團長只得服從命令，揮淚撤離。三十一日凌晨，謝團長率部隊冒死突圍，遭受日軍水陸兩線強烈火力射擊，八百壯士且戰且走，數萬上海市民隔岸聲援，情緒沸騰。謝團長沉著應變，於密集炮火中率軍搶越橋頭，雖有傷亡，但安抵英租界者尚有三百七十多人。孤軍成功奮守四行倉庫，完成了掩護五十萬國軍撤退的任務。上海保衛戰一役也徹底粉碎日本「三月亡華」的迷夢。

早在一九七二年十一月，梅長齡先生就任中影公司總經理時，構思要拍的第一部電影就是《八百壯士》，卻因預算龐大、經費無著而暫時擱置。等到《英烈千秋》叫好叫座之後，時任行政院長的經國先生在一九七四年八月接見該片相關人士嘉勉鼓勵，院長問梅總經理是否準備開拍《八百壯士》？梅總經理恭敬回答說：「是。」某種程度上可說經國先生也是催生此片的推手。

一九七五年三月，中影公司正式啟動《八百壯士》拍攝計畫，編導仍是具有軍事背景的丁善璽導演，監製辜振甫、製片梅長齡、助理製片明驥、策劃／執行製片張法鶴、助理製片周慶廳、軍事顧問汪世續、藝術顧問鄒志良、攝影指導林文錦、美術指導王中和、燈光指導李亞東、剪接汪晉臣、錄音林丁貴／沂江盛、作曲蔡盛通／翁清溪、配樂黃茂山，以上都是當時影界菁英。

男主角不作他想，非柯俊雄莫屬。片中戲分很重的女童軍楊惠敏一角則有多人競逐：已簽約的甄珍看來勢在必得；張艾嘉也是一時之選，只是身材略為嬌小。丁導演等人認為，林青霞的年紀與名氣更適合飾演楊惠敏，甄珍則較適合謝晉元團長夫人的角色。雖然中影公司與談判高手甄媽談妥以天價五十萬港幣拍攝《八百壯士》與《一飛衝天》兩部片，但甄珍自覺不適合演謝夫人而決定退出，絕非外傳甄媽漫天叫價、計較片酬不成而退演。團長夫人一角改由徐楓擔任，張艾嘉飾演女童軍。其他尚有金漢、張翼、黃家達、楊群、秦漢、張沖、陳鴻烈、游天龍、聞江龍、金剛、馮淬帆、田野、郎雄、安平、易原、蔡弘、湯尼戴爾、葛香亭、曹健、崔福生、張冰玉、劉尚謙、石文靜、宋岡陵、郭新馨、苗天、馮毅、薛漢、胡奇、常楓、王宇、葛小寶、房勉、龍嘯、潘潔漪、周少卿、汪威江、武德山、馮治平、吳可、潘鴻鈞、江火炎、陳金柱、周丹薇、葛蕾、林豔凰、沈亭、古名蘭等演員，龐大陣容可謂空前絕後。其中有六人是本片招考的新演員：十七歲的葛蕾、曾任模特兒的周丹薇、曾參加《葡萄成熟時》演出的十七歲少女古名蘭、二十歲的郭新馨曾任台視中視歌星、在激烈競爭中脫穎而出的唯一台籍少女林豔凰、還有拍過廣告片的沈亭，六人分飾女童軍或護士。

《八百壯士》於一九七五年八月十三日——上海八一三抗日保衛戰三十八週年紀念日——在中影公司士林電影文化城舉行開鏡典禮，由董事長辜振甫主持，顧祝同上將及大陸救濟總會副會長方治致辭，觀禮者括王潔將軍、張柏亭將軍、楊惠敏女士等七百餘人。

九月八日起連續三天在跨基隆河連結內湖與南港的長壽橋上拍攝夜戲，每天實施交通管制，當時的車輛沒那麼多，拍起來沒遇到任何困難。第四天移到橋下河灘拍攝我軍據守碉堡英勇抵抗敵軍強烈炮火攻擊，但碉堡被日軍擊中爆炸，守軍被炸飛。那是一道斜坡，碉堡的地勢較高，攝影機架在較低的位置微微朝上仰拍。這個夜間畫面為加強火光效果而增加了爆破威力，爆破專家周子驥帶著小華裝炸藥並淋上汽油，武行演員演練多次準備妥當，一切準備就緒，丁導演一聲令下「開麥拉」，攝影機開機，我方守軍開槍抵抗，接著被敵軍炮火擊中，爆破效果不錯，唯獨武行過於緊張，被爆炸威力震暈了頭，慢了半拍才彈跳出去，只好NG重來。

重新安裝炸藥、淋上汽油，煙硝味、汽油味瀰漫整個現場。Take 2開麥拉之後，前段戲都很順利，附近零星的彈著點此起彼落，也看到我軍英勇以步槍反擊，此時丁導演令周子驥點火爆破，我只聽到轟隆一聲巨響，頓時一片火光，我從觀景器中看到的畫面被強烈的氣流帶偏，攝影機也被炸翻，我趕忙雙手緊抱攝影機翻落到斜坡底下。一陣天旋地轉之後，我站了起來，除了有些頭暈之外並無大礙，攝影機也完好無缺。此時感覺左手一陣灼熱，這才發現已被燒傷，而攝影機還沒關機。原來Take 1 NG時，汽油已緩緩流到我的位置，Take 2再淋上更多汽油，所以爆破威力才一直延燒到我的位置。

劇務趕緊派車送我到附近的松山外科診所，當時診所已打烊，醫師還是盡職地幫我消毒敷藥，告訴我這是一級灼傷，不用太擔心，我拿了醫師開的消炎藥與止痛藥趕回現場。丁導演關心傷勢，問我要不要另外找人代班？我說沒問題。現場的演職員以熱烈掌聲鼓勵，我舉手答謝，繼續工作吧。後來在剪接室親眼看到這個畫面還震撼不已。

林青霞原本不善游泳，為飾演楊惠敏一角天天勤練。這天到了驗收泳技的時候，情節是楊惠敏懷藏國旗在夜裡游泳渡過戒備森嚴的日軍陣地，將國旗送抵四行倉庫。場景選擇在附近的基隆河拍攝，本來丁導演擔心危險，已找到一位游泳好手當林青霞的替身，沒想到我們這位山東姑娘豪爽地說：「不用，我自己來。」丁導演只好安排替身去下游護衛，上游也有會游泳的武行帶著林青霞下水。林青霞果然游得有模有樣，一次ＯＫ，證明她這幾個月的苦練並沒有白費。

當《八百壯士》團隊還在北部如火如荼拍攝時，一批美術組與布景師傅已先前往高雄，經過連續二十多天緊鑼密鼓的日夜趕工，將七賢三路上跨越愛河的橋墩改裝成上海的新垃圾橋，附近商店招牌也變身為當年的上海風情。同時，另一批木工師傅則在中影製片廠裡施工，從大門一直到攝影棚，所有建築物外觀都改裝成上海街景，還包括噴水池、廣場、雕像，簡直幾可亂真。連來台渡假的美國金像獎編劇史杜靈．西里芬夫婦也對甫完工的上海街景甚感興趣，搭乘黃包車繞街，在中影文化城暢飲中國茶，一遊兩地直呼過癮。

拍攝團隊將中影製片廠變成即將遭受日本飛機空襲的上海街道，但因為占地太廣，光憑周子驥跟小華的團隊無法應付這麼大的爆破需求，只好請求軍方支援。來的是工兵部隊，由上尉帶領老鳥班長數位，備齊火藥、引線、雷管、引爆器，向周子驥報到。周子驥把街道分配給軍方，部分店鋪設有騎樓，騎樓走道每隔十呎立有二呎見方的廊柱，柱內是以木板釘成的結構，外頭再以甘蔗板切成磚塊狀漆成紅磚色釘上去。周子驥手指著幾根柱子，交代工兵上尉這幾根都要炸斷，說完便去忙著安排其他較大建築物的爆破設置。工兵上尉拿著尺簿，認真丈量每根柱子的寬度厚度，計算火藥用量，命令工兵這裡安裝半磅，那裡安裝三分之一磅……其他人當然也沒閒著，為數不少的動作演員有的扮演老百姓，有的扮演國軍在街道上以沙包堆疊起防禦工事，他們在事先安排好位置反覆演練爆破時躲避或被炸翻的動作。我在主攝影機前方安排一部攝影機背對我，由攝影助理負責拍攝廣場畫面，用道具遮掩這一機以免穿幫。我的主攝影機架在街道左側，可以捕捉右邊一列的店鋪也可以帶到遠處的廣場；我的背後是製片廠開發的咖啡飲料店，供遊客休息用餐，店鋪門面是一整片落地玻璃窗，只留一扇玻璃門供出入。

這場空襲戲，要求飛機先飛過街道上空，讓我們可以同時拍到飛機與上海街景的畫面。投彈畫面則在龍潭輕航機飛機場拍攝，當然是用木製的假彈，經過剪接讓分開拍攝的兩地畫面看起來天衣無縫。前後忙了一個多小時，總算就緒，周子驥一一檢查工兵上尉帶領班長安裝的炸藥後表示滿意，周子驥向副導演表示所有爆破均安排妥當，可以轉告丁導演正式開拍。我們同時接到陸軍輕航機隊來電說飛機已發動，隨時可以起飛。丁導演問我可否多調一台攝影機，我趕緊跑回技術組攝影室多調了一部機器，再將飛行路線告知臨時支援的攝影師，攝影機應盡量壓低，拍到飛機同時帶到街景。沒多久，果然聽到飛機引擎聲，輕航機飛過中影製片廠上空，附近許多民眾好奇的紛紛仰天觀看。

其實這一趟飛行本來不在計畫當中，是為了改天要在龍潭上空拍攝投彈畫面而先行暖身，臨時申請飛越中影製片廠上空的管制區（不遠處即為老先生以前的官邸），竟意外獲得核准，這對我們來說簡直是天上掉下來的禮物。拍完飛機的鏡頭，我索性找個位置把臨時支援的攝影師留下來繼續拍，讓他也體驗一下精心安排的爆破場景。這位掌鏡者就是後來曾任台北市文化局長的倪重華先生（倪重華畢生專注於教育事業，現是音樂科技學院基金會與陳信安足球學校的負責人），謝謝你了，老弟。

各部門回報一切準備就緒，現場也有消防救護單位待命，丁導演握著大聲公坐在高台上指揮若定，一聲令下，三部攝影機同時啟動，空襲警報響起，演員開始走位，躲避日軍空襲。這時丁導演下令周子驤與工兵上尉「開炸」，爆破點由廣場開始按照計畫往前逐一爆破，最後輪到工兵部隊負責的那排街道柱子，轟隆一聲巨響，塵煙漫天，震波搖撼著整個地面有如地震，爆破威力遠超乎我們想像，我身後咖啡廳整面落地窗應聲破裂，碎玻璃如炮彈破片般飛濺四射，噴得我滿身都是。待漫天塵煙慢慢散去，大夥趕快檢查，幸好沒有人員受傷。但瞬間震波威力過大，連隔著雙溪河的東吳大學建築物面向中影公司這邊的玻璃也全被震破；至善路對街幾棟民宅的玻璃門無一倖免。文化城蠟像館內的蠟像也受到損傷，所有玻璃櫃全應聲破裂。

首先趕抵現場的是一山之隔的官邸警衛，接著梅總經理的座車也快速駛入滿目瘡痍的製片廠，下車環視一圈，第一句話便問：「有沒有人受傷？」丁導演上前報告災情，不幸中的大幸是沒有傷及任何人。梅總經理鬆了一口氣，迅速指示製片組妥善處理，賠償被波及的東吳大學與馬路對面民宅的損失，並交代廠方儘快完成修繕。事後檢討，問題出在周子驤一時疏忽，沒告知工兵上尉那排看似結實的柱子其實只是木頭釘成的空心柱，工兵上尉將它們當作真的磚造廊柱來計算火藥量，導致爆破威力過大。

待一切平靜下來，煙消雲散後，場務領班要場務人手一把掃帚開始清理現場。丁導演一看，連忙大聲喝止，要求保持現狀！甚至還要加強被轟炸過的慘況，再添加一些東倒西歪的燃燒木頭；為營造氣氛，我找出場務準備的廢輪胎，四處點燃製造黑煙，守軍堡壘也堆上殘破的木條、磚塊。隨後拍攝日軍戰車架著輕機槍掩護步兵進攻的畫面；那台日本戰車其實是吉普車，套上戰車模型以假亂真。我方守軍英勇抵抗，仍擋不住日軍強大武力進逼，傷亡慘重，節節敗退。

廠區一角的建築物被改造成四行倉庫二樓窗口的第一排，設有重兵抵禦日軍進犯。但因為環境限制，這棟建物二樓的深度不太夠，前面架設好步槍、機槍之後，讓後勤兵補充彈藥的活動空間只有五、六呎深。我先把攝影機排好定位，告訴資深燈光師傅李亞東會拍到的範圍，他率領一群精力旺盛的年輕助理開始部署燈光，我則忙著跟周子驤研究彈著點的爆破位置。過了一會兒，李亞東師傅過來說燈光已打好，要我看看是否需要補強。我看了一下，這老師傅可真用心，連小小的角落都沒放過，可惜有時太過要求反而畫蛇添足，重演了《英烈千秋》山洞打光的問題。我除了注重鏡頭的角度，更重視畫面的深度，我建議他把後面一排燈關掉，他反問我關掉之後布景就顯現不出來，我回答他就是要這樣。把燈關掉後，畫面看起來是否比較有深度？他看了老半天：「好像是哦，你幹嘛不早講？害我們做白工。」最後落下一句四川話：「格老子！」

這個據點是四行倉庫的最後防線，對守軍非常重要。一般拍攝方式通常會遷就布景，將該處的戲集中以跳拍方式一起處理；譬如這部片的開頭與結尾的布景是同一處的話，就先拍開頭然後跳拍最後結局，拍完這個場景就讓出來或者拆掉；如果是租棚搭景就可以省下一筆可觀的占棚費。對於片約較多的天王巨星也用同樣的方式處理，但較嫩的新導演是否有此能耐就有待考驗。

一切準備就緒，日軍用野戰炮、機槍、步槍猛烈攻擊，幾乎是集中了上海所有兵力來攻擊四行倉庫，我軍承受空前的壓力，奮勇還擊，但死傷慘重。不料柯俊雄此時舊疾復發，副導演劉立立馬上拿了一條乾淨毛巾往柯小生的嘴巴裡塞，幾個場務把滿頭大汗的他扶到牆角休息，不知原由的工作人員緊張地探問柯小生得了什麼大病？需不需要送醫？一陣子之後，柯俊雄漸漸恢復，可以繼續拍戲，讓大家虛驚一場。服裝師幫柯俊雄換上戎裝，化妝師也替他弄成甫經激烈戰事的模樣，他集合部屬，在四行倉庫一角接受楊惠敏（林青霞）冒險渡河送過來的國旗，眾官兵為之動容，場面嚴肅感人。

結束了北部的拍攝工作，《八百壯士》外景隊移師高雄。拍攝之前，丁導演、劇務跟我先勘察七賢三路的愛河橋及附近街景的改裝進度，然後趕到港區查看海軍把二字頭驅逐艦改裝成日軍軍艦的情況。抵達時看到船已停泊在港區待命，丁導演便決定先拍攝日軍軍艦在揚子江口炮擊上海的鏡頭。次日，外景隊抵達港區，把攝影機搬上軍艦，準備開拍當天第一個鏡頭，此時發生了一件怪事，安裝在軍艦前頭炮台座上的兩門主力炮，原本只能由槍炮官依據艦長和作戰官的指令以電腦控制，此時竟開始自行亂轉，那時如果剛好有人站在炮管的旋轉半徑範圍內被掃到，不死也得去了半條命。槍炮官從沒碰過這種狀況，束手無策。

丁導演當機立斷，指示場務儘速購買祭品（牲禮、水果、炮竹、香、紙錢一樣都不能少）。

不久祭品送上艦來，擺在艦艄位置，全體演職員與槍炮官人手一炷香，在丁導演帶領下，口中唸唸有詞向東南西北各拜三拜，然後燒紙錢燃放炮竹。過一陣子果然奇蹟出現，炮座轉回原位一動也不動，誰都無法解釋這怪事。後來輾轉傳出，這艘驅逐艦原隸屬美國海軍，在第二次世界大戰期間與日本艦隊對戰，艦長在艦上殉職。有人解釋，我們居然把他的軍艦改裝成敵方軍艦，還準備炮擊與美國並肩作戰的中國盟友？難怪艦長不高興？更令人不解的是，這位美籍艦長竟能接受我國祭祀的習俗，怪吧？

當一切平靜下來，首先拍攝易原飾演的艦長帥氣十足的拿著望遠鏡觀察敵情，然後下令開炮，槍炮官接受指令依程序以電腦操作炮管開火炮擊。艦長滿意地點點頭，選擇另一個目標再度下令開炮，也順利擊中目標。雙炮靈活運作，順利完成此趟任務。雖然該艦也被國軍擊中甲板，但只是皮肉傷並無大礙。岸上國軍拚死抵抗，但戰力懸殊，擋不住日軍猛烈炮火，潰不成軍。

下一個拍攝場景，我們借用市區兩層樓高的國民中學屋頂露台，布置成四行倉庫的防禦工事，上頭每隔一段距離皆架有數挺輕機槍，旁邊還配備散兵以步槍抵擋還擊。敵方以猛烈火力集中攻擊我軍陣地，在槍林彈雨下，國軍在防禦工事的背面，奮勇以肉體堆砌豎立長杆，準備升起楊惠敏冒險送來的國旗。日軍見狀，更是加強攻擊，國軍前仆後繼死傷無數，終於成功在四行倉庫屋頂升起國旗，完成激勵民心的壯舉。全體國軍均以軍禮向國旗致敬，受傷的官兵也掙扎著想站起來，連躺在擔架上的傷兵也不例外，場面令人動容。

外景隊接著移動到七賢三路的愛河橋拍攝。這場戲是我軍被迫撤離死守多時的四行倉庫，利用黑夜衝過被日軍以強大火力封鎖的新垃圾橋，日軍除了在岸邊設有幾座強大的機槍堡壘，橋下兩邊也有兩艘機槍炮艇在水面上巡邏，我軍只能利用黑夜衝過層層包圍。外景隊的燈光組在白天開始安裝燈光器材，其他人則暫時回旅社養精蓄銳，天黑再回到現場。為營造氣氛，事先請劇務購買大批製造黑煙用的廢輪胎，同時為了方便拍攝，也通知警方協助交管。河中的兩艘炮艇是由海軍支援，水中爆破部分由海軍陸戰隊的蛙人爆破隊支援；橋上的爆破特效仍由周子驥跟他的搭檔小華主導，也另請工兵部隊的上尉帶領幾名班長支援，為顧及橋身結構安全，用藥格外小心，威力儘量減輕。

第一個鏡頭是從新垃圾橋的全貌帶到河面的炮艇、兩邊橋頭以沙包堆疊成我軍陣地，遠遠地還可看到一名婦人雙手各牽著一男一女的小孩躲在沙包旁邊。這時，所有準備工作就緒，我建議丁導演找場務點燃廢輪胎，演員做最後一次排練。高雄市區的空氣品質本來就不佳，加上廢輪胎點燃後的黑煙，戰場氣氛馬上顯現出來。丁導演用擴音器提醒所有演職員再試一次，但千萬不要點火爆破。這一回試戲的感覺大致都不錯，只做了小小的調整。正式來之前，導演組再三叮嚀演員，千萬要避開爆破點，安排被擊中倒地的武行萬一被其他演員踩踏到也不要有反應。

「我們正式來！」丁導演一聲令下：「開麥拉！」攝影機開動，炮火交織，煙霧滿天，爆破點配合日軍的炮擊一一爆破，扮演我軍的演員壓低姿勢快步衝過火網，某些被槍炮擊中倒下的官兵也被同袍扶起一拐一拐繼續往前走；整個畫面驚心動魄，偶有一團黑煙飄過鏡頭，更增加臨場效果。直到丁導演喊出一聲宏亮的：「卡！」大夥才猛然從驚天動地的夢境中醒來。丁導演滿意喊OK，準備拍攝下一個鏡頭。大批演職員一直工作到天空開始露出魚肚白，導演才宣布放學。天亮之後，大家與身旁的工作夥伴互看，早被煙燻得連誰是誰都認不出來。回到旅社進了浴室，看著鏡子完全不像人樣，整張臉被燻黑了不說，連鼻孔裡挖出的都是黑灰。我隨便沖個澡倒頭就睡，中午有場務送便當過來讓我們填飽肚子，吃完繼續睡。如此日夜顛倒的工作持續七天之久。

最後一天的重頭戲是謝晉元團長率領殘餘部屬衝過日軍以強大火力封鎖的新垃圾橋。柯俊雄騎在戰馬上揮舞著指揮刀，向周圍官兵使個眼色便策馬帶頭往前衝。日軍指揮官見狀下令集中火力攻擊橋面，其火力強大的程度連我在觀景器中也感到震撼。謝團長率領英勇的部屬突破槍林彈雨、爆炸連連的險境，成功抵達彼岸，調轉馬頭回望，看到所有弟兄終能脫險，暫時鬆下一口氣。來助威的民眾此時歡聲雷動揮舞著國旗，激動迎接八百壯士殘部與謝團長。謝夫人牽著幼子幼女衝上前去，與剛下馬的丈夫相聚，四人緊緊擁抱在一起，此時無言勝過萬語，點滴在心頭，助威民眾都為之淚下。

拍攝此類戰爭場面，較先進的國家如美國、日本會使用特製的煙霧彈來營造氣氛；但我們的預算只能土法煉鋼，用燃燒廢輪胎替代。那時候還沒有環保意識，民眾也不識戴奧辛這種世紀之毒對健康與環境的嚴重影響，我們在短短七天裡就燒掉四大卡車的廢輪胎，也讓該地原本就不好的空氣品質更加惡化，真是抱歉。不過話說回來，現在要我選擇，我仍然偏好黑煙效果較佳的廢輪胎，其熊熊火光也為戰爭場面加分不少。回到家後，我的衣物都還有股怪味，得反覆洗過幾次才去得掉。

清理高雄七賢三路愛河橋上的廢棄物就花了清潔工整整兩天時間，燒過的廢輪胎裝滿兩大卡車，美術組的布景師傅也儘速把愛河橋及周邊商家回復舊觀。概括說來，這場壓軸戲由受過軍事訓練的丁善璽導演指揮，全體演職員及軍方支援的長官弟兄們——當然還包括當地警方的配合——通力合作，順利完成任務，我也自認對這次戰爭場面的處理與掌控加分不少。

《八百壯士》外景隊回台北補拍一些零星鏡頭，休息了幾天，又南下到大鵬灣拍攝外景。為了拍攝這場日軍大規模登陸的戲，公司召集陸軍、海軍、陸戰隊、艦隊、蛙人部隊及相關領導層級的重要幹部，並事先製作當地的大型模型做沙盤推演。丁善璽導演像個作戰總指揮官詳細全盤說明：拍攝範圍很廣，距離岸邊最遠的海面是日軍軍艦，航行至定點時就向岸邊炮擊；第二層是日軍的運輸艦隊緩緩向岸邊推進，同時進行炮擊；第三層的登陸艇載送步兵向岸急駛，抵達沙灘時打開閘門讓步兵下艇往前衝；萬一無法靠岸，也會開閘讓步兵涉水登陸；以上是日軍的部分，丁導演指著沙盤，向海軍指揮官與所有工作人員詳細說明。

在岸上的我軍挖了三道壕溝，步兵以輕機槍阻止日軍推進，後面還有一道沙包堆成的陣地，由防禦最高指揮官（張沖飾演）率領精銳部隊抵禦來犯日軍。爆破點分為海上與陸上，海上爆破請蛙人部隊負責，岸上的爆炸點與彈著點請周子驥規劃並與工兵部隊分頭執行，同時由攝影師指定位置讓場務放置廢輪胎燃燒。拍攝當天預計十點鐘準時運作，以距離最遠的日軍艦隊航行到定點開第一炮為訊號，代替導演的開麥拉命令，所有參與團隊聽到炮聲等同正式開拍。

這是我展現功力的好機會，我的任務是開機 Zoom in 到五百毫米，一路跟著日軍旗艦 Pan 到旗艦發射第二炮，停止 Pan 動然後慢慢 Zoom out 到五十毫米拍攝全景，然後右 Pan 到我軍最後防線，再 Zoom in 到指揮官張沖指揮若定的半身畫面，給他一個訊號，讓他手持望遠鏡監視戰情一會兒之後就關機。第二副機由後起之秀張惠恭掌機，安排在右邊中段主拍日軍步兵攻入我軍壕溝的畫面，另外增加三號機，由廖本榕拍攝日軍搶灘的畫面，全部維持開機狀態捕捉兩軍短兵相接的肉搏戰，把四百呎的底片全拍完。

拍攝當天，全體工作人員及各軍種支援官兵一大早就陸續來到現場開始準備工作。上午八點就有高雄市政府官員、警局首長、部隊的高級長官應邀參觀這場史無前例的「海陸聯合演習」。這些賓客攜家帶眷，很快就坐滿一座專門給政府官員參觀軍事演習的鋼筋水泥參觀台。九點四十五分，各小組紛紛傳來準備就緒的訊息，丁導演下令要大家再確實檢查，我們三架攝影機先拍板調整轉速，此時也聽到丁導演的擴音機聲：「倒數二十秒！」我的攝影機 Zoom in 到底左 Pan 等待旗艦入鏡，十五秒、十四秒、十三秒、十二秒、十一秒、十秒……副導演劉立立倒數到五秒就停止，靜待旗艦的第一發炮擊，此時四下雜音全部靜止，大家把目光集中在戰場上屏息以待。我的攝影機開機，趕在旗艦行駛到定位擊發歷史上的第一炮，然後第二炮，第三炮之後是水中爆破開始引爆的訊號，我慢慢 Zoom out 看到第二艘軍艦繼續繞行，看到第三艘軍艦的同時水中爆破衝出水柱，鏡頭快到岸邊時告訴副導演，她大聲提醒工兵部隊，馬上啟動海灘上此起彼落的爆破，鏡頭快 Pan 到我軍防線之前，我通知在右邊等待的周子驥，他信心滿滿的說：「看我的！」我繼續慢慢 Zoom out，但在觀景器上看到的畫面好像缺少了些什麼，明明燒廢輪胎的煙跟火很旺，工兵部隊的爆破點一個都沒有失誤，依原設計的場面不該僅此而已，應該更壯烈才對，不是嗎？我正狐疑時，旁邊傳來高聲卡卡卡，連喊三聲卡；這個緊要關頭喊卡的卻不是丁導演，不是副導演，而是周子驥，我在想著：「卡是你喊的嗎？」

早年有部王引執導演、主演的電影《女人遇強盜》，由模範攝影師賴成英掌鏡。王引的演技公認一流，但脾氣霸道目空一切。某次拍個四十毫米寬角度鏡頭，演員背著鏡頭向左走遠，王導演交代攝影師說演員出鏡就可以喊卡，但寬角度鏡頭涵蓋的範圍很廣，要演員出鏡談何容易。王導演遲遲等不到攝影師喊卡關機，氣極敗壞的責罵賴成英：「為什麼不關機？你是存心浪費我的底片嗎？」另一次是演員衝出景框，攝影師主動喊卡，王導演又破口國罵：「卡是你喊的嗎？」讓我們這位模範攝影師左右為難。

所以，在這種緊要關頭喊卡真會壞事，我依舊老神在在，你再怎麼喊卡，我還是專注在我的任務上，繼續 Zoom out 至五十毫米最寬的畫面，然後依原計畫慢慢右 Pan 帶 Zoom in，雖然畫面沒有預期的壯觀，但工兵部隊的爆破點每發都準時爆炸，配合我的指揮，廢輪胎冒出的火煙補強了效果，鏡頭最後 Zoom in 到張沖的半身，這時我指示副導演大聲提示張沖，他把望遠鏡拿下，眉頭深鎖的遙望遠方，這個前所未有難度很高的任務總算完成。

這時丁導演大聲喊卡，我喘了口氣，全身衣服已濕透。觀禮台上的賓客爆出如雷掌聲，表達對這一批參與工作的全體演職員及支援的海、陸官兵的鼓勵。海上的艦隊紛紛發射剩餘的空包彈當禮炮回應，在場支援的全體官兵與所有工作人員臉上綻放出笑容，高興地跳躍歡呼。前來支援的艦隊發出長鳴各自掉頭回航，艦隊分別來自馬祖、金門、澎湖、基隆等地，這也是沙盤推演時的約定；不管拍攝成果如何，我們僅有一次機會，事先已協調整合來自各基地的大小船艦，各自算好航程航線，在約定的時間點上出現，依計畫準時開炮，然後結束任務，直接返航，根本就沒有重來一次的可能。這種時候，打死我也不會中途聽到有人喊卡就關機，要完成一件大事，天時地利人和缺一不可。

事後追究，原來問題出在周子驥的兩個引爆用的十二VDC電瓶，他辯稱為了這個難得的機會，還特地親自跑到礁溪兵工廠挑選最新出廠的新電瓶，但忽略了新電瓶沒充電的話還是不會有電，因此他負責的爆破點都沒有引爆。所以，任何事前檢查，再小的細節都絕不能漏掉。這是一次慘痛的教訓，長達一分鐘史詩般的壯烈炮戰、精彩無比的戰爭畫面是我展現攝影功力空前絕後的最佳機會，卻毀在兩顆嶄新的電池上？周子驥向眾人鞠躬道歉，也向前來支援的工兵部隊致謝。這段極難操作的鏡頭少了關鍵的爆破畫面，失色不少，丁導演只得把它剪得支離破碎，中間插入副機捕捉到的肉博戰，再補入一些零星畫面，外景隊打包回台北待命。

回台北只休息了一天，明驥廠長告訴丁導演，中影製片廠新建的游泳池剛完工，現放滿了水做漏水測試，跟廠商約定明天會放掉池中的水。這座游泳池具備水底拍攝功能，可拍攝楊惠敏身負國旗渡江，在水中潛泳避開日軍嚴密監視的畫面。林青霞先前已經努力鍛鍊泳技，也能在水裡潛游一段時間。這個機會難得，丁導演馬上發出通告給相關人員，不幸的是當天寒流來襲，氣溫逼近零度，水底下的溫度只會更低。丁導演面臨演員安全與進度、製片預算的雙重壓力（如果今天不拍將損失一個工作天，游泳池的水放掉之後需要好幾天的檢查，確定完全滴水不漏才能再灌水，而這整池的水也將由《八百壯士》製作費支付），身兼本片助理製片的明廠長也不敢輕易做決定，他勉為其難詢問丁導演，導演左右為難，說：「就看青霞了，如果她拒絕，我們今天就收工。」沒想到我們這位出身眷村的山東大姑娘豪氣十足的說：「導演要我下水，我就下水。」丁導演鐵了心：「那我們就來吧。」

攝影組很快就把機器架在專為拍攝水底鏡頭的窗口，隔著強化玻璃可一覽無遺看到整座游泳池，我告知林青霞潛游的方向，試游一次，然後略為修正方向，打板正式拍，Take1 她自認游得不夠理想，要求 Take2，等於她在低溫的水中游了三趟。這一次她拚了老命地游，我的鏡頭看起來很好，工作人員不待她浮出水面，場務組幾個年輕小伙子連衣服也沒脫就直接跳進水中把軟綿綿的林青霞拉到池邊，七手八腳把她拉出水面，這時她臉色發紫、全身癱軟幾乎休克。池邊的副導演劉立立、場記朱純思、化妝周玲子、助理周玲完等娘子軍趕緊用大毛巾將她包裹起來全身按摩，不多時，她才逐漸清醒過來，第一句話便問：「攝影師，我游得怎麼樣？需要再來一個嗎？」我對她豎起雙拇指表示很棒，丁導演也喊出響亮的ＯＫ，大家熱烈鼓掌，敬佩她的敬業精神。

《八百壯士》拍攝的底片全交給製片廠技術組沖洗，雖然當時中影公司與香港宇宙彩色沖印公司合作，在士林製片廠一角建造沖印廠，但仍在試車階段，沒有能力印製彩色拷貝。當時，從中影公司離職的前技術主任陳棟先生與投資人在士林創立大都沖印，同時帶走好幾位菁英（也是農教時代練習生出身的成員），此時大都已經研發出印製彩色拷貝的能力，但是我們基於與宇宙公司的關係，只能捨近求遠，將片子送去香港。為確保最佳品質，我奉命帶著彩色底片及聲帶片，陪同該公司的配光師一起飛到香港。

《八百壯士》耗資新台幣三千萬元、軍方支援七萬人次、子彈五萬發、海軍炮彈兩百發、軍艦三十艘、槍枝一千枝、TNT三千磅、改裝飛機十五架、底片七萬呎，同年四月十四日宣布殺青。第二十二屆亞洲影展在韓國釜山舉行，榮獲最佳影片，林青霞為三位最佳女主角之一，徐楓得到最佳女演員金皇冠獎牌特別獎。第十五屆金馬獎，《八百壯士》獲頒發揚民族精神特別獎，行政院副院長頒發大型金馬獎一座；影評人協會選出年度十大影片，《八百壯士》入選十大國片第二名。

拍攝《八百壯士》現場。

《辛亥雙十》港台合作

拍完《八百壯士》之後，中影繼續拍攝愛國史詩鉅片，包括一九七六年的《梅花》，一九七七年的《筧橋英烈傳》，由於這兩部戲都不是與丁家班合作，所以攝影工作就由其他人負責。我當然閒不下來，幾年間馬不停蹄接拍新戲，甚至還接受左宏元先生之邀，扮演了一回導演的角色，自己寫劇本，自己拿起導筒喊：「開麥拉！」這段經歷留後再敘。

一九八一年，距離《八百壯士》上映已經好幾年了，我正與左宏元先生討論繼續合作，突然接到總公司來電，明驥總經理召見，請我從速報到。我驅車前往位於西門町新世界大樓的中影總公司，明總經理已在辦公室等候會面：「文錦，這一次要委曲你了，聽說你要為左宏元先生導第二部戲，對吧？」我回道：「承蒙左老闆看得起，第二部電影已籌備妥當準備開拍。不過，您剛剛提到的委曲是什麼意思？」明總說：「是這樣子，中影公司跟香港邵氏合拍新片《辛亥雙十》，是一部歷史大戲，編劇是丁善璽、小野，他們指名攝影師非你不可。文錦，你怎麼看？」我沉思了一下，換作別人的話我可能會拒絕，但我向來視明總經理如長輩，他為人公正無私，一直很照顧我，同時這部又是老朋友丁導演的戲，只能恭敬不如從命，回頭就把左老闆的電影給辭了。雖然可惜，但我跟明總經理、丁導演所歷經過的革命情感，是外人無法體會的。

《辛亥雙十》故事始於廣州黃花崗起義失敗後，同盟會派元老到武昌組織文學社以及共進會，推舉孫文為領導，擬定下一次起義計畫。一九一一年十月十日，陸軍測繪學堂和工程營中的革命軍率先起義，兵分三路攻打湖廣總督府。次日攻陷武昌城，革命風暴席捲全國，終於推翻了腐敗的滿清政府。

《辛亥雙十》網羅港台當紅演員，邵氏公司派出狄龍、林鳳嬌、爾冬陞、汪禹、羅莖、楊志卿、陳觀泰、楚湘雲、陳思佳、王萊、外籍演員詹森。中影公司也派出台灣一線紅星柯俊雄、王道、王玨父子、凌峰、劉德凱、王復室、雷鳴、徐明、劉皓怡、伍克定、楊書聖、黃天儒、于世耕、江洋、苗天、葛天、胡威、金士傑、蕭容、張家泰等堅強陣容。開鏡儀式選在台北賓館舉行，由國民黨祕書長蔣彥士主持，邵氏公司邵逸夫爵士也自香港趕來參加。片中飾演烈士的狄龍、王道、爾冬陞、王復室、凌峰、楊書聖等人均為戲薙髮。

《辛亥雙十》的外景遍及全台，主景包括台南的億載金城，在此拍攝孫中山先生親自指揮鎮南關之役的外景；在安平的紀念碑拍攝革命軍的集結地；在后里七星崗拍攝千人閱兵場面。為了就近調用軍方戰馬及場地之便，我們在后里砸下巨資搭建占地廣闊的湖廣總督府，包括衙門、街道、牌樓、軍營與許多民房，動用軍方支援八百餘名戰士、六十匹戰馬，另請地方政府支援十二部消防車。爆破特效由周子驥率領九位工兵組成的小組負責，總計埋設爆破線一萬碼、黃色炸藥一千磅、黑火藥一百公斤、汽油八百加侖、煤油二百加侖、水泥一千袋、麵粉兩百袋、黃土五百包，預計在最後一場戲將湖廣總督府夷為平地。

為了拍攝這場革命先烈攻打武昌城的重點戲，我們製作立體模型來做沙盤推演，推敲攝影機的鏡位和運動，光是沙盤推演就做了許多次，因為布景一旦炸毀就無法修復，務必一次ＯＫ。沙盤推演完成後，決定史無前例地動用十一部攝影機，分別安置在每個角落，每一架攝影機都要捕捉到最好的畫面，既要顧慮到攝影人員的人身安全，也要避開被其他攝影機拍到的可能。我回中影請求支援機具人員，不足之數則向同業租用，安排這十一架攝影機的責任就落在我身上，這一段時間我有如陀螺般轉啊轉的，白天拍攝武昌城的日戲，偶而參加沙盤推演、調兵遣將、挑選攝影師與攝影器材，還利用空檔時間繞著場區轉，持續尋找理想又安全的鏡位。丁導演非常關心這一場激烈戰役，要大家牢記每一個環節。武昌城占地很廣，丁導演配合布景組的作業邊搭邊拍，這天，布景組領班回報，整個武昌城已按圖施工完成，也就是說隔天就可以拍最後的攻城戲了。

我抽空回故鄉豐原，請親戚來后里現場參觀，也請家母務必前來。回到現場，十一架攝影機與攝影師林贊庭、林鴻鐘、廖本榕、張世軍、張惠恭、閻崇聖、余是庸、李屏賓、倪重華、翁岩生全員到齊。最難得的是前輩林贊庭特地放下他的工作前來支援，我萬分感激。我先帶他們參觀現場，讓他們掌握起碼的位置概念與攝影角度；林贊庭的 Mitchell Mark II 攝影機就放在後山，居高臨下拍攝全景。

當天是早班通告，燈光部門全體同仁在支學福的指揮之下，用粗麻繩把笨重的燈一一吊上燈架，準備打光工作。每位攝影師也按照我選定的鏡位架設攝影機，並利用道具、布景遮掩攝影師與助理；同時在該處插上一面紅旗，以免爆破人員誤裝炸藥。此時碰到周子驤，我開玩笑揶揄他：「電瓶有沒有充飽？」他一本正經的回答：「林桑，您放一百個心，我借了一部小型發電機，其他的用電瓶補充，每個電瓶都用電表量過，保證萬無一失。如過再出錯的話，我就改行！」我想，爆破專家周子驥改行能做什麼？對其他人或其他行業，到底是喜還是憂？我的鏡位就選在能拍攝全景的位置，架好 Mitchell NC 後再次巡視全場，並再三告訴所有人安全第一，萬一爆破危及人身安全時立刻放棄拍攝，先躲到安全位置保命再說。

《辛亥雙十》在后里搭景拍戲的消息早就傳開，附近居民聞風而至，有些特別從遠地開車前來，沒多久外圍就聚集許多看熱鬧的人。我們在安全範圍外的觀眾參觀區設有十步一崗的哨兵防止群眾穿越，造成危險。我在場內巡視，聽到好像有熟悉的聲音在喊：「舅舅！」回頭一看，是我的外甥女還有我的母親與兄弟姊妹，他們一起來探班，我特別讓哨兵打開防線讓他們進來。母親看到我格外高興，拍拍我的肩問我累不累？不會！能做自己喜歡做的事怎麼會累呢？我把跟戲的兒子叫過來問候阿嬤，母親開心的摸著他們的頭說，怎麼曬得這麼黑？我跟母親說：「跟我來，我帶妳去見妳另外一個女兒。」然後把大姊也一起叫來，她們倆覺得莫名其妙，跟著我走進民宅布景中的化妝室。

我找到剛化完妝的林鳳嬌，向她介紹：「這位是我媽媽；林鳳嬌的母親。」林鳳嬌一聽，眉頭一皺，不知道我葫蘆裡在賣什麼藥。我把大姊拉過來：「這位是我姊姊，她的名字也是林鳳嬌。」演員林鳳嬌恍然大悟。我這時才跟母親說，這位是紅遍天下，大名鼎鼎的電影明星，跟姊姊同名同姓的林鳳嬌。母親生平沒見過什麼大人物，一時不知所措，只能上上下下打量眼前這麼漂亮的明星，尤其看到林鳳嬌一雙又白又嫩的玉手，跟我們鄉下人長滿厚繭的手完全不一樣。然後母親不知從哪來的勇氣，開口問著：「我可以摸妳的手嗎？」當然可以！林鳳嬌大方的伸手握住我母親的手，兩人雙手緊握四目對望，空氣中瞬時洋溢溫馨。母親握著林鳳嬌的手久久不放，突然好像從夢中醒來似地縮回手：「歹勢啦。」此時林鳳嬌反而提出讓我也意料不到的請求：「我可以抱抱林鳳嬌的媽媽嗎？」母親不知所措，林鳳嬌沒等到回應就趨前張開雙手緊緊抱住我母親。也許是我的幻覺，但我似乎有聽到林鳳嬌小聲的喊了一聲：「媽。」此時此景有如沉浸在溫馨的夢中，我希望可以停格到永遠，可惜馬上就被準備道具的工作人員大聲喊叫打斷，我似乎看到林鳳嬌的眼眶也微微泛紅。這絕不是在演戲，而是真實的真情流露（不知道林鳳嬌的親媽媽是否健在？）。林鳳嬌也大方提議到外頭拍些照片留念。我的親姊姊林鳳嬌，年輕時也是村子裡的大美人，她出國旅遊過海關時，常被誤認成電影明星林鳳嬌，還得花時間解釋。

此刻各部門陸續回報準備就緒，喊得最響亮的當然就是周子驥，他身邊站著工兵上尉，再三強調這次絕對不會出差錯。丁導演回說那就好，宣布先放飯。我預先幫家母親友預訂的便當不夠，林鳳嬌還交待劇務挪兩個出來應付。天色漸漸昏暗，各路支援人馬（飾演革命軍、清兵、老百姓的臨時演員與前來支援的國軍）都已到齊，副導演再三檢點各部門的準備狀況，回報給丁導演。

時辰到，我們正式來！丁導演坐在兩層高台上的導演椅大聲提醒所有人，這個鏡頭只有一次機會，只能成功不許失敗。這時除了馬匹偶而傳出的馬蹄聲外，四下寂靜無聲，事先架好的燈光一盞一盞亮起，照亮了整個武昌城，圍觀的群眾在等待許久之後也爆出如雷的歡呼聲。丁導演下令：「預備——開麥拉！」所有攝影機同時開機，一群革命軍騎著戰馬攻城，丟出一顆又一顆土製炸彈，爆炸聲此起彼落，跟隨在後的步兵拿著火把，四處潑油點火燒營房，頓時火光四起。這時清兵才發覺受襲，趕忙著裝應戰，跟革命軍的騎兵迎面遭遇，發生混戰。騎兵居高臨下揮刀看到清兵就砍，下手一點也不留情。湖廣總督衙門是革命軍主要的進攻目標，也是設置最多爆破點的地方，牆壁禁不住一連串的爆破攻擊應聲倒塌，兵營失火，臨近的民宅也跟著遭受池魚之殃，在睡夢中驚醒的老百姓扶老攜幼紛紛走避逃命，整個武昌城陷入一片熊熊火海，烈焰直衝天際，照亮整片夜空。布署在衙門裡的精銳清兵傾巢而出迎戰革命軍，頓時火光交織，雙方爆發激烈的肉博戰，死傷慘重，最後清兵終於敵不過英勇的革命軍，傷的傷，逃的逃，其餘紛紛棄械投降。丁導演滿意地喊卡，各部門馬上檢點人馬，一切無恙，大家這才鬆下一口氣。

這一場火燒武昌城的戲進行得很迅速，因為所有布景都是木造建築，一點燃後馬上燒得不可收拾，沒幾分鐘就把遼闊的布景燒成斷垣殘壁。這些驚險萬分的畫面雖然精彩，但我擔心的是攝影師與所有同事的安全，幸好大夥都平安完成任務。我以感恩的心跟前來支援的攝影師一一握手致謝，此時，曙光升起，我們繼續拍攝戰後仍有殘火飛煙的廢墟，結束這場武昌城之役。

由於本片是與邵氏公司合資製作，台灣部分的拍攝工作進入尾聲後，丁導演帶領部分演職員前往香港邵氏製片廠取景。林鳳嬌在香港同樂樓備齊豐盛的山珍海味，以地主身分宴請台灣過去的工作夥伴。席中，主人林鳳嬌挾了一整顆紅燒鮑魚走到我面前，開口說道：「這一顆敬林鳳嬌的媽媽，請代為接受。」她突如其來的舉動讓我嚇了一跳，雖然她跟我母親只有一面之緣，但她的貼心與良善之心仍讓我感動不已。「媽，您有孝的電影明星查某囡仔林鳳嬌敬您的這顆紅燒鮑魚我代為接受，您有歡喜嗎？人講母子連心，這陣不知您有感受到嗎？」

辛苦了三個多月，《辛亥雙十》終於殺青。同年十月五日在香港文華戲院午夜場首映時票房爆滿，十月九日台港兩地同步上映，票房再創記錄。教育部頒發優秀教育影片獎，該片也入選年度十大國片第八名。共獲得第十九屆金馬獎劇情片、男主角王道、童星于世耕、美術設計張季平、服裝設計曹莊生、原作音樂駱明道、電影插曲成明／琳妮、錄音謝義雄等共八項提名。最後榮獲最佳劇情片、最佳電影原作音樂、最佳電影插曲等三座金馬獎。

從《英烈千秋》到《辛亥雙十》，我為中影公司的幾部史詩大戲掌鏡，因此也被公認為處理戰爭戲的能手。

正因如此，某天《筧橋英烈傳》的周慶鷹製片私下來找我，說戲已經拍了三分之一，但張曾澤導演想找我去接手，特別提到張導演很欣賞我處理戰爭場面的氣氛。我回答他，《筧橋英烈傳》同樣是中影公司的戲，攝影師是同事也是多年的好友，我不能這麼做。其實，我跟張導演曾合作過幾部電影，也有濃厚情感，任何請託在所不辭，唯獨這種要求萬萬不能答應，哪怕是高層下令我也會抗命。周製片號稱中影第一製片，辦事能力一等一，向來沒什麼是他談不成的事情。血型A型的我多愁善感，不想為難他。我說如果他能作主的話，我可以有條件答應，即刻打包南下（《筧橋英烈傳》在台南拍攝）。周製片喜出望外，拍拍胸脯說什麼條件都好說。我問他們，認為現在的攝影師無法勝任？他回答不然我大老遠從台南跑上來找你幹嘛？那他之前拍的片子當然也不夠好？周製片沒答腔。我的條件很簡單，把之前已拍好的片子通通燒掉，全部重拍。周製片回答不可能。那就請轉告張導演我另有片約無法抽身，謝謝抬愛。

後來該片由同一位攝影師繼續拍攝，期間我也應邀帶著攝影機南下支援大場面的戰爭戲，盡我所能把十八般武藝全貢獻出來，例如指導放置廢輪胎增加戰爭氣氛。張曾澤導演看在眼裡，應該會覺得我不是不念舊情的人。當時前來支援的還有前輩林贊庭。為了答謝我們的協助，成功完成空對地的激戰場面後，張導演特別設宴款待，餐畢回旅社途中，張導演有說有笑，high 到極點，後來我發現他的左手很自然的搭著我的肩，林贊庭與該片攝影師反被張導演冷落一旁。

事後那名攝影師傾吐滿腹委屈：張導演要求非常嚴格，尤其戰爭場面更是求好心切，要求攝影師準確抓住每一個爆破點，要攝影 Pan 鏡頭，又 Zoom in，最後要 Zoom out，如果中間沒抓到重點就要求重來。要知道攝影師喊ＯＫ是要對影片負責，ＯＫ就是ＯＫ，如果不夠好，可以要求重來。有時鏡頭拍完後，張導演首先問主機攝影師，他沒辦法立刻回答，因為自覺中間有重點沒抓準，想要道歉要求重來。這個時候，副機攝影師卻跳出來說我這邊ＯＫ。張導演聽到這麼堅定的回答，龍心大悅，心想好不容易發掘出一個新秀，將來一定要重用他。但為保險起見，還是重新安裝爆破點，再拍 Take 2。這種情況一而再，再而三的上演，讓張導演對主機攝影師失去信心，漸漸冷落他，反而對副攝影師讚譽有加，所以才發生周製片私下求助於我之事。

後來主攝影師私下問副攝影師：「你真了不起，我抓不到的爆破效果，你一個都沒漏，到底

右上：為了拍攝《辛亥雙十》的工程爆破大場面，出動了十一組攝影機和工作人員。

左上：《辛亥雙十》中轟垮武昌城的大炮及工作人員。

左下：支援拍攝《筧橋英烈傳》，左起林鴻鐘、林文錦、張曾澤、林贊庭。

行不行啊？」副攝影師回答得妙：「導演不是要信心嗎？我就給他信心。」等毛片出爐，大家看了都傻眼，副機該 Pan 的都有 Pan，Zoom in、Zoom out 也都做了，但不是太早就是太晚，該抓的爆破點一個都沒出現在大銀幕上，他的行情也從天上一落千丈到跌停板；很少用雙機攝影的張導演此時也跟著夢醒。

先前還有一次，張曾澤導演為國泰電影公司拍攝大型製作《紅鬍子》（1971），在后里馬場附近搭了雄偉布景，該片攝影師是農教練習生出身的洪慶雲，他曾與張導演合作過幾部叫好又叫座的電影，如《路客與刀客》。但洪慶雲已先應允了台灣邵氏公司潘壘導演的電影《劍》（1971），無法將《紅鬍子》全部拍完，他想提拔同是農教練習生出身的攝影師（當時的副攝影師）接替，也得到張導演的首肯。當洪慶雲接到邵氏的通告離開后里後，副攝影師接手，張導演卻私下派了他的製片方可來找我，要我一起去后里見張導演，不然，到后里外景露個臉也可以。我心想不知他們在玩什麼謀略？當下拒絕。我說洪慶雲、副攝影師跟我都形同手足。我請方製片轉告張導演，感謝他看得起，我心領了。即便方可是個能說善道、八面玲瓏的製片老手，這次同樣空手而歸。

第五章 馬不停蹄

靈異、黑道、娘子、水玲瓏

在《八百壯士》和《辛亥雙十》之間，我和丁導及丁家班都沒閒著，新戲一部接一部開拍，可說是馬不停蹄。

帶著《八百壯士》去香港完成彩色拷貝印製工作之後，中影另組團隊續拍愛國大片《梅花》和《筧橋英烈傳》，因此我隨即辦理外借，參與丁善璽導演新片《陰陽有情天》（1976）的拍攝工作。丁導演篤信佛教，私下透露他籌拍這部電影與他那次在美遭遇重大車禍卻似乎冥冥中受到庇佑有關（見前文所述）。回台後他按照指引跑到中壢偏遠郊區一座供奉觀世音菩薩的廟宇祭拜，產生靈感編寫了這部劇本。我依稀記得這部愛情文藝片有靈異元素，來自不同世界的男女主角偶然相遇，因緣際會下終於結成連理。

《陰陽有情天》的男女演員都是一時之選：徐楓、秦漢、張沖、靈芝（丁導演夫人蕭容的藝名，飾演觀世音菩薩），都跟我合作過。有別於先前的風格，丁導演這次選景皆以靈性取向，譬如蝙蝠洞這個拍攝現場，要循著小溪涉水走上十幾分鐘才能抵達，清新、原始，完全沒有人為污染，再燒些稻草煙隨風飄動，有如置身仙境。該片雖然跑遍全台取景，但拍攝工作如期完成。

丁家班接著加緊拍攝描述日本黑勢力組織的片子《黑龍會》（1976），這是一部激烈的綜合武打動作片，描述「黑龍會」這個赫赫有名的第一大幫派背後有日本海軍撐腰，恣意橫行，弱小幫派被逼到難以生存，於是攜手合作試圖以弱擊強。編導仍由丁善璽一手包辦，攝影由我掌鏡，主要演員是嘉凌、張翼兩位動作明星，還有演技派的郎雄與陳莎莉。

《黑龍會》攝製期程與《八百壯士》有所重疊，兩片時代背景相似，而且也

《陰陽有情天》丁家班劇組合影。

需要拍攝軍艦的畫面，因此在拍攝《八百壯士》時，丁導演特別交代我把私人的攝影器材帶著備用，也事先取得軍方派來監拍的軍事顧問首肯，利用《八百壯士》的休息空檔時間召集丁家班人馬來到現場，準備妥當後喚醒我，利用得來不易的場景加拍《黑龍會》臨時特別通告。器材當然全用自己帶來的，而非中影公司的。丁導演設想周全，就是不想落得公器私用的嫌疑讓人閒言閒語，他向來公私分明，不投機循私，這種心態跟我的性格不謀而合。

雖然已經如此小心處理，還是耳聞有人向中影公司打小報告，說我利用公司的攝影器材私下拍攝別家公司製作的影片，但始終沒有人來正式調查，我也就不去理會了。如果真要加罪於我，頂多只是利用公務休息時間出賣專業，這在人事資料上絕對少不了一筆不良記錄。但清者自清，我自認問心無愧，這段時間持續為《黑龍會》拍了許多珍貴畫面，節省寶貴的預算與時間。

丁導演無時無刻不為片商老闆精打細算，《黑龍會》的演員除了演技、動作都沒話說，最重要的是他們都不軋戲，全天候待命等通告，隨傳隨到，拍起來特別順利，經常能提早收工。有時丁導演也會臨時調度，把次日要拍的鏡頭提前拍攝，能拍多少算多少，如此也省下大量時間。《黑龍會》打破記錄提前殺青，勞資雙方皆大歡喜。雖然如此，該片並不因縮短工時而草率了事，作品也在水準之上，票房自然不惡。

《黑龍會》提前殺青，我回中影公司參加新片《水玲瓏》（1977）工作，由編劇名家徐天榮擔任導演，編劇署名谷原（可能是徐天榮的筆名）。我掛名攝影指導，攝影是孫材肅，這是中影公司培育新人掌鏡的新作法。徐導演大失所望，他當初向執行製片明廠長申請的攝影師是我，明廠長也口頭答應，突然變卦讓他只能勉為其難接受。徐導演私底下問我，孫到底行不行啊？我說應該不會有問題吧。結果孫材肅口才一流反應快，在勘景期間就取得徐導演信任，我也因此樂得輕鬆。

《水玲瓏》以民初為時代背景，是中影公司首部以花拳繡腿為主的純娛樂片，演員網羅港台當紅明星：岳華、嘉凌、羅烈、黃金儀、胡茵夢、田豐、葛香亭、蔡弘、歐陽莎菲、山茅、苗天，吳家驤、葛小寶、黃國柱、劉傅華、潘潔漪。拍攝期間除了極度困難的鏡頭由我親自掌鏡之外，其他都交由孫材肅操作。

有一天要趕拍胡茵夢的戲（她同時接拍白景瑞導演的《人在天涯》，劇組當天都在等她），為了爭取時間，就近在北投拍攝。這是民初戲，當然不允許有電線桿之類的現代物件出現在畫面中。我整天趕拍這位號稱第一尤物的戲，她身著唐裝，頭戴呢帽，風度翩翩，氣質出眾。快到夕陽下山時，只剩一個鏡頭未拍，想換地方，時間又不允許，只好被迫將攝影機架在移動車上，將鏡頭對著她的半身，隨她走動跟拍，偏偏背景有棟公寓大樓怎麼都避不掉。我只好將鏡頭推進到只框住她的上半身，在漸黑的天色中放大光圈拍攝（光圈與景深有密切關係，光圈縮得愈小，景深愈深，反之效果相反）。

我試 Pan 了幾次，背景的公寓大樓看起來只是白茫茫一片，根本看不出形狀應該不會穿幫。當然，用長鏡頭執行跟拍有其難度，我把攝影機交給孫材肅，讓他試了兩次之後正式拍，一次就ＯＫ了，大家以熱烈掌聲歡送這位巨星離開去趕場。我萬萬沒想到，孫材素發現自己跟拍時根本無法穩定抓住演員，偷偷 Zoom out 鏡頭，調到框住七分身，這樣一來雖然比較好操作，但他沒考慮到鏡頭放寬時景深也會跟著加大，後面不該出現的公寓大樓無所遁形呈現在大銀幕上。試片時，所有人放聲大笑，真是糗大了。

道理很簡單：大家都知道傻瓜相機最聰明，任何人拿傻瓜相機都可以拍出像樣的照片；反而拿傳統單眼的才是傻瓜，因為相機又重又不方便，還要應付焦距、快門與光圈等一堆設定。即使全都知道怎麼使用，半身以上的人物近景還是很難拍，因為細節、皺紋、白髮清楚到躲都躲不掉。然而專業照相師還是習慣背著笨重的長短鏡頭，因應拍攝條件作更換，如拍全景用寬鏡頭（廣角），拍特寫用長鏡頭（強調一朵小花或昆蟲），善用鏡頭的特性才能拍到更出色的作品。所以說，本事不能光說不練，要經過長時間下苦功才能磨練出來。《水玲瓏》廣邀港台眾星通力合作，在號稱快手的徐天榮導演執導下順利完成，成為中影公司的另類作品，也創下理想票房。徐導演的女公子歐陽莎菲在眾星襯托下表現不俗，身為星媽的徐夫人私下表示，下次如果再跟徐導演合作，一定要我親自掌鏡。

丁家班繼續為我辦理外借，拍攝《大腳娘子》（1977），故事背景是民國初年，一群遊手好閒的地痞流氓魚肉鄉民，居民敢怒不敢言。某日他們又打算調戲一位打赤腳的村婦（茅瑛飾），不料她竟有一身好功夫，將流氓逐個打倒在地，最後面對身手不凡的帶頭老大，經過一番激戰之後也將老大打得跪地求饒，赤腳村婦獲勝後秀髮一甩本擬離去，走了幾步之後驀地轉身回頭，指著老大教訓不可再犯，村民歡呼稱慶。

《大腳娘子》演員有王羽、王道、茅瑛等，陣容堅強。天王巨星王羽的表現不必贅述，另一演員王道自小隨著父親資深演員王珏住在義大利，在那裡接受西方教育，後來轉往美國習得一身好功夫，也在當地開館收學生，可算是一位傑出的武打明星。王珏曾任台灣電影製片廠的技術組長，也是農教公司與國防部中國電影製片廠合作的第一部國語黑白片《惡夢初醒》的男主角，但他的外型屬於性格路線，不是當時較受歡迎的英俊小生，卻因緣際會獲得了在歐洲發展的機會。一九五七年十一月，義大利導演倫祖・麥路西（Renzo Memsi）來台灣與永昌影業合作拍攝《萬里長城》（後來上映時改名為《上海最後列車》）時遇到王珏，便邀請他飾演片中的中共黨員一角。麥路西回到義大利之後，卻決定要改動劇本，因此邀請王珏前往義大利補拍。王珏一去就留在歐洲好多年，由於當地很少東方面孔演員，他因此戲約不斷，參與了將近五十部歐美電影演出。

茅瑛出身復興劇校，是該校的首席女武旦。第一影業黃老闆放手一搏，花大把鈔票請到這群頂尖的武打演員，委由名製片詹錫藩處理，當然也對丁家班的拍片品質信任有加。此時王羽片約略少，保持在同時兩部左右，他對《大腳娘子》特別禮遇，多撥時間給丁導演，丁導演也發揮節省預算的長才，兩個月不到就在期限內殺青。該片為第一影業公司創下極高的票房收入，也為該公司樹立「第一出品，品質第一」的響亮名號。

赴美拍片一魚兩吃

一九七七年，中影公司籌拍一部呈現父母與兒子間親情的新片《永恆的愛》，講述香港反共報人萬人傑獨子罹患癌症後，堅強的與病魔纏鬥的故事，也算是政策片之一，用以表彰萬先生對國家的貢獻。萬先生獨子長得一表斯文，品學兼優、天性樂觀，不料患此絕症，片中的他強忍療程痛苦，談笑風生，還常拿吉他自彈自唱慰娛父母，雙親眼淚都往肚裡吞，此情此景感人肺腑。

該片計畫移師美國實地拍攝，向來精打細算的丁善璽導演想著，如此花費時間金錢，勞師動眾遠渡重洋，卻只拍攝最現代化的醫療器材ＭＲＩ與核磁共振設備，未免太划不來，若能利用此機會同時拍攝《小小世界妙妙妙》豈不一舉兩得？

這次的工作團隊由中影與丁家班組成，中影人馬是我任攝影指導、攝影廖本榕和孫材肅（孫兼任劇照師）、美術設計王中和（王童）、燈光師甄復興和陳存道、化妝周玲子、劇務梅長錕；丁家班出動導演丁善璽、副導演金鰲勳、場記朱純思。演員有恬妞、伍克定、魏蘇、丁廣鈞、丁廣沛。執行製片張法鶴帶著兒子張忠偉，張夫人以監護人身分隨行。一行人先前往香港與男主角賈思樂、遠從美國趕來的林嘉、盧燕、鄭佩佩會合，實地拍攝萬人傑的寓所。萬夫人除了熱情款待外也充分配合，工作進行得很順利。在香港沒多做停留，外景隊移師美國，萬夫人也陪同前往，團隊先抵達洛杉磯，與美國演員羅傑、華僑少女趙嘉玲、小女孩艾絲會合。

第二天用完早餐，來到迪士尼樂園拍攝《小小世界妙妙妙》，還沒進園就大開眼界，光是停車場就大到無法想像。負責開車的朋友停好車之後，全員集合在入口處等候園方人員接應。由於事先已提出了申請，園方同意協助，讓我們的拍攝工作進行得很順利，我一邊工作一邊欣賞千奇百怪的遊樂設施，不知不覺已經到了收工的時間。出了園區來到停車場，生平第一次看車海，大夥全傻了眼，數不盡的大車小車塞滿整片停車場，我們的車子在哪兒？只好動員所有男性工作人員，一區一區進行地毯式搜索，直到天黑才終於找到。這個慘痛的教訓就是：美國的停車場都很大，停好車後務必記清楚停車位的區域與編號，否則後果不堪設想。

食衣住行乃人生大事，我們擠出一天去著名的梅西百貨公司逛逛，第一次出國的朋友紛紛大肆採購，連個性最保守的燈光師甄復興也忍不住跟著出手。大家購物首選通常是 Made in USA 的商品，畢竟舶來品在台灣價格昂貴，平時也只有在委託行才看得到。採購完畢大家上車，甄復興得意洋洋地向我炫耀他的戰利品，一件短袖襯衣：「怎樣？不錯吧？」我看了一下，差點沒笑出來：「你何苦老遠從台灣來買 Made in Taiwan 的衣服？」

來美國幾天後，人高馬大的燈光助理陳存道忍不住開始抱怨：「美國有什麼好，不是高速公路就是漢堡。」我們這位來自彰化的助理從小吃白米飯長大，每餐可吃三大碗，一餐沒有白米飯等於沒吃飯，沒吃飯當然非同小可。丁導演向來很重視演職員的健康與民生問題，要求劇務儘可能每天供應一餐中式飯菜，即使要開上一個小時的車也在所不惜。但為製作成本考量，每到一個新環境，也會向當地教會商借廚房，由丁導演親自下廚，娘子軍則幫忙揀菜洗菜。丁導演對民生大事要求嚴格，炒出來的菜色比美國當地的中餐館還合我們的口味。但商借教會的廚房一次之後就很難再借第二次，因為對方嫌炒菜的油煙弄得廚房油膩膩不好清理，我們只能採取打帶跑戰術想辦法克服困難解決食的問題。

《永恆的愛》下一個拍攝地點是位於北卡羅來納州，聞名世界的杜克大學癌症研究中心。第一次看到如此龐大的現代化醫療設備ＭＲＩ，只能用怪物級來形容。校方全力配合我們拍攝。收工回到飯店，在大廳看到一對穿著樸素的東方夫婦，細看之下覺得面熟，原來是我的小姨子，也是助理小廖的三姊，男子是我從未謀面的妹婿，小廖的三姊夫。他們遠從紐約開了十幾個小時的車專程來探望我們，讓我們倍感溫馨。杜克附近的中國餐館是《永恆的愛》故事主角在真實中經常用餐的地方，因此我們也在該餐館拍了些畫面，順便解決民生問題。東家為酬謝獲得上鏡頭的機會，也歡迎遠道而來的鄉親，特別多燒了幾道招牌菜招待，賓主盡歡。

最後一個場景是劇中男主角曾住過的民房，房東看到前房客的母親來訪，含淚熱情相擁。她知道我們這一大群人的來意，大方的請我們不必拘束，可以任意使用屋內任何東西，包括廚房在內。為了懷念那位彬彬有禮的東方小孩，房東從花園摘了朵玫瑰花送給萬夫人，夫人也從行李中翻出準備好的禮物回贈，感謝她們將兒子視如己出，此趟充滿了愛，讓旁人也感動不已。

結束北卡的拍攝工作，我們租用大台遊覽車轉移陣地前往紐約，車上設有盥洗設備，為了趕路，除了加油、用餐外，中途不另作停留。車上的洗手間一直有人進進出出，累積的排泄物味道由淡漸濃，已到了無法忍受的程度，要求司機處理，他答得乾脆：「沒問題！」但久久未見他停車處理，再次詢問他，他解釋說我們行駛的不是高速公路，排泄物有專門的處理站，到時候會處理得乾乾淨淨，「Do Not Worry!」大家只好繼續忍耐，張製片開玩笑說，如果有口罩的話，現在就可以拿出來用了。他同時提醒我們，紐約是世界第一大都市，雖然繁華但人種複雜治安相當不好，大家千萬要小心。

大夥坐了一整天的車，總算到了飯店領到房間鑰匙，回房等候服務生把行李送來。才剛打開行李準備到浴室沖澡就聽到急促的敲門聲：「林桑！林桑！」原來是助理孫材肅拍劇照的相機不見了，他很確定打包時有放進行李中。如此貴重的照相機遭竊，我們立刻轉告劇務報警，後來也獲得理賠。印證張法鶴先生所說紐約人多且雜，什麼事都有可能發生。至於那台相機的下落，應該還滯美未歸吧。

外景隊在紐約待了四天，拍攝當地著名地標，之後直飛南加州聖地牙哥的海洋世界繼續拍攝《小小世界妙妙妙》，小朋友三男一女演出自然活潑，根本不必導演組多費心。高頭大馬的園區保安官一路陪著我們，為我們打通關，讓拍攝工作格外順暢。丁導演為酬謝他的協助，特地租用他住家的庭院，補拍《永恆的愛》裡林嘉與伍克定的對手戲，共拍了三天。保安官的兒子有些怕生，但臨別時在二樓窗口依依不捨的揮手送走我們這一批外來客。我臨機一動，脫下我頭上繡有「小小世界妙妙妙」及「永恆的愛」外景隊的帽子，像丟飛盤似的丟給他，他俐落的撈在手上，豎起大拇指，不停的揮手，綻放出難得的笑容。就這樣結束美國之行兩部電影的拍攝工作，該是打包回台的時候。

第一次來美國，多少會添購東西帶回台灣，每個人平均都多增加了一件行李，到洛杉磯機場報到時，大夥兒集中在中華航空櫃台前，華航洛杉磯經理盡地主之誼出來送行，禮貌上向我們這支足以代表國家的團隊表達關懷之意。他見到堆積如山的行李，請他的下屬轉告我們行李會超量，規定是一個人只允許帶一件上機。小事一件，臨機應變向來是電影工作人員的強項，劇務請場務拿出繩子剪成適當長度，一人一條，分工合作，不管是誰的行李，以不超重為原則把兩件綁成一件，化零為整，順利登機回到台灣。

《永恆的愛》入圍第十五屆金馬獎最佳劇情片與男配角，在澳洲舉行的第二十四屆亞洲影展則榮獲最佳劇情片獎，並獲影評人協會選為年度七大國片第六名。

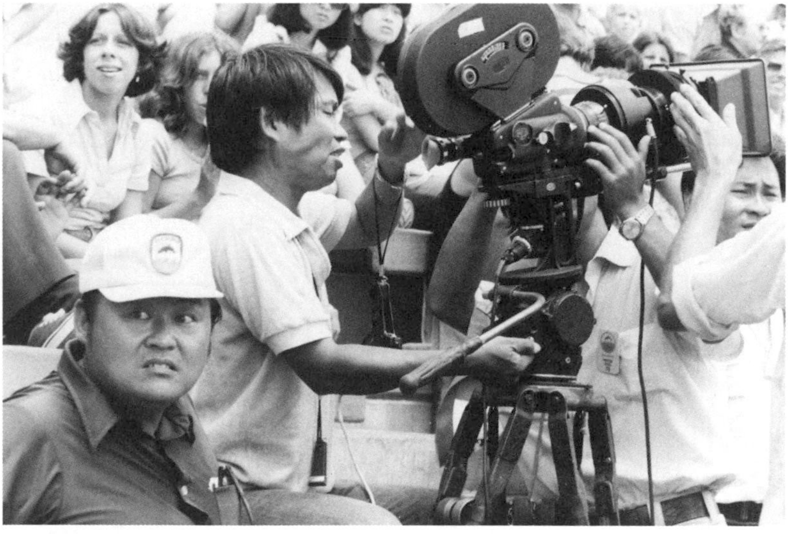

赴美拍攝《小小世界妙妙妙》，左下為丁善璽導演，最右方露出臉的人就是日後成為王童導演的王中和。

女強人高寶樹

在拍攝《英烈千秋》之前，同是丁家班成員的董今狐導演打電話問我手中有沒有片約？我說中影的《突破國際死亡線》剛殺青，目前有幾支片子正洽談中。他說好，我把你推薦給香港來的高導演，你有空撥個電話吧。我下班後，依照他提供的號碼撥過去，是位女士接的電話。我說我是林文錦，要找高導演。她答道我是高寶樹。我愣了一下，壓根沒想到小董口中的高導演是一位女士。我們約定次日在她仁愛路的臨時寓所見面詳談。

第二天依約來到仁愛路，應門的是高寶樹導演本人，與其說是導演，她更像是時髦的貴夫人。我們坐定後，她開門見山就說：「這是我第一次來台籌拍新片，正在物色攝影師，董今狐拍胸脯強力推薦你，說丁導演的戲都是由你掌鏡。」我們相談甚歡，決定一起合作。高導演向中影公司辦妥外借手續，新片《大小通吃》（1974）由香港寶樹公司出品，老闆高寶樹兼任導演。可能因為是女導演的關係，演員陣容是男女各半的中性組合；有文武全才的徐楓、來自香港的武打明星黃元中、孔武有力的倉田保昭、出身演劇世家的演技派明星胡錦；光是這演員陣容，這部片子應該有看頭。製片團隊除了我之外，也有丁家班的副導演劉立立（董今狐的紅粉知己，也被推薦給高導演）與場記王玫。

《大小通吃》描述民初賭場的黑暗面，莊家以各種手法詐騙賭客，還以胡錦的美色誘惑客人，客人如有不滿，立刻遭到保鏢（倉田保昭飾）等人一番拳打腳踢，頭破血流丟出門外。徐楓和黃元申得知村民所受遭遇後，憑一身好功夫聯手對抗惡勢力，是一齣典型的拳腳功夫片。

開拍初期進行得很順利，每位演職員都敬業稱職，看過毛片後更是信心十足。高導演求好心切，要求嚴苛，尤其對女性演職員硬是多了些挑剔，對徐楓也不例外，再怎樣困難的武打動作也不妥協，一再要求重來直到完美。休息時，徐楓含淚撩起袖子，秀出血淋淋的雙臂給我們看，真是慘不忍睹（這位文武雙全的女星婚後事業成功，把夫家交給她的房地產業經營得有聲有色，之後轉往大陸擴大營運規模，徹底發揮她的能力，成就絕不遜於任何人）。我暗中觀察到，高導演的強勢作風引起女性演職員消極抵制；例如每次出外景，高導演一上車，娘子軍（胡錦除外）就不約而同的唱起：「今天下著茫茫細雨……」殊不知出外景最怕碰到的就是陰雨天。

高寶樹導演曾經是紅極一時的明星，演而優則導，成為女強人，也是精明能幹的企業家。娘子軍的反彈，她全聽在耳裡氣在心頭，即使臉色發青也奈何不了這群演職員。她戲照拍，不把這些冷嘲熱諷當一回事，反正只要不影響拍片進度就行。在不傷和氣的情況下，我常不著痕跡跟這群娘子軍閒聊，委婉勸說體諒隻身來台、孤軍奮鬥的高導演，她的雜務多、責任大、壓力更大，為求好心切，要求自然嚴苛，脾氣難免暴躁些；同為在職場上努力的女性同胞，應該將心比心了解她的立場。雖然拍片過程中有些波瀾，《大小通吃》的拍攝工作如期進行。

身為高導演信任的攝影師，我自會根據劇本與導演的要求，在條件與體能許可之內，儘量要求畫面順暢。尤其是實景與布景連接的部分，要做到無懈可擊就得仰賴攝影師的功力（因為成果驗收是攝影師之責），若發覺實景接拍的內搭景有落差的話，就要盡力補救。如果外景是老舊街道，有經驗的美術設計會參考屋外的狀況將陳舊氛圍帶進內搭景，但也不是每次都能百分之百吻合；這個時候，攝影師就要憑經驗與記憶加上劇照，請美工「做舊」或用燈光來補救。

《大小通吃》拍攝過程中，我始終遵照高導演的要求，但有兩件事例外：一，湖口老街外景後接拍內搭景，我一進棚就要求美工把眼前的新客廳做舊。高導演進來看到，差點沒暈倒：「我花這麼多錢，你們卻在搞破壞？這不是存心跟我作對嗎？」她指著美工破口大罵。美工無奈雙手一攤，指著我：「這是攝影師的要求。」高導演怒目瞪視：「我這麼信任你，你卻跟她們站在同一陣線上在整我？」我一頭霧水，馬上站起來委婉解釋：「實景是老舊的，布景卻是新的；為了讓內外景連貫，我才要求美工做舊，不是刻意破壞布景。」高導演了解後稍微氣消：「內景就是要讓觀眾感受到花大錢新搭的布景，請你們千萬不要再破壞了。」

因為理念上的差異，我遵照高導演的堅持請美工停手，但畫面的協調與邏輯仍是攝影師的責任，所謂上有政策，下有對策。我另有祕密武器可以解決問題；我跟燈光師商量，將新布景中比較顯眼部分的受光量減少，讓它暗一些。正式拍攝時，又發現新的問題，演員黃元申動作硬是要得，出拳有力，橫掃踢腿更是「莫得頂」。試戲後我向高導演暗示：「他的鞋底雪白（唐裝黑布鞋不合邏輯）。」高導演很自然的回答：「新鞋當然雪白。」我沒跟她爭論，逕自去找場務，以掃地為名，偷偷撒了些泥沙，同時讓演員多試幾次戲。黃元申抱怨地板不乾淨，勤快的場務大掃帚一揮，便把泥沙掃得乾乾淨淨，但他的鞋底已沾了些泥沙，不再雪白刺眼，已達到我要的目的。

看過第二批毛片，高導演的態度有所軟化，對品質要求雖然仍不放鬆，但雙方對立的態勢逐漸和緩下來，也能和平相處。敏感的高導演自能感受到大夥兒確實賣力配合，她自己也嘗試縮短雙方的距離；有時，高導演會在上車時冒出：「大家早！」收工下車時也會說：「謝謝大家，今天你們辛苦了！」聽到高導演難得的問候，整車都會以熱烈掌聲回報，讓她龍心大悅，以愉快的步伐下車回到辦公室，還不忘回頭向提醒大家：「明天也請早，天空也做美。」此後的外景天，果然天天陽光普照，讓拍攝工作更順利，幾乎都能提早收工，老闆高興大家也輕鬆。

《大小通吃》有如倒吃甘蔗，在Happy Ending的氣氛中順利殺青。不是我在自誇，高導演很讚賞我的工作態度，每每遇到香港朋友或台灣的影界朋友來探班，她都會把我鄭重介紹給對方：「這是我的攝影師，林桑。」她慎重的態度讓我受寵若驚。而她最常掛在嘴邊的一句話是感謝小董把我推薦給她。片子殺青領取片酬尾款時，她一臉正經的說下部片一定要繼續找我掌鏡。她接著若有所思的說，拍片過程中若不是我在暗中相助，《大小通吃》不會那麼順利完成。她面帶笑容，從寫字檯後頭站起，熱情的拉著我的手親自送我到門口，這個舉動頓時溫暖了我這個鄉下孩子的心，瞬間思母之情湧上心頭，熱淚盈框向天上的母親說：「您的交代，食人的頭路，做事愛認真，對人愛和氣，愛尊敬頂司，這些我都做到了。媽～我會繼續努力打拼，雖然沒能當面跟您說，但母子連心，希望您老人家能感受到我堅定的意志。」

勇闖泰國金三角

拍完《大小通吃》之後，我加入了《英烈千秋》劇組，殺青之後，中影公司尚未派新工作給我，某天下班回家休息時，接到高寶樹導演的長途電話，她說在香港報紙的影劇版上看到丁善璽導演拍攝《英烈千秋》的新聞，猜想丁導演的攝影師一定非我莫屬。高導演提到她正籌拍新片《女逃犯》（1975），要我先別接其他的工作，我也爽快答應。

《女逃犯》的故事主題是泰國政府擊破以胡錦為首的金三角販毒集團，全片預定在泰國拍攝，已找泰國當紅演員森巴擔任男主角，製片部也請泰方支援；我只需要帶一套攝影器材、一名助理與一名燈光領班，其餘工作人員會在泰國雇用。中影製片廠的助理當時皆有任務在身，於是我從外頭找了曾介圭擔任攝影助理，還有曾經跟我一起去荷蘭拍戲的楊木榮擔任燈光領班。其他演員包括武打明星陳惠敏、出身戲劇世家也跟高導演合作過的名演員胡錦，以及在香港頗有名氣的金霏。兩位女明星都有星媽以監護人身分隨行。

我們先飛香港跟外景隊其他人會合，海關一聽說我們是從台灣過來，根本沒檢查就直接放行，他們深知台灣海關檢查嚴格，根本就不需要花時間重驗。高導演的先生柏文棋來啟德機場接機，將我們安頓在一間住家型的住處，晚上再帶我們去酒店用餐。我們在九龍待了一晚，次日高寶樹導演率領外景隊成員（攝影組三人、女明星母女兩組、陳惠敏、副導演兼場記許石、場務、陸仔，共十一人）搭國泰航空直飛泰國（當時泰國跟台灣還有邦交）。

時值初春三月，泰國的天候卻熱得有如台灣的六、七月。進關前一位陳姓華僑來接機，他手上拿著一疊美鈔，一人發一張。哪有這麼好康？剛到貴寶地就有美金打賞？原來這五元美金不是給我們的，陳先生教我們把美金夾在護照中有泰簽的那頁，夾的時候還有技巧，要露出一點點又不能露太多。我們按陳先生指示夾好，選擇旅客較少的櫃台排隊通關，依序把護照送進去，海關官員坐得很低，但感覺上他們翻開護照後把美金收進抽屜，閉著眼睛蓋上關防章，沒刁難就直接讓我們過去。

我們找到寄送的行李準備送檢，陳先生已在裡頭，叫我們把攝影器材搬到他車上，連檢查都免了，相信事前已經先打點過。至於外景隊隨身攜帶的行李，高導演也早在香港就準備了一大把金筆，在櫃台旁把關，一件行李配上一支金筆，海關官員的檢查也只是做做樣子。這不是公然行賄嗎？陳先生的說法是「對特別客人的禮遇」。回頭看著海關前排隊的長長人龍，他們可能就沒那麼幸運了，有些問了半天不讓他們進關，又要重新排隊，真的是有錢能使鬼推磨。

泰國跟台灣、香港很不一樣，老闆跟演職員見面討論工作細節時，泰國人會帶著家眷赴約。譬如男主角森巴就帶著妻子父母兒女一同前來，約在酒店的餐廳談合約，他們各自找位置，男主角跟老闆在寧靜的角落，家人另外一桌，叫吃的喝的飽餐一頓，最後都由電影公司買單。泰國方面的工作團隊包括製片、劇務、燈光組、場務組都是如此，還有一個港台都沒有的職務，名為

「副導演」，卻跟港台所稱的副導演不一樣，實為替演員提詞的人。高導演是精打細算的女強人，這些避不掉的額外開銷讓她心如刀割。

對任何大小製片公司來說，控制預算本來就是很大的挑戰，我想起中影公司曾經拍攝抗日先烈羅福星的故事《大湖英烈》。依中影公司慣例，普通級電影的製作費用預算不超過一千萬元，否則無法通過中央財務委員會這關，《大湖英烈》原本編列預算就只有九百多萬。每部電影總要找一個大咖演員，當時香港的劉永頗有名氣，被視為明日之星，有他跨刀，加上其他實力派演員陣容，應是票房保證，沒想到這才是惡夢的開始。

劉永以香港另有片子要軋戲為由，每隔三兩天就飛回香港；他一離開，《大湖英烈》的拍攝工作就不得不停頓下來。在等待的空檔，導演張佩成就邀集主要演職員到忠孝東路三德飯店的咖啡廳討論劇情。團隊討論本是好事，對劇情及順利拍片有所幫助，劇務敖樹德簽單付帳順理成章。久而久之，劉永三天兩頭跑香港變成例行公事，是否真的有電影公司在香港等他是個疑問，後來卻變成其他台灣演員也紛紛接拍新片。某次劉永來台竟找不到跟他對戲的演員，因為其他演員也在軋戲，讓劉永空跑一趟（通常一部片子簽約期兩個月，超過約定時間就得碰運氣），但他不會等，三天時間一到照樣回港。

三德飯店咖啡廳的劇情研究持續進行，製作單位不得不追加預算，眼看斷斷續續的拍攝工作進入第三個月、第四個月，明總經理心急如焚，執行製片張法鶴也急得跳腳，一直追加預算仍得不到改善。張導演推說錯不在他，開檢討會也無濟於事，片子還是要拍下去。《大湖英烈》勉強拍完殺青，製作費超過四千萬，據說光是三德飯店咖啡廳的帳單就高達數百萬，足夠讓小本經營的片商拍一部電影了。迷信大牌不一定靠譜，《大湖英烈》投下那麼龐大的資金，結果血本無歸，責任由製片部經理也是該片執行製片張法鶴一肩扛起，調離現職。

話說泰國當時的情勢不穩，但《女逃犯》既然選在泰國拍攝，就只能入境隨俗，硬著頭皮幹下去。通常製片出門談事情身上都帶著手槍，必要時還要帶手榴彈，好不容易才排除萬難在炎熱的曼谷街頭開鏡。第一個鏡頭就拍泰國紅星森巴的戲，高寶樹導演看我把反光板都處理好，我也點頭示意可以正式開拍，「開麥拉！」高導演一聲令下，攝影機開動。怪了，我們的男主角卻一動也不動，看著蹲在一旁翻劇本的副導演。經過好一會兒，男主角都沒反應，高導演無奈喊卡：「到底是怎麼一回事？」華人翻譯問清狀況之後說：「副導演在翻劇本。」翻劇本？翻劇本跟拍這個鏡頭有什麼關係？又不是副導演要上鏡頭，為什麼森巴不表演？高導演質問翻譯，此時翻譯才意識到我們不了解泰國的拍片習慣；原來泰國演員從不背台詞，均由副導演代為提詞，跟我們台灣的演員有天壤之別，相較之下，泰國的演員真的是太有福氣了。經過這番折騰跟解說，森巴也了解原來是這麼一回事，向大家示意歉意，總算可以正式開拍。「開麥拉！」攝影機再次開動，泰方的副導演就站在男主角旁邊鏡頭帶不到的地方大聲提詞，雖然台詞不是出自演員內心的情感，但表情還算不錯，這種拍戲方式讓我們大開眼界，真不知道世界上還有哪個國家也是用這種方式在拍戲。

《女逃犯》的內容跟毒品有關，大麻、嗎啡、海洛因在泰國非常普遍，連旅館院子也種滿了大麻，據說大麻嫩葉炒菜非常可口。為了拍戲，特別商請製片帶高導演、我，還有許副導演一行人去鄉下，在簡陋的茅草高腳屋（雨季可防淹水）裡，製片掏錢請吸毒者實地示範給我們看。我們爬上木梯魚貫進入屋內，一進去馬上可聞到一股特殊的香味。大家坐定後，吸毒者笑嘻嘻拿出小油燈，然後攤開香煙盒內包裝的錫箔紙，在火苗很小的油燈上烤了一下，熱了之後對折，僅留一小縫，拿出少量白粉，動作熟稔但小心翼翼倒在錫箔紙上，紙上馬上冒起些微白煙。我們不約而同往後退了一步，吸毒者卻貪婪的湊上鼻端把冒出的白煙全吸乾淨，一絲都沒讓它飄走。我們看著他滿足陶醉的表情，嘖嘖稱奇。我們擔心會不會因此吸進了毒氣，不過那味道的確誘人。

《女逃犯》的拍攝團隊雖然是由台、港、泰三方組成的雜牌軍，卻不分彼此通力合作，在融洽的工作中不難體會泰國人本性為善的特質，因此拍攝工作進行得很順利。無論高導演的要求有多困難，我都抱著使命必達的精神克服困難達成任務；譬如某個鏡頭要在軌道車上低拍，我乾脆手持攝影機躺在軌道車上滑動跟拍，該鏡一次ＯＫ，博得港泰所有工作人員的熱烈掌聲。華人翻譯走到身邊對我說，這是泰國電影從業人員第一次看到有攝影師這麼用心，我笑笑舉手向在場的工作人員致意，男主角森巴也向我豎起大拇指。兩位女主角跟泰國工作人員配合也很好，武打明星拍起高難度招式強而有力，可媲美動作一流的王羽先生，足見高導演挑選演員的用心。在她嚴格要求下，每個人都發揮到極致；拍攝工作順暢，讓她臉上經常掛著微笑。我端詳她的輪廓，不難發覺她年輕時應該是亮麗的豔星，難得的是她演而優則導，與先生柏文棋共組寶樹公司，單槍匹馬赴台拍攝《大小通吃》，展現女強人風範。這次她也是獨自一人來泰國，不同的是這回多了我當強而有力的後援。

在泰國拍攝期間，我們出入下榻的飯店總會經過一個兵營，磚砌的圍牆不知何故倒塌了一段，偶爾看到工人慢條斯理似在施工，但經過一個月之後，這道圍牆還是沒有復原。在台灣這可能只需要兩、三個工作天，但在泰國，人性樂觀、慵懶，做起事來就沒有那麼有效率了。

《女逃犯》片中有場用直昇機執行警匪追逐的重頭戲，最後直昇機被擊中墜毀爆炸。在空中飛來飛去的直昇機是租來的，墜毀在地面爆炸的直昇機則是一比一的模型，高導演來到泰國時就發包由泰國製片找人製造。

《女逃犯》在曼谷附近取景，拍攝期間，晚餐都由飯店供應，雖然我們都已自備腸胃藥，還是不敢隨便亂吃。榴槤盛產期每張餐桌上都會擺上一盤，胡錦、金霏、兩位星媽、高導演及其他人都吃得津津有味，唯獨我這個土包子不敢動手。她們以為我在客氣，其實這是我生平第一次看到榴槤，因為害怕它的氣味而不敢輕易嘗試。第二天我還是沒動手。第三天她們開始群起慫恿：「試試看嘛，男子漢大丈夫總不能輸給我們這群娘子軍吧？」我心想好吧，試試應該無妨，揀了一小塊送到嘴邊，還未入口，那奇怪濃郁的味道就讓我沒有勇氣繼續往嘴巴裡面塞，只好先把它擺在眼前的盤上。在大夥不斷的鼓勵下，我終於把榴槤放進口中，那臭味卻讓我卡在喉嚨始終嚥不下，趕緊摀著嘴巴跑到洗手間去吐掉，大夥笑得人仰馬翻。我不信邪，想說再試一次，如果還是不行的話，我這輩子就跟榴槤說拜拜了。我又揀了一小塊，小心翼翼放入口中，拚命強忍想嘔吐的感覺，控制自己不去想它的味道，用力吞下肚，大家睜大了眼睛，看到我成功克服恐懼，紛紛鼓掌叫好。吃下去之後，感覺榴槤的味道並沒有想像中的恐怖，也慢慢愛上這水果之王。據說在榴槤盛產期，當地居民就算借錢也要買來給家人享用；這就像是在龍蝦盛產季節去了波士頓沒吃龍蝦，或來了台灣沒吃到米飯一樣可惜。而兩位星媽這次雖然是以監護人身分隨行，但她們的女兒身經百戰，什麼經驗場面沒碰過，這兩位星媽也樂得輕鬆四下觀光。

離開曼谷後，外景隊開拔到芭達雅，當地天氣晴朗宜人，拍攝工作順利進行。為酬謝泰方的燈光組與場務組工作人員充分配合，我特地把台灣帶過去的兩瓶紹興酒送給他們，他們高興得不得了。當地的晚霞壯觀美麗，伴隨陣陣涼風吹拂，工作一整天的疲憊頓時消失。某天收工後，我獨自坐在海灘上欣賞美景，一個身影出現在我身邊，原來是略懂國語的場務領班，我邀他坐下來一起聊天，看著眼前滿載而歸的漁船進港，我們這位泰國朋友告訴我說，船上的漁民可以休息半個月了。「是因為太辛苦所以要休息半個月來恢復體力嗎？」我問著。他笑著回答：「不是的，他們就靠捕到的魚生活半個月，吃完才再出海作業。」原來如此，我說，台灣人比較務實，賺十元用五元，然後把剩下的五元存起來，繼續工作努力累積財富。畢竟台灣跟泰國國情不同，所以人民的生活態度也自然不一樣。泰國雖有政變但沒有戰爭，即使在第二次世界大戰期間，日軍不發一兵一卒就長驅直入，泰國人民沒有真正經歷過血腥戰亂，缺乏危機意識，他們習慣賺一天吃一天，賺到七天的糧，吃完再去工作，不像我們歷代戰禍連連，為了逃難養成儲蓄的好習慣，久而久之也變成我們特有的民族性。泰國場務領班向我詢問台灣拍片環境種種，又閒聊了一會兒，話題一轉，他說聽說嗎啡、海洛因在台灣取得不易，而且價格昂貴，這裡剛好相反，他有管道可以用很好的價格取得，問我要不要帶一些回台灣？我一聽神色大變，坐直身子，慎重的告訴他：「運毒回台是唯一死罪，萬萬使不得。」

外景隊接著移動到泰國的避暑勝地清邁，大部分工作人員搭乘租來的大巴士北上，燈光、場務器材則另行雇用一部大卡車。但除設備器材外，居然還有棉被、衣物、鍋碗瓢盆（清邁工作期間外景隊必須自行開伙），裝得滿滿的好像在逃難，更可怕的是上頭坐滿了人；燈光助理、場務人員，居然還有婦人跟女孩，這種畫面通常只在電視新聞中才看得到，居然活生生在我們眼前上演。高寶樹導演看到如此景象很不高興，質問泰國製片：「為什麼讓這些人搭我們的便車，這樣不是很危險嗎？」翻譯解釋，婦人是製片的太太，女孩是他的小孩，太太要做飯，小孩可以洗菜，他充分利用人力不浪費公司一分錢。高導演回酸他：「一個人頭一碗飯，怎麼不浪費？」泰國製片明白高導演的意思，只是傻笑沒回應。「她們住哪兒？」高導演接著問。製片說她們全住在他房間，絕對不會另外再開房間。他指著卡車，那，我們連棉被都帶齊了，請放心。於是，這個看起來聲勢浩大的車隊就浩浩蕩蕩開拔上路。

離開曼谷約四個小時後，被泰國警方攔了下來，原因是有人告發我們的大客車在三小時前擦撞到一輛小客車，該小客車還停留在原地，交通警察命令大客車回到肇事地點釐清責任。我們製片使出渾身解數想脫身，交通警察也不為所動，大客車只好乖乖跟著警車回去。原來只是一個小的擦撞，可以花小錢解決的事，卻勞師動眾浪費所有人大半天時間。事情處理完，回頭趕往清邁，大客車司機為了趕路，開得飛快，驚險萬分，到達清邁時太陽已下山。這天的晚餐高導演特別要製片用泰國菜為大家洗塵，豐盛的佳餚排了滿桌，各式各樣稀奇古怪叫都叫不出來的菜色，我們大夥已經餓得前胸貼後背，但餐桌上找不到任何筷子。透過翻譯，我們才知道正統的泰國菜都是用手抓來吃的，米飯也不例外。我們三人頭一次碰到這種狀況，感到不好意思，連忙跑去洗了手再回來用餐。

清邁是世界聞名的避暑勝地，泰皇在此也有一座富麗堂皇的皇宮，可惜沒有時間參觀。外景隊花了一天時間驅車往北走，想拍金三角的製毒過程。我們來到一處隱密隘口，兩旁高山樹木茂密，兩個便衣武裝擋住我們的去路，遠遠的可以看到幾間冒著白煙的簡陋茅草屋。我們的製片雖然帶著手槍跟手榴彈，仍客氣的向武裝警衛說明來意，警衛用無線電通報進去，結果得到的答覆是ＮＯ。既然無法拍到製毒過程，拍遠景總行吧？當攝影助理架起攝影機時，兩個武裝警衛馬上舉槍阻止，並立即驅趕我們離開現場。長途跋涉未能見到煉毒的廬山真面目，雖然可惜，但也大可不必為了一些鏡頭拿自己生命開玩笑。回程途中，滿山遍野都開滿了美麗奪目的罌粟花，我們請司機停車拍了好幾個鏡頭，這是此行唯一的收穫。

某天晚上到旅館櫃台寄家書，回房路過港星陳惠敏的房間，裡面傳出男女嬉鬧聲，我以為出了什麼事，停下腳步想聽個仔細，這時陳惠敏正好打開房門看到我，他活像是喝醉酒般摟著我的肩：「攝影師，要不要試試？我們有好東西。」兩位女星跟著探出頭來硬是把我拉進房去，房間裡充斥一股濃厚的怪味。他們慫恿我：「試試看嘛，很好玩的。」我忙說不能試，一旦上癮就脫不了身，說完奪門而去。

在清邁拍攝期間，炊事組的女性個個派上用場，燒出的家常便飯符合大家的口味，高導演看在眼裡自然沒話說。這裡的天氣晴朗，約在二十七度上下，拍起戲來輕鬆愉快。結束清邁之旅打包回曼谷，路過那道倒塌的兵營圍牆，依然原封不動，連散落在地上的磚塊位置也沒移動過。

回到曼谷，驚聞老總統過世的消息，高導演馬上率領台灣去的成員同赴台灣駐泰國大使館設置的靈堂獻花致哀。蔣家三代都很關心電影，方式各有不同。老蔣在一九五四年六月由經國先生陪同巡視台中製片廠，他很重視電化教育，當時農教公司資金短缺又沒有行銷能力，為求電影製作發行一元化，他指示農教公司與臺灣電影事業股份有限公司（這個台影公司跟省政府轄下的台影無關）合併成立中央電影公司。經國先生則經常到農教公司製片廠關心電影製作，與演職員打成一片。至於第三代的蔣公子，關心電影的方式更直接，就是偏愛與明星交往。

由於老先生重視電化教育，尤其是電影，因此早期的金馬影展都選在每年十月底他老人家誕辰時舉辦，以示祝壽。蔣夫人也喜歡電影，某天突然想看勞勃瑞福跟保羅紐曼主演的《虎豹小霸王》，隨從請美商八大影片公司調片，不知何故沒有調到，便以當時正在台北上映的國產彩色片《街頭小霸王》充數。結果開映不到幾分鐘，蔣夫人就倏地站起，命令放映師關機，頭也不回離開放映室。日月潭的涵碧樓是老先生很喜歡渡假的地方，常由隨從前後護衛站在湖邊欣賞湖光山色。某次我們正拍攝日月潭風光的記錄片，不知何故，他的隨從並沒有驅趕我們，等我們發現老先生走到附近，想迴避已經來不及，只好硬著頭皮站起來向他問安。他擺擺手笑道：「你們在拍電影？不用管我，辛苦了，你們繼續拍。」

《女逃犯》拍攝工作接近尾聲，重頭戲就是最後要爆破模型直昇機。當然，在直昇機炸掉之前，所有相關的鏡頭都要先完成。我們先拍男主角森巴操控直昇機的幾個鏡頭，胡錦在他身邊；我們將模型機架在大卡車上，攝影機以低角度拍攝，不帶到任何地面、樹木、大樓。隔天要拍攝最驚險的鏡頭，就是男、女主角衝出直昇機，然後直昇機墜地炸毀的畫面。這場重頭戲足足花了兩個月的時間準備，動用頂尖師傅、油漆工，打造維妙維肖的模型機，像極了貨真價實的直昇機。同時請製片調租一部每秒能拍六十八格的ARRI高速攝影機，和我們原有的攝影機一起雙機作業。

高導演對這場戲相當慎重，外景隊全部人馬一大早全抵達現場，看到模型直昇機已四平八穩就定位，我尋找最理想的拍攝位置，以伸縮鏡頭先對準森巴拉著胡錦的手再拉開。他們原本就沒在直昇機上，但利用鏡位的錯覺讓觀眾感覺他們正從直昇機逃出來，然後直昇機爆炸，事實上，演員是在安全距離外毫無顧慮的發揮演技。另一部攝影機就架在離我不遠處，由曾介圭掌機，以低角度拍攝模型機的全景。

在國內要拍類似的爆破畫面非周子驥與小華搭檔莫屬，但這次的爆破卻由我們的製片唱獨腳戲，他帶來大包小包、各式各樣的爆裂物：TNT、黃色火藥、黑色火藥，還有球狀的泥巴炸藥，上頭僅留約五吋引線的土製炸彈，一攤開來讓人眼花撩亂。他開始在模型機四周安裝炸藥，警告所有人炸藥的威力大到可以輕易炸毀一架直昇機。他一個人忙得滿頭大汗、全身濕透，連腰帶上的手槍也卸下了，其他人包括泰方的都幫不上忙。他請場務挖了一條細長的小溝，從直昇機下方一直延伸到攝影機旁，小心翼翼的把黑火藥用小漏斗倒在小溝內。高導演看狀況以為可以正式拍，結果被製片阻止，他說要先測試黑火藥點燃後要花多久才會燒到模型機上的導引線，這樣就可以算出爆破前開機的時機。製片點燃火藥，神氣十足的把手槍插回腰帶，高導演按下碼錶，碼錶滴答滴答響著，火藥一路燒到底，時間剛好十秒鐘，也就是說點燃火藥八秒喊「預備——開麥拉」應該萬無一失。

我們等製片重新填好黑火藥，再跑到模型機下把導引線接上火藥，高導演再三確定演職員就定位，攝影機準備就緒就正式開拍，高導演叫製片點火同時按下碼錶，全場鴉雀無聲，八秒「預備」，接著大喊「開麥拉」，兩機同時啟動，一秒、兩秒、三秒，演員開始跑位撲倒在地上，四秒、五秒、六秒，模型機毫無動靜，七秒、八秒、九秒……。我這台高速攝影機以每秒六十八格的速度不停的跑著，一直跑到片盒中四百呎的片子全跑完，只剩空轉，我只能無奈關機。敏感的高導演發覺我的攝影機已停止運轉，質問我為何關機？她話才講一半，轟然一聲巨響，整架模型機被炸得支離破碎，大片殘骸飛到半天高再轟地跌回地面，大家都嚇了一大跳。結果，我這台高速攝影機什麼也沒捕捉到。高導演氣得直跳腳，我回說片子跑完了。高導演轉向製片：「我花了那麼多錢，結果全泡湯？」製片雙手一攤，黑火藥出問題，我也無能為力。「無能為力？」高導演爆發的火氣比剛被炸掉的直昇機還大：「你知道我花了多少錢？這是這支片子最關鍵的畫面！」製片聲音小到不能再小：「好啦好啦，都是我的錯。」高導演大聲質問：「你賠得起嗎？」製片聳肩不語。

前往泰國金三角拍攝《女逃犯》，騎大象過河。

《女逃犯》工作現場，右邊那位就是導演高寶樹。

不幸中的小幸是曾介圭的攝影機一直開著，也捕捉到直昇機爆炸的FS鏡頭，無魚蝦也好，高導演只能勉強接受這無法彌補的結果，結束這場大烏龍。高導演特地跟曾介圭握手道謝，說如果沒有他，不但白花一大筆錢，且整部電影也會遜色不少。我們回到曼谷補拍了一些畫面，結束在泰國的工作，整裝飛回香港，在香港再補拍一天戲，《女逃犯》宣布殺青。老闆柏文祺先生還非常貼心的把該付的尾款兌換成新台幣給我。

當年還是外匯管制時期，出境攜帶外幣必先提出申報，否則被查獲不但全數會被海關沒收，還要移送查辦。我們回到台灣，心想帶著本國的貨幣回國是很自然的事。不料過關時關員問我有沒有攜帶違禁品，我據實以報只帶了些新台幣，關員回答你沒有事先申報不能帶入境。我答辯我是台灣人為什麼不能帶本國的貨幣回國？他解釋，攜帶外幣入境只要數目不大都可以入境，但鉅額新台幣沒有申報依規定是要沒收，不過體諒這是你們在國外的工資，我們從寬處理，這一筆新台幣我們會扣留下來，開收據給你，將來拿收據領款帶出境。我只好拜託稍後出國的朋友將錢領出來，先帶出境外，回國時再申報入關，這筆尾款前後拖了兩個月總算拿到手。

第六章

名導追憶

紳士導演陳耀圻

在眾多合作過的導演中，溫文儒雅的陳耀圻導演讓我首次合作就佩服得五體投地，他對情感戲的拿捏細膩不過火，感動而不煽情；耐心指導演員與工作人員時的態度，有如長者般斯文和藹，他的博學與高尚人格，讓我打從心裡敬仰。

一九七六年，我拍攝完丁家班的《大腳娘子》之後，回中影製片廠銷假報到，即刻被派任參加公司新片《蒂蒂日記》（1977）工作。這是一部愛情文藝片，根據華嚴女士暢銷小說改編，導演是留學美國UCLA電影研究所的高材生陳耀圻，他學成歸國初期曾任教於世新電影科，培育了許多後起之秀，包括編導張毅、導演邱銘城、導演王銘燦等。他曾在一九六九年參加李行導演的《玉觀音》，以藝名陳寧擔任該片男主角，表現精彩。陳導演能教能演善導，風度翩翩，是有如紳士般的飽學之士。他在拍攝現場非常冷靜，隨時調整道具的擺設位置，使單調的布景多樣化，讓我跟著學到很多東西。

《蒂蒂日記》這部片為求層次分明、畫面不變型的高畫質，特地向香港Pana Vision租用整套的攝影機與鏡頭。籌備期間，陳導演來到製片廠跟我討論女主角恬妞的造型。恬妞是活潑可愛的少女，但臉型渾圓，輪廓不夠鮮明，陳導演擔心在大銀幕上臉蛋會更圓，尤其是整部片子少之又少的ＣＵ近鏡，他問我是否能從攝影來補救？我找來燈光師與化妝師，架好Pana Vision攝影機，使用五十到五百毫米的鏡頭，zoom in到兩百毫米、一百毫米、八十五毫米、七十五毫米，每種鏡頭試拍一段並做記錄。試拍時請燈光師變換不同角度投射強光、陰光（fill light）的比率，化妝師也調整局部濃度以增加立體感，整個過程再繁瑣也得堅持。看過沖印出來的彩色毛片後，決定使用Zoom in八十五毫米最理想；燈光就根據試拍記錄的角度交差比率定下來，化妝亦然。換句話說，每次要拍恬妞的ＣＵ，就必須參考試拍記錄的樣本。

《蒂蒂日記》的演員包括恬妞、秦漢、歸亞蕾、郎雄、鄧美芳、劉尚謙、張璐、劉夢燕、崔苔菁、歐陽莎菲、張冰玉、李影、金石、馬之秦、孟元、田約約、王寶玉、胡銘、葛小寶、姚小璋、湯志偉、丁國勝、巴戈等。導演組分別起用陳導演的學生：何興、邱銘城、王銘燦等，其他職員則是中影公司的菁英。該片大部分都以實景拍攝，陳導演精於調動擺設的功力此時表現無遺，很普通的實景經他巧手調整過後變得面目一新。他對每位演員的要求都溫和以對，是個非常細膩的學院派導演。第一次跟陳導演合作，每天都好像上了一堂扎扎實實的課，讓我受益良多。恬妞飾演青春活潑的少女不做第二人選，只有拍攝她的近景時要多花些時間，不過久而久之也習慣了。

為拍攝恬妞跟劉尚謙打情罵俏的外景戲，我們相中風景幽美的淡水高爾夫球場，那裡也是高層名流社交消遣的場所，一般獨立製片商想都不敢想租用這種場地，然而以中影公司的名義商借場地竟獲得口頭應允，但高爾夫球場的制度跟公家機關沒兩樣，管理階層要求我方必須先以公函申請，經過批准才能借用。我們的劇務石豐撰擬了一封公文：

事由需求：本公司所製作拍攝的新片《蒂蒂日記》擬借用貴球場優美的草坪、清靜雅致的環境，做爲男女主角約會的場景，馬路上走一走，並且拍攝打情罵俏的戲碼。

借用期間：日間一整天，另夜間一夜，敬請惠准並覆示。

為爭取時間，公文還由劇務親送淡水高爾夫球場的管理單位。

等候覆文時，外景隊開拔到金山海水浴場，拍攝秦漢與恬妞在海灘上的情侶戲，兩人奔跑嘻鬧洋溢著青春活潑。當恬妞把上衣脫掉只剩泳衣，露出圓桶似的小蠻腰時，陳導演面有難色看著我：「怎麼辦？她肚子上面的那堆肉？」我雙手一攤，總不能要我把鏡頭遮起來吧？陳導演冷靜且敏捷的決定，他要恬妞一直活蹦亂跳，一刻也不讓她停下來，為了配合她，卻苦了秦漢也要跟著一直動。這場戲可謂神來之筆，效果反而比原來的好，也分散了觀眾的注意力。

第二天外景隊來到聞名已久的淡水高爾夫球場，安全官早在大門口迎接，他看到這麼大的陣仗，驚訝拍電影居然要動用那麼多人員與裝備。安全官禮貌上打過招呼，交代劇務有任何事都可以來找他，祝我們拍攝順利後就回去他的辦公室。第一場我們拍攝秦漢與恬妞在球場修剪整齊的排樹下漫步的戲，我請場務架了長軌道一路跟拍，接著拍攝幾個短鏡頭。拍恬妞的近景就沒那麼簡單了，我換上 Zoom 鏡頭，燈光師用反光板打光可不比室內使用燈光那麼容易，這邊擺一擺，跑回鏡頭前看一看，另一邊擺一擺再看一看，再找第三個反光板擺定後，感覺卻沒有第一個位置好。最後把帶著三個輪子的架子與反光板推到第一個位置，行家就是不一樣，最初的判斷八九不離十。求好心切的使命感讓我們的燈光師早已汗流浹背，搬了個木箱坐下來喘氣。為了一個小小的CU鏡頭如此大費周章，陳導演全看在眼裡，感激地拍拍燈光師的肩膀。平時好動的恬妞此時也不開玩笑，靜靜站在定點一動也不動配合燈光師調度。我想，大家那麼用心，恬妞應該不難體驗出來。

拍完這幾個鏡頭，聞到飯菜香，原來已到用餐時間。工作人員人手一盒便當，不是排骨就是雞腿，加上滷蛋還有堆滿一整個飯盒的配菜；食量大的會多加一盒白飯，大夥都迫不及待大口挖便當。在如此風景優美的環境中用餐，不禁讓我憶起童年時小朋友最企盼的遠足（現在的校外教學），那時候的遠足名符其實要徒步走上一段路，但沿途的心情總繫在那一盒便當上。我們窮人家的小孩，便當中最豪華的菜就是蘿蔔乾煮蛋或炒蘿蔔乾醬瓜，遠遠比不上眼前的排骨雞腿，即便如此，那種簡單、寒酸的鹹香味仍讓我回味至今。想著想著，筷子停下來竟然發起呆來，這種心情哪是現代人所能體會？此情此景，我以遠足的心情大口大口的把飯菜配著回憶往嘴裡送，片刻就把便當吃得一乾二淨。

飯後，一台大卡車載著兩匹高大的駿馬來到現場，恬妞換上騎馬裝與高筒馬靴，扮相活潑可愛。演對手戲的劉尚謙也一身勁裝，帥氣十足的出現在球場。兩人在馬伕幫忙下跨上馬，試跑了一圈，陳導演準備下令開拍。「喂喂喂，你們在幹什麼？」突然間一陣急迫的喊叫聲：「你們怎麼可以騎馬在球場上亂跑？」安全官不知從哪裡冒出來，氣急敗壞要我們立刻停手。大家都愣住了。劇務石豐不慌不忙的從口袋掏出核示的公文，指著「馬路上走一走」幾個字，安全官說：「對啊，馬路上走一走啊。」劇務說：「那就對了，演員騎上馬，馬在路上走一走，有錯嗎？」安全官氣結半天說不出話來，勉強擠出一句：「算你狠！」

隔天的夜戲也在球場內取景，安全官一改先前笑臉迎人的態度，全程盯著我們的車隊。劇務跳下車，恭敬趨前：「今晚不騎馬，演員會在樹上談情說愛，不會傷到球場的草皮，安全官您放心。」安全官一臉不高興：「能放心嗎？我已經被上司臭罵了一頓。」

陳導演特別交代秦漢與恬妞走路要小心，別踩壞了球場的草皮。拍夜戲勢必用到燈光器材，我們的燈光師不偷懶，該怎麼打就怎麼打；他們把笨重的五千瓦燈吊上樹幹，雖然很辛苦，但往下打出來的光馬上就顯現出立體感。然而往下照射的光線難免被部分樹枝遮擋，現場最怕沒事做的木工師傅曾東發精神一來：「哪一隻？」他動作敏捷爬上樹，三兩下就把碗公粗的樹幹給鋸下來。那場戲拍完清理現場，堆積如山的樹幹被拉到一旁往山坡下扔，手拍一拍走人，卻不知這些被丟下山坡的殘枝敗葉正躺在另一個球道上。第二天，看到此景的安全官，氣急敗壞的撰文一狀告到總公司。另外還有一次在離製片廠不遠的故宮外面拍攝夜戲，也惹出同樣事端，中影公司再度被警告。

恬妞住家的實景取用和信興機構位於長安東路的招待所，剛好在經國先生寓所的隔壁。他偶而會過來關心我們的工作，陳導演因為驚動到經國先生向他致歉，他很客氣地以鄉音回答：「為好，為好，你們辛苦了。」擔任攝影助理的曾介圭問我「為好」是什麼意思？那是寧波話「還好」之意。

所有演員在學院派陳導演的指導之下，把演技發揮到更高境界，我也不斷學習，在高性能的Pana Vision攝影設備雙重助益下謹慎處理。由於陳導演掌控得宜，一部精良影片順利誕生。第十六屆巴拿馬國際電影節，恬妞榮獲最佳演員古塔獎。第十五屆金馬獎入圍五項：劇情片、導演陳耀圻、女主角恬妞、女配角歸亞蕾、彩色攝影林文錦。結果獲得優等劇情片獎，頒中型金馬獎一座，獎金十萬元；同時拿到了最佳女主角恬妞、最佳女配角歸亞蕾。恬妞有此佳績，除了自身的條件外，陳導演的用心與工作團隊的通力合作功不可沒，可惜此後恬妞美麗的近攝鏡頭沒有在其他作品出現過。那年影評人協會選出年度十大影片，《蒂蒂日記》入選為七大國片第二名。

蒙陳耀圻導演提醒，另外值得一提的是，《蒂蒂日記》是中影最後一部送往日本「東京現象所」沖洗的彩色劇情長片，中影在一九七七年九月三十日接手位於新店的國際彩色沖印公司，改造為中央電影公司沖印廠，此後中影的彩色影片都可以自行沖印，這是我國電影技術發展的分水嶺。

戲裡戲外的感情糾葛

不久之後又接到陳耀圻導演來電，要我把檔期空下來趕快辦外借，拍攝巨星公司出品、瓊瑤作品改編的愛情文藝片《月朦朧鳥朦朧》（1978）。以往的瓊瑤都是把小說改編權賣給片商去拍，但她眼看著每部片子都有極佳票房，因此在一九六八年與平鑫濤合作成立火鳥公司，自己製作出品，可惜成績未如人意。一九七六年，瓊瑤和平鑫濤找來盛竹如另外成立巨星影業公司，並邀請林青霞擔任《我是一片雲》的女主角，終於獲得極佳票房，《月朦朧鳥朦朧》則是巨星的第二部作品。

這部片除了陳導演的班底之外，還特地從丁家班挖來好手劉立立助陣。演員有林青霞、秦祥林、馬永霖、謝玲玲，都是當紅明星。愛情文藝片對陳導演來說駕輕就熟，尤其擅長拍攝內景戲時依需要調度擺設靈活運用。兩位老闆瓊瑤與平鑫濤慷慨出借他們位於仁愛路的豪華住宅做為主要場景，也不時前來探班，與陳導演討論劇情。

陳導演起先還能勉強接受劇情，後來愈拍愈覺得故事有悖常理，遇到這種狀況，陳導演還是會先照著劇本拍，但等到瓊瑤下次來到現場時就找她討論。陳導演以自己的觀點提出修改的可能，個性好強的瓊瑤怎麼嚥得下這口氣，表面上不表示任何意見，暗地找來副導演劉立立，打算把陳導演換掉，要劉立立接手。政戰學校出身的劉副導認為陳導演的見解正確，處理戲來一點都不馬虎，連她自己也覺得瓊瑤的作品老是翻來覆去、沒完沒了的，跟外界認知瓊瑤式的愛情故事沒啥兩樣（目前正夯的韓劇可說是瓊瑤式的翻版）。兩位老闆看過毛片之後，再經過劉立立居中斡旋，才打消了撤換導演的念頭，度過這次臨陣換將的危機。

有場戲借用石門水庫附近的渡假村（興建之初轟動北台灣，吸引眾多投資者進駐。後來因為生活機能不佳而紛紛退場），拍攝林青霞與秦祥林的愛情戲。秦祥林接到通告後，來到現場想向陳導演請假，原因是感染肝炎，全身發黃，連眼白都是黃的，但體力不受影響。陳導演靈機一動，告訴我把這場白天的戲改成黃昏戲來處理，我請燈光師把加在燈前提高色溫的 B5 藍色玻璃紙抽掉，加在攝影機前的八十五號濾色鏡就不動。在拍攝時儘量避開藍天白雲，等真正黃昏時再補拍天色，避免損失一個工作天。

整個拍片期間，只要有林青霞的通告，就有一位學者型的年輕人提著她的化妝箱進進出出。此人來頭不小，擁有博士學位光環，也是經常在平鑫濤《皇冠》雜誌寫文章的作者——筆名趙茶壺的趙寧先生。林青霞的媽媽有時會來探班，星媽是清秀賢慧的長輩，從不多言，偶而替林青霞擦擦臉上的汗，收工時則由趙先生護送兩位離開。星媽就近觀察這位一表人才又有高學歷的趙博士，心中自有盤算。男主角秦祥林剛與蕭芳芳結束婚姻關係，由於近水樓台，秦祥林火力全開，猛烈追求林青霞，星媽看在眼裡不免擔心。

《月朦朧鳥朦朧》在陳導演細心拿捏之下，既不傷到原作者的創意，又能發揮高度智慧，四平八穩完成這部優良作品。加上名作曲家左宏元先生所作的同名主題曲，交由紅極一時的鳳飛飛主唱。電影未上映，〈月朦朧鳥朦朧〉這首歌已先紅遍全台，連東南亞也不例外，到了人人都能琅琅上口的程度，可說是未演先轟動。不出所料，該片一推出，叫好又叫座，贏得廣大觀眾迴響，場場座無虛席，戲院門口大排長龍，為巨星公司創造可觀營收，讓瓊瑤女士對於自行擔任製片改編自己作品更有信心，因而停止出售小說版權留待自用。

因拍片中途發生過意見不合，陳導演與巨星公司的合作僅此一部，但身價水漲船高的陳耀圻導演片約源源不絕。《初戀風暴》（1978）是獨立製片的新片，陳導演跟我約定好，向中影公司辦理外借繼續合作；能跟文質彬彬的學者型導演繼續合作，我求之不得。劉立立此時已經單飛，獨當一面擔任導演了，因此副導演一職由楊家雲升任，其他職員都是《月朦朧鳥朦朧》的原班人馬。主要演員邀來當紅歌星劉文正、周紹棟、張盈真、夏玲玲、李道洪、林海音（本名林豔凰，陳導演認為其名庸俗，同意改名林海音。曾在《八百壯士》中飾演女童軍，清秀亮麗表現不俗）。《初戀風暴》採實景拍攝，客廳戲也選擇比較別緻的擺設為主景，盡量與眾所詬病的老套三廳文藝愛情片做出區隔。《初戀風暴》對陳導演來說輕而易舉，順利交差，主題是時下年青人所喜愛，票房也不錯。

《無情荒地有情天》

印尼有位經營日本摩托車代理的陳姓富商，全權委託陳耀圻導演赴美國拍攝兩部新片，為求票房保證與另有企圖，唯一條件是須由林青霞擔任女主角。第一部是純愛情文藝片《無情荒地有情天》（1978），第二部是有武打元素的文藝動作片，片名未定，原則上第一片一殺青就緊接著拍攝第二部。演員陣容也是一時之選：林青霞、秦漢，加上演技派的歸亞蕾、郎雄。

由於兩位資深演員沒有必須赴美拍攝的戲分，為了不讓他們久等，於是先在台北開鏡，順便把他們的戲拍掉。敏感的娛樂新聞記者對二秦二林的感情糾葛一直很有興趣，特在開鏡時來片場打探消息。有位記者說他是《中央日報》影劇版的，不曉得從哪兒打探到我跟二秦二林合作過好幾部電影，可能了解他們錯綜複雜的關係，特地來找我看能否透露一些內情。我回答他說：「沒錯，我這個人有個長處，隨時隨地不放過任何有意思的消息，而且也是女生們（副導演、場記等）最喜歡聊天的對象，所以可以得到很多第一手訊息。」（其實這個當下已發展成四男一女的愛情追逐賽）他一聽大喜，馬上掏出筆記本準備大書特書，結果我給了他一個軟釘子。我說：「他們本人都在現場，你直接找他們可以拿到獨家。」他當然知道從大明星口中絕對挖不出任何緋聞，再三的懇求。我說知道祕密是一回事，但這些話絕不能從我口中說出去。

《無情荒地有情天》的外景隊成員包括陳老闆派來的黃製片、出納小姐，導演組有楊家雲副導演、張毅、劇務邱銘誠、場記何興。攝影組有助理張德來，陳銘君擔任第二助理兼劇照師。燈光找有豐富經驗又能吃苦的曾介圭老弟參加。名義上為監護人的星媽為了想進一步了解趙家的狀況，也參加這一趟遠行，趙先生更不能缺席。

有兩位陳導演在世新教過的學生——楊敦平與宮天美——此時正在美國念研究所，他們也來助陣。大隊人馬在主景地租下公寓式的房子安頓下來，這間公寓足以容納整個外景隊。我因須辦理外借手續而獨自延後出發，到了洛杉磯國際機場，依約應該有人來接，要我出海關後第一個電線桿下等待。不多時，一個穿著短褲、留著鬍子、曬得黝黑看似墨西哥人的男子向我靠近，我擔心他對我不利，一直往後退，他看著我的樣子，笑著說：「攝影師，我是宮天美，奉陳導演之命來接你。」這時我才認出是他，虛驚一場。

此行有室內戲要拍，會用到燈光器材。楊敦平帶我到好萊塢的器材出租行，我挑了輕便型的八個一千瓦燈連腳架，可以裝在兩個五呎長、三呎寬、一呎高的黑色塑膠手提箱裡，方便一個人提著走。租金每個月結算一次，扣除假期以二十天計費。這筆費用包括攝影組、燈光組的人員器材都包含在我的片酬內，楊敦平建議我以二手價直接買下，省去未來結帳的時間，將來帶回台灣還可以使用。在楊敦平這個美國通的安排之下，且利用他們研究生的身分，順利以優惠價格租到許多拍攝場景，有些地點甚至讓我們無償使用，所以拍攝工作進行得很順利。尤其拍攝外景戲，加州當地天黑得比台灣晚一到兩個小時，讓我們可以延長工作時間，無形中縮短了拍攝天數。

在國外拍戲，外景隊全體彼此幫忙照顧，這是國內拍戲不曾遇到的情況。楊敦平擅長處理製片事宜，也了解國人的飲食習慣，都能找到合乎外景隊胃口的餐廳；哪怕是漢堡，也會帶我們去有色人種住的區域用餐，因為他們的口味會比較重些。某天安排我們到中餐廳用餐，才剛坐定，楊敦平就喊著：「林桑，這邊有一位你認識的老朋友。」在加州有朋友？怎麼可能？他領著我走進廚房，我看到一位動作俐落熟練的廚師在做炒飯，一手拿著鏟子，一手握著鍋子不停翻炒。咦，這人好面熟。原來是農教時期的老友郭仁鐘，我剛當上錄音第二助理時，他已經是錄音第一助理，非常照顧我。他離開農教公司後就音訊全無，居然在離台灣這麼遠的地方巧遇。他邀我當夜到他家跟他當護士的夫人認識，我們聊到半夜才互道珍重，後來他也數度回到台灣跟老朋友見面。

《無情荒地有情天》拍攝順利，黃製片向印尼那邊回報佳音，陳老闆大喜，特地飛來美國宴請整個外景隊。不過，他此行的真正目的很顯然是要追求林青霞，但林青霞與秦祥林已有婚約，星媽卻大力支持趙先生，加上天天在一起拍戲的秦漢，四人勢均力敵，鹿死誰手難以預料。婚姻的基礎不外乎是麵包、愛情與社會地位，賢淑的星媽偏好社會地位，而這位當紅女星似乎對麵包也沒多大興趣。據說老遠從印尼趕來的陳老闆連林青霞的手都沒牽到，加上眼線黃製片這段期間不斷向老闆回報觀察，他落得敗興而歸，算是第一個出局，只剩三強鼎立，各顯本事。原本預計投資在美國拍攝第二部新片的計畫也被取消了，可能就是因為陳老闆提前在這場追逐戰中出局，跟著外景隊來美國的張毅已完成的新劇本也算白忙一場。林青霞利用空閒時間報名大學暑期進修班，趙先生權充指導老師，星媽看在眼裡喜在心頭；更重要的是趙家的環境不錯。

由於第二部片子的計畫取消，但我們簽證尚未到期，多出很多時間，陳導演要楊敦平帶我們這批難得來一趟的工作人員去旅遊。我們北上到舊金山，來接待我們的是他的同學栗通，他看到我們這些鄉親有如看到自己親人般，熱情地招待我們豐盛的中國菜，臨別時還大包小包往車內塞，深怕我們在半路上餓肚子，這種熱情是台灣囝仔獨有的。附近的賭城雷諾非去不可，楊敦平提醒大家別賭太大，留到拉斯維加斯再下大注。果不其然，到了拉斯維加斯一看，這座號稱全世界最大的賭城燈火通明，亮麗壯觀，大夥一跳下車就往拉霸機跑，我生性不好賭，雖然口袋裝滿鈔票，手癢也想小賭一下，仍限制自己只玩十元美金，結果玩到半夜空手而歸。其他人的運氣也沒好到哪兒去，口袋中的錢全貢獻給賭場，只有幸運的楊副導贏了不少錢。大夥兒回到停車場集合，楊副導開玩笑說：「我明早不跟你們擠車了，要搭飛機回洛杉磯。」話還沒說完，賭場的警衛出現在車前，說停車場只供賭客使用。有人不服氣，把口袋翻出來說：「我們也是賭客，只是輸光而已。」警衛不為所動，指揮棒一指：「Out !」一刻都不能停留，我們只好含恨離開賭城。

《無情荒地有情天》號稱百分之九十九都在美國拍攝，這原本是極佳的宣傳賣點，不幸上片時遇到一九七八年十二月台美斷交事件，反而大受影響，民族意識高漲之下遭到抵制，票房十分慘淡。不得不相信，人即使下了再多功夫，缺乏天時地利配合終究無用。

我與陳耀圻導演赴美拍攝《無情荒地有情天》。

《源》

《源》（1980）片描述一百多年前先民排除萬難從大陸渡海來台，開疆闢土的血淚故事，是中影公司有史以來首部製片預算達五千萬元的大片，預計將以一年的時間完成。監製辜振甫、製片明驥、助理製片張法鶴、策劃趙琦彬、導演陳耀圻、編劇張永祥／張毅、原著張毅、導演特別助理鄭德貴、我任攝影指導、攝影是翁岩生與倪重華、美術指導張季平、服裝設計范吉玉、化妝顧問李奧・盧提度（Leo Lotito）、技術顧問蔡東華／陸一男、動作顧問王道、剪接汪晉臣、錄音忻江盛、音樂作曲翁清溪、配樂黃茂山。演員包括：王道、徐楓、約翰・菲力浦勞（John Philip Law）、石雋、林月雲、周丹薇、張盈真、黛博拉・桑（Debora Zonlogo）、王滿嬌、葛香亭、高幸枝、劉林、方芳、洪明麗、丹陽、翁浩偉、姜厚任、歸亞蕾、關山、田野、王萊、吳漢章、陳國鈞、丁國勝、薛漢、鐵孟秋、乾德門、阿匹婆、王宇、蔡富貴、劉引商、王菲、李影瑛、苓維德、梅芳、吳素瑩、鄒海源、潘潔漪、張寶善、林原、黃佩斯、胡威、武德山、陳剛、李振、楊烈、姜宜君、初本科、丁仲、黃天儒、葛天、盧漢章、李顯、何剛、陳志珍、藍文成、李國興、鄭博文等空前的演員陣容。

《源》片籌拍初期我就積極投入前置工作，陳耀圻導演帶領攝影、美術、劇務一行人勘察外景，我們浩浩蕩蕩走遍全台灣：合歡山、墾丁、鹿港、基隆、坪林、苗栗……陳導演特別提醒我們責任重大，要克服萬難完成歷史使命。由於拍攝的需要，劇組特別聘請一位中油退休人員擔任顧問，還有一名日本特技人員協助製造船隊渡海時的人造海嘯，以及火燒後龍溪的大場面。廠方也派廖本榕擔任特技攝影，並請美籍電影化妝師李奧・盧提度示範特殊化妝，將王道、徐楓、石雋等人從年輕到年老的化妝技術傳授給本廠化妝師周玲子。中視、台視、華視、文化大學、政戰學校、國立藝專也派了百來人前來見習。為符合時代背景，人物造型、服裝、布景、道具均由專家評估，從倉庫取用現有物件或重新設計。拍攝過程中最耗時的就是演員的裝扮、服裝與化妝，尤其男主角王道從年輕演到老的妝最難處理，真正是考驗了周玲子的功力與耐心。

《源》片雖有龐大的預算，仍得量入為出，儘可能利用實景拍攝，除了在攝影棚內搭設布景之外，也在坪林鄉石槽村潤瀨小溪清澈流水、風景幽雅處搭了簡易抽油架，大型抽油架則搭在內湖的山坡上，另外在基隆和平島海邊也打造了一艘船，各部門積極分頭進行籌備工作。我指導的攝影組也會配合陳導演細膩平實的風格，無論取景或採光，都會以四平八穩的方式，將先民冒死渡過黑水溝來台開拓的精神呈現出來。

此片還特地邀請三位美籍演員加入。華裔美籍的吳漢章導演在多年前來台灣出外景拍攝《天衣無縫》時曾與我合作過，老朋友幾年沒見倍加親切。另外兩位美籍演員是約翰・菲力浦勞與黛博拉・桑。為節省時間與預算，必須先拍攝他們三位的戲分。他們的裝扮比較簡單，服裝、帽子造型沒有太大的改變。拍戲時的溝通都由留美的陳導演直接搞定，比較難處理的是跳場拍攝，場記、服裝都要有完整的記錄。三位美籍演員都很隨和，初次來台的約翰・菲力浦勞與黛博拉・桑對周遭事物很好奇，也愛上台灣的食物，演起戲來自然不做作，輕鬆寫意。經過短暫的相處，他們結束工作準備回美時還覺得依依不捨，不斷跟大夥握手道別。後來陳導演與我前往好萊塢的沖印廠處理《源》片的特效時，約翰・菲力浦勞還以主人身分邀請我們到高檔日式料理店餐敘。雖說洋人很現實，但念舊的仍大有人在。另外一個例子是曾經來台拍攝《聖保羅炮艇》的勞勃・懷斯（Robert Wise），片子成功上映後，他獨自來中影製片廠向當初支援拍攝的工作人員致謝，還真是位令人尊敬的性情中人呢。

《源》片的第一場戲是先民在舊時街道上的生活狀況。劇組利用中影文化城的街道，運來好幾卡車泥土鋪在現有的水泥路面上，澆上水攪成泥濘地，同時選擇在陰天拍攝；雖然符合劇情需要，但滿地泥濘讓演員寸步難行，連我們攝影組要轉換鏡位也無可避免得踩著泥巴搬器材。最辛苦的是場務人員，地一乾，他們得立刻補水攪成泥地，轉換鏡位時還要幫忙搬軌道、拆道具，真是有夠忙的。製片明總經理照例每天到廠巡視關心進度，有一次看到大夥坐著休息，他驚訝的問道：「天氣這麼好，為什麼不拍戲？」我向他報告，這場戲為了增加氣氛，專選陰天拍攝，現在陽光普照，拍起來氣氛不連貫，等烏雲過來遮住陽光就可以拍了。明驥抬頭看著豔陽天，搖搖頭離開現場；拍戲真難，天氣不好不能拍，天氣太好也不行。如此般的拍攝工作持續好幾天，收工後苦了攝影助理，不僅要清洗三腳架上的泥巴，還要擦拭攝影機。回到家中，家人還以為我跌在泥巴裡還是在泥地中打滾，告訴我走路要小心。拍完這場戲後，還原文化城的現場則是另外一個大工程。

中影文化城的外景拍完後，我們移進棚內拍攝王道、徐楓夫婦胼手胝足共同奮鬥的戲碼。在陳導演細心引導下，王道把先民堅毅的精神表達得入木傳神，石雋釋演的師爺溫文儒雅可圈可點，徐楓也把中國婦女堅貞賢淑的形象表現得淋漓盡致。其中一場戲是王道夫婦因情緒爆發，把飯桌翻倒，整桌飯菜散灑滿地，陳導演要徐楓蹲在地上，強忍著淚把白飯一顆一顆撿回碗裡。這樣細膩感人的手法，連在場的演職員看著看著也紅了眼眶。徐楓可說是允文允武的優秀演員，在她真實的感情生活裡也有一群男士排隊追求（包括秦祥林在內），但她不輕易動心、眼光精準，後來成了製作人，推出過好幾部成功的影片，也選到了理想的對象，成為房地產業的商場女強人。片中其他老牌演員包括林月雲、王滿嬌、葛香亭、高幸枝、劉林、方芳、洪明麗、丹陽、歸亞蕾、關山、田野、王萊、吳漢章、陳國鈞、薛漢、鐵孟秋、乾德門、阿匹婆、王宇、劉引商、王菲、李影瑛、梅芳、潘潔漪、葛天等人，他們雖然戲分不多，但都發揮了出色的演技，給後輩年輕演員不少啟發。後起之秀的姜厚任、丁國勝、陳剛、黃天儒、周丹薇、張盈真都有優異表現，日後也都在影劇界占有一席之地。

位於坪林潤瀨小溪旁的簡易抽油架，在戲中是由王道耐心地一點一點搭建起來的，我們在那裡拍攝了好幾天。某天王道沒和劇組一起搭上交通巴士，原來是向陳導演請了幾個小時的假，到醫院去探望即將臨盆的太太。不久之後，看到他搭計程車抵達現場，我們大夥私下猜測，如果是壯丁的話他一定抬頭挺胸、臉帶笑容大步走來；反之，如果是千金的話，就會無精打采漫步過來。結果看他走路的樣子，大夥異口同聲說一定是千金，他走到大家面前，無可奈何的雙手一攤：「還是雙胞胎呢！」有些女生打抱不平：「一次兩個美女有什麼不好？」這話讓王道的心情安慰許多。

結束坪林的拍攝後，整個工作團隊移師到鹿港老街。舊街上有許多符合《源》片需要的場景，尤其意外發現一棟外表普普通通的三層樓老店鋪，天井建在店的後方，走進去抬頭一看，每層樓的欄杆與走道都是當初起造時就有的，維持完好；後面都是倉庫，在台灣很難找到保存得這麼完整的舊建築。陳導演十分高興，在這裡安排了好幾場戲。此外，我們也在鹿港找到許多我們需要的街景，這一趟鹿港之行收穫良多。

外景隊最後回到內湖的山坡地拍攝，由美籍演員約翰・菲力浦勞飾演工程師，指點王道搭建油井和抽油塔。劇中他們日夜苦守油井，數十年如一日，將所有辛勞與歲月流逝置之度外，終於老天不負苦心人，被他們盼到奇蹟發生。王道飾演的老頭聽到油井發出奇怪聲響，提著油燈趨前查看，井口不斷湧出黑壓壓的液體來，聞其味，竟是等待已久的原油。這一場戲王道演得扣人心弦，長年苦苦追求的夢想終於成真，眼看黑水越冒越多，他欣喜若狂，跪地仰天謝地，卻在高興之餘不慎打翻油燈，引發油井大爆炸，讓多年來辛苦付出的心血就此付之一炬，真是無語問蒼天。

歷時兩百二十七個工作天，《源》片畫上句點，該片製作精良，技術與內涵都值得稱道。陳導演帶著《源》片參加洛杉磯影展、第二十六屆亞洲影展，張毅、張永祥榮獲編劇基特拉獎。第十七屆金馬獎《源》片共入圍六項：劇情片、編劇張永祥／張毅、男主角王道、女主角徐楓、攝影林文錦、美術設計張季平。結果，徐楓獲頒最佳女主角、張季平獲頒最佳美術設計，其餘包括攝影獎項均槓龜，真是愧對兩位辛苦的夥伴（個人因擔任攝影指導，被認為發揮了創造精神、製作精良、貢獻良多，獲國民黨中央文工會頒贈獎狀）。欣慰的是《源》片因製作嚴謹，入選年度十大國片第二名，而各地票房因佳評不斷而屢創新高，讓陳導演與我們的苦心沒有白費。

霧散情亦散

與陳耀圻導演合作這幾部戲的工作夥伴裡，楊家雲和張毅後來都升格當上了導演，我自然不能錯過與他們合作的機會。

楊家雲拍完《初戀風暴》之後，從副導演升為導演，我有幸為她的第一部片《晨霧》（1978）掌鏡。這部片由《初戀風暴》原班人馬製作，演員有林青霞、秦漢、陳瑋齡及游泳健將王瀚等，卡司不弱。此時謠傳林青霞與秦祥林已有婚約，但一人在台灣，一人在香港，分隔兩地只能以電話傳情。秦漢已有妻室與一對可愛子女，秦夫人常帶小孩來片廠探班，林青霞不時會逗著小孩玩。不知何故，秦夫人探班次數逐漸變少，後來再也沒出現過。接著傳出秦漢夫妻感情生變的消息，《晨霧》殺青時，不是霧散了，而是他們的婚姻散了。

人與人相處久了總會發生感情，有學問又很忠實的護花使者趙博士一直待在林青霞身邊，按時接送守候，讓星媽愈看愈滿意，她當然期盼女兒能進入更讓人羨慕的智識階級，趙先生在這一點上占盡優勢。

五年後我二度與楊家雲導演合作，《金門女兵》（1983）演員清一色全是女星，除徐俊俊外，有以大膽作風走紅的陸小芬、巨星公司旗下的呂琇菱、還有在《第二次一對一》中演出精湛的銀霞。全片在金門實地拍攝，我們被告知，愈是美麗、景色如畫的場地往往布有愈多地雷，劇組很幸運沒碰到對岸打來的炮彈，但也不敢隨便越過禁區取景。防禦工事坑道擎天廳工程之艱難浩大讓人嘆為觀止，花崗醫院設備齊全收容傷兵及為民診療，不難想像國軍弟兄們為捍衛國家在這個前線小島上流了多少血淚汗水。《金門女兵》發揮了振奮軍心、民心的效果，也為永昇公司帶入龐大收入。

陳耀圻導演的學生張毅很早就在編劇方面顯示出才華，第一次擔任導演的作品是《野雀高飛》（1982），接著與楊德昌、陶德辰、柯一正合拍中影的集錦式電影《光陰的故事》（1982），隔年則獨力

我和女主角之一的呂秀菱。

左起張富美、我、銀霞。

楊家雲導演在《金門女兵》拍攝現場指揮。

執導中影的《竹劍少年》（1983）。

《竹劍少年》由張毅和小野共同編劇，描述來自不同家庭背景的青少年在成長過程中的思考與行為。中影公司公開甄選年輕演員，共錄取一女七男：田麗、侯冠群、丁由、章文龍、魏伯勳、彭忠炘、李志希、李志奇，同時邀請老牌演員李麗鳳、陸一龍參與演出。《竹劍少年》攝影師為李屏賓，我擔任攝影指導，偶而會示範一下，其他幾乎全交給李屏賓操作；藝術指導王俠軍也兼任劇照師。

《竹劍少年》在一群中生代的生力軍執著品質下交出亮眼成績，也讓片中幾位剛出道的年輕人如田麗、侯冠群、李志希、李志奇日後獲得更多演出機會。王俠軍後來成為成功的企業家，李屏賓成為國際級的攝影師，國內外獲獎無數，包括多次榮獲金馬獎最佳攝影獎。該片的錄音杜篤之今日早已是知名錄音師。張毅導演稍後執導《我就這樣過了一生》時與楊惠姍結緣，為了劇情需要，楊惠姍不顧自己魔鬼般的身材硬是為戲增重二十磅，如此為戲犧牲，在當年國內外影壇都是少見的。因為如此，兩人投緣也志同道合共創事業，成為人人稱羨的佳偶。所謂的英雄難過美人關，美人也難過英雄這關。

幾年之後我擔任影視組組長時，再度應陳耀圻導演之邀參與中影、嘉禾、寬聯三家公司合資拍攝《晚春情事》（1989），陳導演當時兼任寬聯公司總經理。該片由三家公司派人組成工作團隊，人員都是一時之選；包括數年前在舊金山拍攝《無情荒地有情天》時熱情接待外景隊的栗通，他擔任本片的美術設計與造型設計，人生何處不相逢，這種奇妙的機運讓我們不自禁相擁問候。《晚春情事》網羅影視明星參加演出，陸小芬、張復建、馬景濤、莊元康、姜厚任、文英、丁也恬、尹寶蓮、文湘蘭、常楓、魏甦、白玲、管管。

開拍前，極注重美感的陳導演帶著陸小芬來到製片廠，我正在影視組辦公室處理公務，陳導說：「林桑，給你一個難題，你有沒有辦法消除她的眼袋？」我馬上找來化妝師周玲子與燈光師文學福。周玲子表示用蜜絲佛陀化妝膏應可消除一部分眼袋，但塗得太多的話可能會不自然。我跟燈光師商量，調用特製兩百五十瓦小型聚光燈左右各一盞，正對著眼袋照射，餘光想辦法用黑卡遮掉。幾經試驗，雖無法去除全部眼袋，但勉強還可接受。陸小芬初次見識到大家認真做事的態度，大為感動，推辭所有片約，勤練國語、勤練運動、勤學表演，只求完美全力以赴。

歷經長達七個月的籌備，《晚春情事》於這年八月五日在中影公司士林製片廠開鏡，因為事前準備充分、靈活調度與細膩處理，拍攝工作進行得很順利，期間遇到陸小芬告假飛漢城參加韓國華僑的雙十慶典，回來補拍三場戲後，《晚春情事》宣告殺青。剪接、配音同時進行，口白也是陸小芬自己配錄的。次年三月，在梅花戲院晚場首映，接著全省院線聯映，開出漂亮紅盤。《晚春情事》參加第二十六屆金馬獎，張季平、栗通、陳耀圻、李寶琳榮獲最佳美術設計獎；入選影評人協會年度十大國片第七名，該片也在第三十四屆亞太影展中由陸小芬奪下最佳女主角米特拉獎。

《晚春情事》劇組人員，左起我、陸小芬、莊元庸、邱順清、文英、王銘燦。

劉立立媳婦熬成婆

劉立立原本是丁家班的成員，我們早就熟識，後來她被巨星公司聘任為導演，《一顆紅豆》（1979）開拍時邀我加入，我當然義不容辭全力支持，推掉其他公司的邀約，擔任這部片的攝影師。《一顆紅豆》是純愛情文藝片，主要演員有林青霞、秦漢、馬永霖與宋岡陵，老闆之一的平鑫濤先生不時會來到片場，他看到我從美國帶回的輕便型燈具，稱讚不已。平先生身兼聯合報總編輯、皇冠出版社與巨星公司的老闆，很關心新手導演劉立立改編瓊瑤著作的處理方式，經過長時間的觀察之後才肯定劉導演的能力。他有時也會觀察攝影工作，對我擺的鏡位讚譽有加，有時甚至用「神來之筆」形容。

《一顆紅豆》跟我不久前拍攝的《月朦朧鳥朦朧》有同也有不同，戲裡戲外的感情糾葛也繼續上演。主景同樣是仁愛路上那間豪宅，女主角一樣是林青霞，攝影師還是我，導演從陳耀圻換成劉立立，男主角從秦祥林換成秦漢，趙先生與星媽換成秦漢的一對可愛兒女。據悉此時秦祥林已淘汰出局，秦漢獨占領先位置，他對《一顆紅豆》的劇情了若指掌，劉導演落得輕鬆，平鑫濤與瓊瑤兩位老闆笑眼常開。秦漢的一對兒女文靜可愛又不鬧場，林青霞常跟他們互動。《一顆紅豆》在如此祥和溫馨的氣氛中拍攝順利，如期殺青。劉導演除了領到一張尾款支票外，也收到新片《彩霞滿天》（1979）的劇本，看來平鑫濤與瓊瑤兩位老闆對劉導演的表現很滿意。平老闆知道我是中影公司的員工，他很客氣地問，能否再借重我的專業？我答道只要公司沒派工作，我樂意繼續效勞，何況都已是有合作默契的班底。

《彩霞滿天》由瓊瑤親自改編，演員是原班人馬再加上生力軍張璐，主要拍攝場景還是仁愛路上那間豪宅。林青霞跟秦漢的感情也跟我們拍戲一樣，按部就班逐漸昇華，已進展到論及婚嫁的程度。秦漢的一對兒女除了上幼稚園的時間之外，幾乎都離不開爸爸，也開始視林阿姨為自家人一樣，同進同出。拍攝期間常來探班的人之一是名音樂家左宏元先生，瓊瑤電影的主題曲與插曲多半出自這位大師之手，作詞部分則由瓊瑤包辦，不假他人之手。左宏元先生的住家在仁愛路圓環附近，離拍攝現場不遠，不時過來為新曲找尋靈感，讓我有幸能認識這位多產的名作曲家。

《彩霞滿天》顧名思義整部片子需要大量彩霞的畫面，我不時利用空檔時間，在傍晚時分開車外出，四處收集、累積更多的彩霞畫面。我們也找遍西海岸，相中新埔工專校園西向的方位，我把攝影機架在理想的鏡位，讓助理守著機器，利用等候太陽西下的空檔開快車趕回外雙溪的製片廠處理公務，再火速趕回現場，抬頭一看，時間抓得剛剛好，滿天彩霞像火一樣燒紅整片天空，我連車子都來不及熄火就趕緊跳下車，開機恣意捕捉這美麗又壯觀的美景。

不久之後開拍新片《雁兒在林稍》（1979），演員幾乎是原班人馬，主要內景還是仁愛路那間豪宅，當然客廳的擺設要全部換新，牆壁也漆上新的顏色。林青霞與秦漢談情說愛的主要外景則選擇陽明山國家公園，遇到下雨就回仁愛路拍攝內景戲。他們倆戀情的消息走漏，常有影劇版

我在劉立立導演的瓊瑤電影《一顆紅豆》中掌鏡。

《彩霞滿天》劇組人員，前排左起化妝師周玲完、我、秦漢、林青霞、劉立立導演。

記者聞風而至，想挖獨家新聞。他們倆面對記者當然只談戲裡的情節，追問到私密的節骨眼則笑而不答。

有天在忠孝東路四樓租來的公寓頂樓加蓋鐵皮屋中拍攝林青霞跟秦漢的床戲，來了幾個神通廣大的記者，爭先恐後想卡到最理想的拍照位置，劉立立導演一看苗頭不對，下令清場，只留下男、女主角、導演跟攝影師四個人。所有記者只能在外乾著急，有人竟把耳朵貼在牆壁上竊聽屋裡的一舉一動。這場男歡女愛的床戲演得很逼真，連老道的劉導演也看得滿臉通紅，滿意地小聲喊卡。床上兩人意猶未盡互相替對方擦汗，問劉導演要不要再來一個，劉導演笑說都已經ＯＫ了，如果想再來一個更精彩的話就不清場了。當然不可能吧，林青霞跟秦漢結束這場戲，走出門外透透氣，所有記者一擁而上，圍著他們拍照並追問這場戲感覺如何，倆人笑而不答。記者在他們身上挖不到任何腥羶內容可寫，就跑來找我。我說：「我是攝影師，聽從劉導演的指揮，這是個長鏡頭，Pan 到兩人的上半身，然後 Pan 到僅裹著薄被子的下半身，是否有假戲真做，我毫不知悉，詳情可問劉導演或秦林兩位當事人，不過這場表演得很精彩也很逼真，你們等著看片子就知道了。」

回到重新裝潢過的仁愛路主景，兩位老闆跟左大師仍會到現場關心拍攝進度；課餘時間也可看到秦漢一對可愛兒女的身影；劉導演忠實地把劇本一字不漏拍出來，最高興的當然就是瓊瑤女士。順利殺青後，巨星公司為了酬謝全體演職員，席開數桌，劉導演特地邀我坐在她旁邊。我先舉杯謝謝她推薦我為巨星公司拍了幾部戲，劉導演笑道：「都是丁家班自己人還來這一套？要謝的應該是我，因為有你鼎力協助，片子才會順利完成。來！我敬你！桌上這排杯子非乾光不可。」天啊，光聞到酒味就快醉的我只好捨命陪君子。我問劉導演，林青霞跟秦漢什麼時候會有喜訊，她說，在眾多候選人中，林青霞最中意的還是秦漢，而且也很喜歡他的一對兒女，但有個癥結始終打不開。話說到這裡剛好被兩位過來敬酒的老闆打斷，拉走劉導演陪著他們逐桌敬酒，把氣氛炒到最高點。

巨星公司《金盞花》（1980）也是瓊瑤女士原著改編，仍然由最忠於原著劇本且票房穩定的劉立立執導。劉導演與巨星公司都希望我能繼續掌鏡，基於丁家班的情誼，加上其他共事的熟面孔，讓我沒有推辭的理由。新片的男女主角仍是老搭檔林青霞跟秦漢，再加上外形清秀的玉女朱海玲，還有曾經合作過幾部戲的小帥哥馬永霖。

新片《金盞花》主要的內景戲仍在仁愛路那間豪宅，外景則選在陽明山國家公園，這裡處處都是戀人談情說愛的好所在，也是拍攝愛情文藝片的首選場景，開鏡第一天第一個鏡頭，就是在這裡拍攝沾滿晶瑩露水的盛開金盞花。整個拍攝過程進行得很順利，時間也過得特別快，劉導演宣布休息吃便當。我趁用餐時間抓住劉導演追問上次沒問完的問題，這對璧人什麼時候會有好消息？劉導演嘆了一口氣說，只卡在一件事無法解決；雖說林青霞自始至終只愛秦漢一人，秦漢也有相同的感覺，但問題出在秦漢的一對兒女。我聽了覺得奇怪，大家都看得出來林青霞跟這兩個小孩相處得很好，不是嗎？沒錯，但林青霞希望婚後剛開始可以兩個人單獨過著甜蜜的新婚生活，一段時間後再把小孩接回來全家團圓。秦漢雖然愛林青霞，卻捨不得把一對可愛的兒女交給別人照顧，也無法放心讓他們獨自生活。任憑林青霞一再表明她很喜歡這兩個小孩，但新婚階段還是要有蜜月生活，而秦漢始終無法接受這個提議，雙方就此僵住。一位是青春浪漫的當紅玉女，一位是善良英俊的帥哥，相互鍾情卻為此無法結為連理。在局外人看來，女孩子對一生僅有一次的甜蜜新婚有所期盼是人之常情，另一方面，疼惜兒女的父親之心自然也沒有錯，最後，劉導演說了，這個結難解。

《金盞花》男女主角一如往常，該怎麼演就怎麼演，一點也沒有為情所困的跡象。雖如劉導演所料，他們之間的感情已逐漸產生變化，但水面上平靜如鏡，仍然相敬如賓、有說有笑，看不出來有什麼不同。《金盞花》順利殺青，也創下良好票房，兩位老闆一再交代巨星公司還要再拍新片，現有班底一個也不能缺席，劉導演搶先答應，然後逼問我能不能再配合，我說：「只要中影公司沒派新任務給我，丁老大沒新片，我自然沒問題。」盛大的殺青宴賓主盡歡，酒酣耳熱之餘，終究歸於平靜。劉導演告訴我，這對人人稱羨的銀幕情侶將各走各的路，一場轟轟烈烈四強爭美的戲碼就此告終。沒多久，林青霞與秦祥林在美國訂婚，但延宕數年終究沒能成婚，這位天生麗質的金馬獎影后，最後選擇香港商人為依歸，麵包略勝浪漫愛情，也讓星媽寬心許多。

《聚散兩依依》（1981）是我和劉立立合作的最後一部瓊瑤電影，男主角仍是秦漢，但此時林青霞已離開台灣，換成青春秀麗的新人呂琇菱擔任女主角。拍完這部片之後，我向巨星公司推薦由廖本榕擔任攝影師，他的表現也讓老闆相當滿意。

財神導演朱延平

發財致富是人人追求的目標之一，第一影業公司黃老闆花很多時間投資布局的美加院線，穩定發行台港影片，已是成功的電影人士，但他仍不斷發掘新銳，提拔後進，朱延平導演就是其中之一。

朱延平導演曾擔任蔡揚名導演的副手多年，可謂名師出高徒。朱導演的處女作《小丑》上映後票房可觀，被黃老闆相中，延攬他加入第一影業公司成為基本導演，籌拍新片《瘋狂大發財》（1978）。此片的製片蔡文龍曾在中影公司任職，擔任過《八百壯士》的助理製片，也被黃老闆相中邀請加入。攝影當然是由我掌鏡。主要演員有許不了、張俐敏、胡慧中。此時的許不了已是紅遍半邊天的諧星；張俐敏是當紅電視連續劇《家有嬌妻》的明星；胡慧中是高學歷的美豔玉女，陣容相當堅強。

我很幸運能跟新銳導演合作，感覺非常新鮮；年青的朱導演斯文謙虛沒有導演架子，滿腦袋都是用不完的點子。許不了是天生搞笑的料，看他演戲不笑也難。不過許不了滿手片約，每天都有三班通告要跑，雖然體力有限，但在攝影機前卻一點也不鬆懈，敬業精神可嘉。據說找他拍片還需要南部一個老大首肯，否則免談。

當然，其他演員也不是省油的燈，要傷腦筋的是演員排班的問題，其中問題較大的是電影、電視兩頭忙的張俐敏小姐。為了協調錄影檔期與許不了的排班，某天朱導演與我親赴張俐敏住家拜訪，出來應門的是個睡眼惺忪的素顏小丫頭，朱導演說明來意，問張俐敏小姐是否在家？對方以奇怪的眼神盯著我們，幽幽的說：「我是張俐敏啊。」天啊！我們居然沒認出來站在眼前的就是本尊？葉啟田的「三分天註定，七分靠打拚」拿來詮釋女孩「三分天註定，七分靠妝扮」一點也不為過。

在朱導演靈活調度下，大夥慶幸拍攝進度順利跟上，卻沒料到大禍臨頭。

某天拍完白天的戲，為了等張俐敏錄影回來接著拍夜戲，全部人馬拉到松江路黃老闆的寓所略事休息待命。那時台鐵尚未地下化，松江路有一條供汽車跨越鐵道的天橋，橋下兩邊可免費停車，我的全套攝影器材就擺在汽車行李箱裡停在路邊。等到張俐敏盛裝出現，我們發動汽車準備出發，第六感告訴我事情怪怪的，下車打開行李箱一看，天啊！整套攝影器材不翼而飛，被偷得一件不剩。被竊攝影器材有三十五毫米 ARRI IIC 攝影機機身，四百呎裝底片暗盒兩只，電瓶、皮尺、黑布袋各一，Angenieux 五十毫米至五百毫米變焦鏡頭一只，Kinoptik 十八毫米一只，Cook 二十五毫米、五十毫米、七十五毫米普通鏡頭各一只，高矮腳架各一，機頭一只。

這下損失可大了，除了立即到仁愛路派出所報案，也趕忙回家取用另外一套器材，絲毫不敢耽誤拍攝工作（因應丁善璽導演要求，出通告均攜帶兩套攝影器材。如遇空檔也可出租給同業，因此添購了第二套器材，平時委由家人管理租借事宜，可說是血汗換來的）。雖向警方報案，但這些器材就此再也回不來了，因為是個人的疏失，自然沒向製片公司求償，心痛之餘也只能看開，自認倒楣；不過，這也讓家人免於再勞心勞力處理器材出租業務。慶幸的是，我從此片中跟著朱導演學到不少新手法跟新招式，可算是昂貴器材被竊的些微補償吧。《瘋狂大發財》是朱導演在第一影業公司的第一部片子，在所有第一公司出品的影片中，拿下票房第一的佳績，此後多年他一直被視為財神導演。

我邀請朱導演為這本書寫序，閒聊中，他特別提起銘記心中的一件事，叮囑我千萬要寫進這本書裡。《瘋狂大發財》結尾有一場重頭戲，胡慧中把得來的鈔票裝在車上逃跑，後有追兵，不料開到港口時來不及煞車，直接衝進海裡。小黑柯受良是飛車替身，原設計是要他抓住車子飛上半空之前的空檔逃出來。拍攝時，朱導演眼看著車子快要衝到盡頭，卻遲遲沒看到小黑跳車，他心慌了，大聲喊卡！卡！卡！我卻不聽他的命令，鏡頭一路跟拍然後 Zoom in 到車子的ＦＳ，捕捉到意想不到的效果，小黑也及時逃出。他說我當時老神在在，化解了危機，因為若重拍這個鏡頭肯定大費周章。幾十年來他每每想為這一件事感謝我，卻都給忘了，我淡淡說：「這是攝影師該做的，也是本能。」

緊接著我跟朱延平導演繼續合作新片《大人物》（1980），仍由許不了領銜主演，我推測製片老闆馬先生大有來頭，可能跟幕後操控許不了的南部大哥關係非比尋常，否則怎麼那麼容易就拿到許不了的檔期？老闆年幼的女兒馬皖茜與許不了在戲中搭檔演父女，其他演員還有楊惠姍與劉尚謙。朱導演選角向來有獨到之處，不是美女就是帥哥，他腦中有一大堆用不完的怪點子，加上許不了的票房保證，這部電影要不賣錢也很難。

那一兩年西門町電影街上的看板很難不看到許不了，他的片約一部接一部，多到空前絕後，媲美當年的天王巨星王羽。不過也因為戲約不斷，許不了過度勞累也沒有確實調養，在拍片過程中時常可看到他神情疲憊，日漸消瘦，讓大家都很擔心。雖然如此，他在鏡頭前仍然賣力演出。同片女主角楊惠姍有出眾的外表與敬業精神，劉尚謙長相帥氣，工作態度積極樂觀，走紅指日可待。冰雪聰明的馬皖茜在朱導演指點下，與許不了的父女之情表現不弱，若能繼續演藝事業，未來不比蕭芳芳差。《大人物》如眾人所望創下票房高峰，但我奉告許不了：「賺錢有數，生命著顧。」他無奈地感激我的關懷，人在江湖，身不由己。

《大人物》大賣座，又有幕後老闆大力支持，馬老闆乘勝追擊籌拍新片《大小姐與流浪漢》（1981），導演當然還是票房保證朱延平。演員除許不了、馬皖茜之外，加上已躋身一線明星的梁修身、古典美人胡茵夢等強大陣容。大公無私的朱導演選角皆以票房為考量，名演員也樂意跟他合作。許不了照樣輕鬆演他的拿手戲，他與生俱來的搞笑功力讓整個拍攝現場的氣氛完全不一樣，馬皖茜經過先前的磨練，演技更成熟；新加入的梁修身與胡茵夢不願淪為陪襯，更是拚了老命；這四人同場飆戲讓朱導演樂歪了嘴。但最高興的莫過於馬老闆，準時開工，按時收工，如期殺青，票房大賣，鈔票入袋。

師徒接力忙拍戲

拍完巨星公司出品，瓊瑤女士原著改編，劉立立執導的《聚散兩依依》（1981）後，接著接拍朱延平執導的第一影業公司《傻丁立大功》（1981）。演員除了許不了，還新簽了以詼諧路線為主的演員方正，並高價從香港聘來武打明星姜大衛及動作女星孫嘉琳。這個新組合是朱導演的點子，黃老闆也信任朱導演，放手讓他發揮創意，偶而還看到黃老闆掛著和藹可親的笑容來片場巡視，為大夥打個氣就回公司。《傻丁立大功》是以另外一種打鬥嬉鬧新手法拍的電影，緊張刺激好笑，果然也開出漂亮成績單。

殺青之後，導演蔡揚名來找我。他在台語片時期是紅極一時的演員，藝名歐陽俊，後來演而優則導，被邵氏公司網羅去香港發展，執導功力了得，拍過幾部出色作品。回台後改回本名蔡揚名，朱延平導演就曾是他的副導演。《女性的復仇》（1982）是我頭一次跟蔡揚名導演合作的電影，節奏明快，劇情充滿張力。當時他也跟該片女主角的楊惠姍打得火熱，楊擁有天使臉蛋、魔鬼身材，追求者人數不亞於林青霞。其他三位演員陸鳳儀、張盈真、慕思成也都有傑出表現。

蔡揚名導演跟我合作一次之後，信任有加，接著開拍第二部電影《小妞、大盜、我》（1982），女主角仍是楊惠姍，男主角換成秦漢，還加入活潑可愛的彭雪芬與武藝高強的王道。

王道畢業於德州農工大學，擅長跆拳道，曾演過羅維導演的《黃面老虎》與吳思遠的《南拳北腿》。這個全新組合讓人耳目一新。蔡揚名導演本身擁有豐富的演戲經驗，又經過邵氏公司嚴苛磨練，指導演員的技巧硬是不同。他對動作戲的要求也非常嚴格，為了追求完美畫面，即使花再多的時間都願意。《小妞、大盜、我》不出所料也交出亮麗票房成績。

拍攝《小妞、大盜、我》時，有天朱延平導演、小黑柯受良及許不了的聯絡人（南部某老大的手下）出現在拍片現場。他們師徒見面少不了客套，朱導演稱呼蔡揚名導演為老師，其實他們倆的實力相當，大可平起平坐。我以為他們這次是來喬許不了的檔期，後來才知道朱導演近期有新戲要開拍，專程來找蔡導演商量出讓攝影師。蔡導演問我覺得朱導演如何？我說高徒出自名師，沒話說。

不久，《紅粉兵團》（1982）開拍，第一影業公司出品，由朱延平執導，領銜主演的是林青霞與楊惠姍，雖然兩人的路數不同，但有個共同點就是「拿得起放得下」。兩位當紅女星不管在票房或是情場上都是眾人討論的焦點，其中任何一人都已經是票房保證，再加上諧星許不了，《紅粉兵團》一開拍就吸引眾人注目。其他演員還有年輕活潑、口才一點都不輸人的彭雪芬；名模出身、身材高挑、輪廓鮮明的徐俊俊，以及另外幾位女星，構成《紅粉兵團》以女性為主的空前組合。拍攝期間，眾女星笑鬧聲從不間斷，有如三姑六婆般熱鬧，也感染到所有工作人員。

《紅粉兵團》殺青之後，緊接著開拍仍是朱延平執導的《傻丁有傻福》（1982），由許不了領銜主演，演員還有方正、夏玲玲與清秀的應采靈。朱導演除基本盤許不了之外，會特別用心挑選不同性格的女演員一起搭配演出。這兩部電影都為第一影業公司賺進可觀利潤。

拍完這兩部電影之後，一如蔡、朱師徒協議，我回頭幫蔡揚名導演拍攝新片《衝破黑漩渦》（1982）。這是一部懸疑動作片，由王冠雄、楊惠姍領銜主演。川原、王俠、蔡揚名的三人組合在當年可算是金字招牌，每部電影都有驚人表現。王冠雄是動作新秀，外表率性豪邁，自我要求極高。川原、王俠表現不錯，豔麗的于楓是新面孔，企圖心很強，楊惠姍在眾強環伺之中也使出渾身解數，工作態度認真，完全放開來演戲。

楊惠姍是心地善良、富有愛心的藝人，不時關心工作人員辛勞。有天，在剛開發的林口工業區拍攝小黑柯受良駕車追撞楊惠姍的戲，我手提著攝影機，坐在小黑車子後座，帶著小黑的背往前拍攝，前面的楊惠姍左閃右閃，驚險萬分，一不小心她不慎摔倒在地，小黑眼明手快猛打方向盤，在最後一秒鐘閃過，楊惠姍毫髮未傷，我們的車子卻不偏不倚撞上路旁的電線桿。我慶幸有捕捉到精彩的鏡頭，才把攝影機關上，忽地發覺額頭一陣刺痛，溫暖的血液從頭上湧出，一下子就血流滿面。楊惠姍從地上爬起，一看苗頭不對，拉著我一拐一拐跑向她的ＢＭＷ轎車，火速趕往附近的長庚醫院，沿途不斷關心詢問，確認我的意識清楚。我反問她有沒有受傷，她說沒有，只是虛驚一場。我對她說今天開車的如果不是小黑，結果可能會不一樣，她應該要感謝小黑的救命之恩。到了醫院，經過詳細檢查，幸好我只是皮肉傷，消毒擦藥之後就回到現場繼續工作，真感謝楊惠姍及時伸出援手。

《衝破黑漩渦》在大家通力合作之下順利完成，又為公司賺進不少鈔票。緊接著開拍由朱延

拍攝《衝破黑漩渦》，攝影車撞上電線桿。

平導演替第一影業公司執導的《四傻害羞》（1983），主要演員有林青霞、鳳飛飛、許不了、孫越、方正與陶大偉。如此強大卡斯：一位當紅影星、一位知名歌星，加上擅長搞笑的許不了，還有陶大偉也是不容忽視的潛力股，而朱導演本身也具有相當穩定的票房口碑。

《四傻害羞》原名《真假公主》，拍攝期間，只要鳳飛飛有通告，就會有一位穿著入時的婦人在現場陪伴，她就是鳳媽。鳳媽全程跟場，隨時都在觀察拍攝現場的一事一物。一般來說，按照劇本順序拍攝是最正確的方式，但也會因為場地關係或遷就演員軋戲因素而跳著拍。《四傻害羞》故事的開頭是林青霞飾演千金小姐的戲，我拍近景時盡量美化她的形象，無論從打光或用薄霧鏡片甚至細紗，都小心翼翼地處理。任何一部戲，演員的近景（Cost Up）通常不會太多，不管臉部細微的表情、一舉一動都會給觀眾深刻的印象，如果是天生美人的話，怎麼拍都好看，但要醜化她卻也不難。我的作法是儘可能將她們的近景拍得水水美美的，《蒂蒂日記》中的恬妞就是最好的例子，因此聽說許多知情的女星都很希望我擔任她們的攝影師，但這是可遇不可求的機運。

輪到拍飾演佣人的阿鸞（鳳飛飛的本名）時，就用普通方式處理，這些鳳媽都看在眼裡，因為她全程坐在攝影機的左邊，專注在鳳飛飛的表演上，朱導演喊卡時，所有演員都會在原處等待進一步指示。鳳飛飛卻很不一樣，她會先找鳳媽聽聽意見，有時鳳媽會細聲告訴她剛才哪兒演得不理想，眼神飄浮不定，要如何修正等等。鳳飛飛聽了之後再回到原處：「對不起，導演，我剛剛演的不好，可以再來一次？」朱導演滿口答應。Take 2 的鏡頭結束，鳳飛飛仍會先看看鳳媽的反應，才詢問朱導演的意見。所以，片中只要有鳳飛飛的鏡頭，不管遠近，星媽一個也不放過，不是糾正鳳飛飛的動作就是修正她的表情，在台灣影界我還是第一次碰到這種狀況。

某天收工後，朱導演告知，鳳媽要請我們倆吃飯，我讓助理先把器材送回去。當時演員約工作人員餐敘是很平常的事，不久前林青霞風度翩翩的父親與和藹可親的母親也曾宴請工作人員，席開一桌話家常，但星媽單獨出面邀約卻是頭一遭。朱導演跟我準時前往富錦街的高檔日式料理店赴約，星媽已在現場等候，桌上擺滿高貴的菜色，她親切地請我們不要客氣，盡情享用。用餐之際，星媽閒話家常，聊起阿鸞自小就喜歡唱歌，偏偏許多適合鳳飛飛唱的歌是台灣早期的老歌，原作者遍及全台灣，還是靠著鳳媽不辭勞苦一個一個去找，甚至連創作者都已作古了，也要想辦法找到其子嗣購買版權使用。鳳飛飛之所以能成為帽子歌后，唱出動人心弦的歌，其實都該歸功鳳媽一點一滴堆砌起來，鳳飛飛的成就鳳媽居功厥偉。

談笑中，鳳媽話鋒一轉，輕描淡寫冒出一句話：「在片場，你們拍林青霞的鏡頭拍得很用心。」我們聽在耳裡，不約而同把筷子放下來，互看對方一眼。我告訴星媽：「攝影師的任務是跟著劇本走，要什麼氣氛就拍什麼氣氛，譬如夜景絕不能拍成日景。」我繼續解釋：「《四傻害羞》一開始林青霞飾演千金公主，自然要將她拍得漂漂亮亮的；阿鸞演的是女佣人，理所當然不能拍得太顯眼。等阿鸞翻身當公主時，我們也會把她拍得漂漂亮亮的。」鳳媽對劇情很了解，劇本也背得滾瓜爛熟：「如此我就放心了。」高段吧，有這樣的星媽，要不紅也難。《四傻害羞》有如此強棒陣容，在財神導演的巧妙處理之下，賣座票房是意料中事。

短暫的導演夢

拍攝《金盞花》時，左大師偶而會來到現場，有天他利用中午吃便當的空檔，帶著便當盒坐到我身邊：「攝影師，我觀察了很久，很欣賞你的作品，部部都有好成績。」我答道：「瓊瑤女士的原著與劇本、導演的用心與功力，加上閣下的音樂，電影不賣座也難。」左大師說：「不用否認，我們大家都有功勞。」他話鋒一轉：「我們談點實際的事，你有沒有興趣當導演？」我愣了一下，回說：「攝影一直是我的最愛，導演這事還沒認真想過。」這時腦海中突然想到之前我去香港處理《八百壯士》沖印事宜時，遇到不少影界朋友，也好奇我什麼時候要轉行當導演？我還回想起曾經在《誰能代表我》電影中合作過的張英導演曾提過，要我導演、攝影、燈光、器材人員一起包，後來因為演員喬不攏而作罷。我真的是導演的料嗎？我沉思了一下：「左先生，我先看劇本能否出得來再說？」他說：「不急，我只是臨時起意，任何想法都還沒有，一切交給你，故事、題材你自由發揮。」

我回到中影製片廠找同事剪接師陳勝昌，另外打電話聯絡中影技術訓練班結業後回新竹老家的羅織，邀他北上，三個臭皮匠連續一星期利用下班時間閒聊瞎掰，故事大綱出爐，經左先生核可，我又花了十五天完成劇本，定名為《第二次一對一》，編劇文昌織、製片張華坤。

拍完《金盞花》之後，張華坤製片來電告知，《第二次一對一》的演員已談妥姜厚任、劉延方、周紹棟、童星彎彎，唯一的女主角尚未敲定，問我要不要親自跑一趟。我在張華坤製片陪同下來到甄珍家，應門的是一位清秀的女孩，外表亮眼，擁有不凡的天生麗質，她就是甄珍的妹妹銀霞。我自我介紹說我是攝影師林文錦。張製片補充說，也是這部新片的導演，他親自掌鏡。銀霞說常聽姊姊提起，大名鼎鼎，也是很多女星最喜歡的攝影師。她接著稱讚我也把恬妞拍得很漂亮。這時星媽來到客廳，我們之前交手過，甄珍拍戲時她來過片場。

星媽剛坐下來電話就響了，是左老闆來電，她對著電話說：「是啊，攝影師跟製片都在這兒。」接下來星媽跟左老闆的對話內容就不得而知了。我對銀霞說：「姊姊人長得漂亮，智商高，戲又演得好，演什麼像什麼，怎麼拍都好看。我們第一次見面，妳長得跟姊姊一樣漂亮，這樣攝影師的工作可就輕鬆許多了。」星媽跟左老闆喬定後回來坐下，提醒我們：「銀霞自小體質較弱，千萬不能讓她過勞。」我們一口答應。星媽接著提出服裝問題，張製片說這部戲是時裝片，銀霞現有的衣服都可以穿，沒有特別要求，公司會補貼一些治裝費。星媽說銀霞穿的都是高價的舶來品，不能隨便打發。張製片回答說會斟酌。星媽問道什麼時候開拍，張製片告知很快，再勘察一些外景，決定後就開拍，客廳的戲在台北市區都已看定，大約一個星期就會開鏡。星媽再次強調不能拖太久，還有好幾部片約在等銀霞。她接著對我說：「我們都是老朋友了，我就把銀霞放心交給你。」

時值冬季，北部多陰雨，我們大部分外景都選在中部，當然北部若放晴我們也不錯過。開鏡的第一個鏡頭就是本片演員出場的畫面，我們選擇在陽明山文化學院（現改制成文化大學）旁通往公車站的路上，利用學生下課時間，鏡頭面對學校，藏在遠處不顯眼的地方，主角銀霞夾在學生群中向攝影機走來，攝影機用伸縮鏡頭推到最近，以銀霞為中心，由全身走到半身，然後保持在半身。銀霞的表情自然，洋溢著青春活潑的氣息，這個鏡頭很順利，我覺得不錯就喊卡。路上的學生這才發覺我們在拍電影，人群馬上圍過來，紛紛問說拍什麼電影？漂亮女主角是誰？有沒有拍到我們？助理導演陳勝昌也正好是文化學院的畢業生，趁機大肆宣傳：「我們拍的電影是《第二次一對一》，女主角是銀霞，同學你們可愛的模樣通通被我們拍下來了，記得上映時到電影院找自己的畫面。」

第二天我們南下拍完童星彎彎跟她玩伴的戲，連同第一天拍攝的底片送沖印廠沖印，再給左老闆看。他只看過這兩天的毛片就打電話給我：「請準備接著拍第二部戲吧，劇本還是由你們自己創作。」這個消息讓我們幾人士氣大振。

拍完小朋友的戲後，我們轉移陣地來到彰化一座農場，拍攝銀霞與姜厚任的對手戲。個性活潑、麗質天生的銀霞演起戲來一點都不讓姊姊甄珍專美於前，大概是她們血緣相同，身上都長著演戲的基因吧。男主角姜厚任經過《源》片的磨練已不可同日而語，演起戲來入木三分；而且他私底下辯才無礙，不出所料，他日後參選立法委員雖然失利，仍不失為才子。

另一演員劉延方在電影《皇天后土》中的凶暴形象讓人印象深刻，在本片飾演溫文儒雅的帥氣男生，表現也可圈可點。另一位帥哥演員周紹棟演起戲來也不弱，但有個小缺點，不知是否受到國劇或歌仔戲訓練的影響，他演戲時眼神會順著手勢瞟去，還好經過提醒都能馬上修正。他跟姜厚任兩人在戲中是君子之爭的情敵，其中有場緊張刺激的摩托車競賽，演出逼真，可看性很高，最後兩位帥哥握手言和。為了潤滑劇情，也邀請了幾位老牌台語諧星同來助陣，與這群充滿活力的小伙子在戲中笑笑鬧鬧。左老闆為本片作詞譜曲，還邀請當紅歌星朱慧珍演唱插曲，為本片加分，我個人自傲地認為各階層觀眾應該都會喜愛這部片。剪接師陳勝昌日以繼夜趕工，毛片很快就出爐，左老闆驗收認可，終於順利交差。我們三人利用下班時間再編寫第二部電影劇本，新片仍以輕鬆年輕為題材，張製片有他的商業考量，建議除原班人馬外，可多加幾位當紅演員來壯大陣容，我以導演的立場當然舉雙手贊成。後來張製片成為張老闆，在影界相當活躍，表現得有聲有色。

擁有親自擔任導演的經驗後，我對電影產業的看法更深入了一些。我一向敬重蔡揚名導演，這位從台語片時代就認識的老朋友，又是當紅的名導，為他拍攝《衝破黑漩渦》時，我們幾乎無所不談，不只聊往事，也聊到台灣電影的現況；我們估計，如果故事內容不差的話，回收製片成本應不是問題。雖然我的本業是攝影，因為有《第二次一對一》導戲經驗後，未來仍有再執導筒的機會。我多方觀察市場上的需求，也找到可能的方向，我想以東方女性擺脫卑微地位的故事為主軸，拍攝一部伸張女權的現代動作片。我收集資料、內容，完成基本的故事架構，也請製片廠同事張季平依個性、特質畫出片中主要角色的扮相與穿著，影片暫名為《女人國》。我不時跟蔡導演提到這個構想與愈來愈成熟的內容。等準備妥當時，我帶著故事大綱、造型設計圖，找上黃卓漢老闆毛遂自薦，他聽了我的敘述並看過所有資料，未置可否，說會考慮考慮，卻自此沒有下文。

一九八九年，傳來一個消息，第一影業公司製作蔡揚名導演的《美人國》，因于楓介入，女主角楊惠姍拍到一半與蔡導演大鬧情緒，不肯赴墾丁繼續拍戲，經黃老闆居中協調，自己臨場擔任監製，拍攝楊惠姍的戲分時，由副導演楊立國與黃老闆在一旁協助，好不容易才宣布殺青，年初一上映即破千萬票房。《美人國》的故事隱約有我當初構思《女人國》的影子，我猜想曾跟蔡導演、黃老闆提過這故事，而老闆以票房為優先考量，或認為我的能力不足，所以讓蔡導演捷足先登。雖然黃老闆向來是我最敬重、信任的老闆，但借用我的故事靈感是否也該打聲招呼？至於曾一起合作過好幾部電影的蔡導演，後來一直沒和我談過這件事，我覺得相當遺憾。

我執導的第一部電影《第二次偶然》對白本，上映時改名為《第二次一對一》。

第七章

國外團隊交流經驗

《聖保羅炮艇》駛進基隆港

一九六二年，美國導演羅勃・懷斯（Robert Wise）來台為新片《聖保羅炮艇》勘察外景。一行導演、製片、第一副導演、劇務共四人，台灣由新聞局派出一名翻譯，中影則派我帶著一百呎裝的十六毫米Bolex手提攝影機隨行，將他們勘查的地方拍下做為討論資料。

一行人去了桃園大溪、淡水河、淡水老街、迪化街、基隆市區、基隆港等地，每個地點都看過兩次以上，尤其基隆港附近就跑了四、五趟。我感覺導演很中意基隆港，後來也得知美方打算以此地為主要拍攝場景，也要在此打造實體大小的炮艇。我從小就聽聞基隆晴少雨多，是著名的「雨港」，若在此拍片難免會受天候影響。我出於善意提醒劇組，翻譯將我的顧慮傳達給對方，美方劇務客氣地回答：「Don't worry!」然後把筆記本攤開推到我眼前，我看到表上詳列基隆過去五年的氣候記錄、陰雨月分與天數，我不得不佩服他們做了這些事前功課，細心規劃與認真的態度讓人不禁豎起大拇指稱讚。

此外值得一提的是，這些日子他們不管到哪裡勘景，中午一定會回到下榻的圓山大飯店用膳，哪怕是去基隆，甚至已經超過用餐時間也堅持要回去。我本以為用餐之後會換下一個地點勘景，但出乎意料之外，餐後一行人兩台車再返回基隆。那時高速公路尚未開通，往返基隆台北間走省道要花很多時間。或許他們認為當地的衛生條件不符合用餐水準，他們也絕不喝當地供應的茶水，車上一定備有足夠的飲料。

勘景結束，看過我拍攝景點的片子之後，美方成員全體起立拍手稱讚，輪流與我握手，大導演羅勃・懷斯也不例外，老早一隻手伸得長長的等著握手。他興奮地唸唸有詞，我只聽得懂大概：「Thank you very much, your picture is very good.」簡單幾句話感動得我緊握他厚實的手掌，能得到名導演的肯定，感覺真的很窩心，但英文不好的我只能傻笑猛點頭。

等待多年之後，《聖保羅炮艇》終於在一九六五年來台拍攝外景，中影派出三位攝影師支援，分別是方壯猷、劉福良（事後獲美方推薦前往好萊塢發展）、林鴻鐘，錄音由沂江盛參與，我當時因為拍攝其他影片未能參與盛事，甚感遺憾。

美方攝影團隊使用的主力攝影機是有隔音裝置的 Mitchell BNC，輔助攝影的副機是 Mitchell NC，底片都是一千呎裝的暗盒。拍攝前的準備過程與我們相似，但不同之處是先由第一副導演喊：「Camera!」讓攝影機、錄音機走穩後，場記再伸出拍板（由於本片採用同步錄音，拍板上端多了兩塊長型木條，場記把它用力闔上，產生結實的撞擊聲，傳到錄音帶上，方便後製時剪接師對齊影片與聲帶片），接著第一副導演再喊：「Action!」此時演員才開始演戲。在我們看來這樣不是會浪費很多底片嗎？但他們所考量的是追求萬無一失，不會為了省片而影響品質。譬如一千呎的底片用到七百呎左右，他們就要助理林鴻鐘換上全新底片，剩餘的三百呎就當廢片處理，樂得他把這些片子分裝成相機用的底片，送給親友同事，皆大歡喜。不過，我們也聽說過國內的同業竟錯把拍過的底片當成零頭片分裝出售，鬧出很大的糗事。這種不可思議的行為，對我們這些鄉下孩子來說，簡直是連想都不敢想的歪腦筋。

這部片在台灣有兩處主景，一是在基隆碼頭，一是在淡水河關渡段，當時還沒興建關渡大橋。在淡水河有夜戲，五千瓦、一萬瓦的燈光都架在岸邊高台上，高台可以連接拆卸，像移動車軌道一樣。台面鋪的木板十分堅固，可以載重幾百斤。高台底部的支撐構造是用粗細不等的鐵管交叉組成，對我們而言真是革命性的啟發，台灣以前都是用全木造釘死的高台，不像美國人這種方便組裝搬運。

聽參加正式拍攝工作的同仁轉述，美國演員確實敬業。有一場戲是男主角史提夫・麥昆出航前在碼頭跟他的東方戀人難分難解，耽誤了上船的時間，最後他情急之下跑了好一段路衝到碼頭邊緣跳上快艇。為了表現奔跑後汗流浹背的情況，史提夫著裝完畢後在碼頭跑了好幾圈，跑到滿頭大汗，才告訴導演可以正式拍了。如果是我們過去拍這類鏡頭，通常只會對著演員噴水把衣服頭髮臉部弄濕就算了。在我合作過的演員中，大概只有楊惠姍的敬業精神可以跟這些外國演員媲美吧。

《聖保羅炮艇》在台美雙方通力合作下，順利完成台灣外景的拍攝工作。據悉該片上映時叫好叫座，為了感念台灣方面尤其是中影公司的協助，導演羅勃・懷斯還特地來到中影製片廠向有關人員致謝。

題外話；裝卸底片通常需要在暗房中處理，出外景時則在黑布袋裡換片。拍攝新聞記錄片最常用的 Bolex 手提攝影機，使用三十五毫米底片，片盒容量一百呎裝，是美國戰地記者最常使用的，也可改裝四百呎片盒，早期有些台語片就是用這種攝影機拍攝。有次我們奉命到台北拍攝新聞記錄片，所帶的一百呎底片全用盡，就近在台北總公司請領新底片，但公司庫存只有一千呎裝的底片，附近又沒有熟識的相館，只好利用日式旅社，夜晚關上房燈，在被櫃中把拍過的底片小心翼翼地拉出來，將十卷底片捲成一千呎，再利用空出來的一百呎片輪把原封的一千呎底片分裝成十卷，過程中萬分小心，不能刮傷底片上的藥膜，更不能沾染任何灰塵，搞得我滿頭大汗，全身濕透。

《鐵扇公主》西遊火焰山

初次與港九影界合作是邵氏公司的《鐵扇公主》（1966），由何夢華導演執導，製片是台灣赴港發展的桂治洪，演員有何凡、鄭佩佩、何莉莉等人。我帶了中影同事趙玉候當第一助理，大影沖印公司董事推薦經驗豐富的陳星岩當第二助理。該片取景走遍了台灣各地名勝，包括日月潭、太魯閣、阿里山，還有后里的火燄山，都是香港絕對找不到的場景。當年的火燄山比現在雄偉壯觀許多，許多古裝片都選擇這裡出外景；譬如《龍門客棧》的主景就是背靠火燄山搭建在河床上。火燄山經年累月遭受風吹雨打，又沒有做好水土保持，如今已被摧殘成小山丘，實在可惜。

《鐵扇公主》在阿里山拍攝鄭佩佩、何莉莉在樹林中狂奔的畫面，攝影機架在高處俯拍，幾個鏡頭試下來都覺得演員跑得不夠俐落，多次要求她們重來。後來才知道，我們從高處往下看到的是一片綠油油的草坪，其實地表凹凸不平，到處都有尖銳的礫石，但她們沒有抱怨，照做不誤，真是難得的敬業。

桂治洪製片有天突然來找我，說我的助理要走。我猜想是第一助理太資淺，老道的第二助理不服使喚而引發衝突。我回答說：「他們幹不下去的話，隨時可以走人。」桂製片很擔心，少了兩個助理耽誤了工作他不願承擔。我說：「他們的工作難不倒我，你大可放一百個心，絕不會影響拍片進度。」

依照業界慣例，如果因工作而影響到午餐或晚餐，包括必須匆匆吃完馬上開工在內，會發給飯費補償，台灣這邊通常只發五十元，但香港劇組會發一百元，對我來說不無小補。

相處一段時日後，何夢華導演邀請我跟他到香港發展，我未置可否。隔一陣子之後他重提此事，這時我已有妻室兒子，幾經考慮後還是婉拒他的盛情之約。經了解，桂製片赴港前也曾導過幾部電影，成績應該不錯，才會被邵氏公司相中。湊巧的是，後來我意外地與他的胞弟桂治夏——傑出的ＣＦ製作人——合作拍過幾部廣告片。

我與《鐵扇公主》中飾演白骨精的何莉莉。

拍攝邵氏港片《鐵扇公主》，
左起林文錦、彭鵬（飾豬八戒）、何藩（飾唐僧）、何夢華導演、副導演。

中影裡的見習聯合國

《英烈千秋》完成後，有一天，明驥廠長召我到廠長室，說有新任務要交給我：「新聞局來電說有外賓要來台灣見習電影製作，他們分別來自紐西蘭、韓國、印尼、馬來西亞、新加坡。」我問明廠長：「他們是什麼人」？「他們都是現役的電影工作人員。」「那我要擔任什麼工作？」「教他們電影製作啊！」我一聽，臉都綠了：「廠長啊，你明知我口才不好，應該另找一個能說善道的人比較適合吧？」明廠長說：「文錦，你已經擔任過好幾屆中影電影技術訓練班的副主任，都很成功啊。」我說：「我擔心壞了中影的名聲。」明廠長說：「你不要再推了，我信得過你。」眼看躲不到，我問：「那我要講什麼？」明廠長：「簡單，你把《英烈千秋》放給他們看，詳細說明從籌備到開拍，拍攝過程的種種挑戰，遇到問題怎麼解決等等；這些都是你親身經歷過，沒人比你熟。然後讓他們提問，你來回答，應該沒問題吧？」無言，這是我連做夢也沒想到的艱鉅任務，只能勉為其難接受挑戰。我離開廠長室後立刻動手收集資料，回想拍攝過程，趁著記憶猶新趕快記錄下來。

新聞局派了一名翻譯來協助，報到的外籍人士中，只有紐西蘭代表像是大學剛畢業的年輕人，其餘成員看起來年紀都比我大。透過自我介紹，我知道每一位代表都從事電影相關工作；韓國代表曾編寫過幾部電影劇本，紐西蘭的年輕人是半工半讀，跟過好幾部片。我帶領他們到放映室，播放《英烈千秋》給他們看，看完之後他們讚不絕口。回到教室，我開始介紹這支影片的籌備過程緊迫，只有兩個月的時間，劇本出自快手丁善璽導演，編劇的環境非常複雜。

我藉著這個機會問韓籍編劇，通常在什麼環境下寫劇本？他不太懂我的問題。我補充，你會在家中的書房？或找個安靜不被干擾的環境寫劇本嗎？韓籍編劇說他需要找一間安靜的旅館住下來。我說，本片的編劇和導演是同一人，通常是在煩雜的拍攝現場寫作，他把鏡位交代給攝影師，演員該演哪一場戲說明清楚之後，場記將要拍的分鏡表都複寫給有關人員（當時還沒有影印機），他就利用此時大家都在忙的空檔寫劇本。

「各位或許可以體會到片中張自忠將軍與妻女在雨中相遇不相認的感情戲，其中幾句感人肺腑的簡單對白居然是在非常惡劣的環境中想出來的。」我簡單敘述當時與丁導演勘景，被洪水困在狹小的吉普車上，丁導演靈光乍現想出這個橋段。韓籍學員再發問：「丁導演懂得軍事方面的知識？」我回答丁導演曾受過軍事訓練，可說文武全才。

印尼來的學員問起盧溝橋的景是怎麼拍的？該不會移師大陸吧？我說是就近在淡水河搭建橋頭，並在橋頭邊立了個石碑，附近搭建一個城門與幾戶民宅。他又說曾在書上曾看過盧溝橋的照片，相似度很高。年輕的紐西蘭學員問我們使用什麼底片，我們使用伊士曼彩色 5248 底片拍外景，5250 用在室內或夜外景，拍完之後送日本沖印並印製無聲拷貝，確定無聲拷貝ＯＫ之後才能拆布景。

馬來西亞那位年紀較大的學員發問：「爆破場面很真實，是否請軍方執行？」我答道：「台灣有幾組專門承包爆破效果的專家，他們會自行調配炸藥；機槍、步槍、手槍的彈著點也是由他們來處理；當然配製炸藥危險性很高，曾有人配藥不小心引爆送命。」接著，我帶領這些學員參觀製片廠的設備、錄音室的工作狀況，也帶他們參觀內外景現場，對他們的問題有問必答，直到所有人滿意為止。這些學員在十幾天的實習期間必須共同完成一部十五分鐘的作品，主題由他們集體討論決定，製片廠提供攝影器材、設備與底片。他們討論了一天，決定片名是《美麗的寶島，台灣》，編劇由韓國學員編寫，紐西蘭學員擔任主攝影師，與新加坡學員輪流掌鏡，剪接兼場記由馬來西亞學員負責，錄音由印尼學員擔任，同時配給他一台錄音機自由使用。我以旁觀者的身分全程參與，在他們意見分歧、爭執不休時充當仲裁者排除紛爭，並提供正確的處理方向。

我陪同這支聯合國拍攝見習團上山下海四處取景，足跡遍及全台灣。第六天拍攝完畢，底片送進製片廠的沖印室（那時中影正在自建彩色沖印室，由技術組組長領導同仁研發沖洗彩色正片技術，已達成功階段，這部片正好可當試驗片沖洗。我其實有些擔心，萬一沖壞豈不糗大），第七天進剪接室，由中影公司剪接師從旁指導，第八天進錄音室，同樣有專業錄音師協助，當天還回到剪接室加班套片，次日送去印片、沖片。當天下午三點，《美麗的寶島，台灣》送抵放映室，我邀請明驥廠長同來驗收這次學員研習的成果。十五分鐘的片子放映完畢，燈光亮起，明廠長拍手讚賞他們的表現，要我加印拷貝送給每一個學員當成禮物與研習成果，也預祝他們此行收穫滿滿，平安回到自己的國家。明廠長事後召我到廠長室，他熱切地握著我的手，對這次的成果讚賞有加。我鬆了一口氣，也感謝他給我這個機會與難得的經驗。

外人眼中的台灣

幾度跟國外團隊交流合作，不禁讓我開始思考：什麼才是真正的台灣印象？我們每個人可能都有不同的答案；而外國人來台取景拍片，或記者邀訪拍攝記錄片的觀點，更是與土生土長的台灣人大不相同。

我曾經支援過一部外商電影《天衣無縫》；業主是一個華人老闆開的三星電影公司，他帶領華僑導演吳漢章與夫人、華洋男女演員各一名來台拍攝外景。我應邀帶助理與器材去支援。有天他問我，哪裡可以拍到最能代表台北的街道？我毫不猶豫說是中山北路，他不置可否。繞了台北市區大半圈，他最後選擇了當時路面凹凸不平的重慶北路，也對尚未進行鐵路地下化的中華路平交道情有獨鐘，拍了不少鏡頭。

我也曾陪同義大利記者，在八二三炮戰最激烈的時候前往金門採訪戰地新聞，同行的還有位女性美籍翻譯，她剛結束日本世運會翻譯工作，轉來台灣接這個案子，國防部也派了位中校翻譯官隨行。我帶著十六毫米 Bolex 手提攝影機、彩色底片十數盒，四人在松山軍用機場搭上運輸機飛往金門。為避免被共軍擊落，飛機飛越澎湖群島時便急速下降，貼著海平面飛行。運輸機的座位不比客機般舒適，設在機身兩邊座位後都掛著空鐵罐，權充嘔吐罐。飛機維持低空飛行，由於氣流的關係，機身非常不平穩，有如裝上鐵輪的牛車走在鵝卵石路上。不一會兒，我便覺得噁心想吐，忍不住空咳一聲，隔壁的義大利記者便捧起鐵罐，一古腦的把早餐吐個精光。最後我反倒沒事，平安飛抵金門。

金防部派了一位少校聯絡官在機場等候多時，他帶領我們走遍大小金門。我們一路上聽著敵方打過來的炮聲，不免提心吊膽；這位聯絡官說，他們會依據聲音判斷炮彈的落點，來決定要不要躲避。義大利記者想要拍攝的鏡頭，除了「毋忘在莒」及代表金門的幾處地景之外，主要畫面都選擇被炮擊肆虐過的殘破景象或雜亂村莊，可見外人的觀點與我們的想法有很大的落差。我依此推想，經常出現在電視或報章雜誌裡的窮困苦難非洲景像或落後國家，會不會只是記者為了賣點或收視率而刻意選擇的角度，不一定要全盤採信。

第八章

夢裡不只是電影

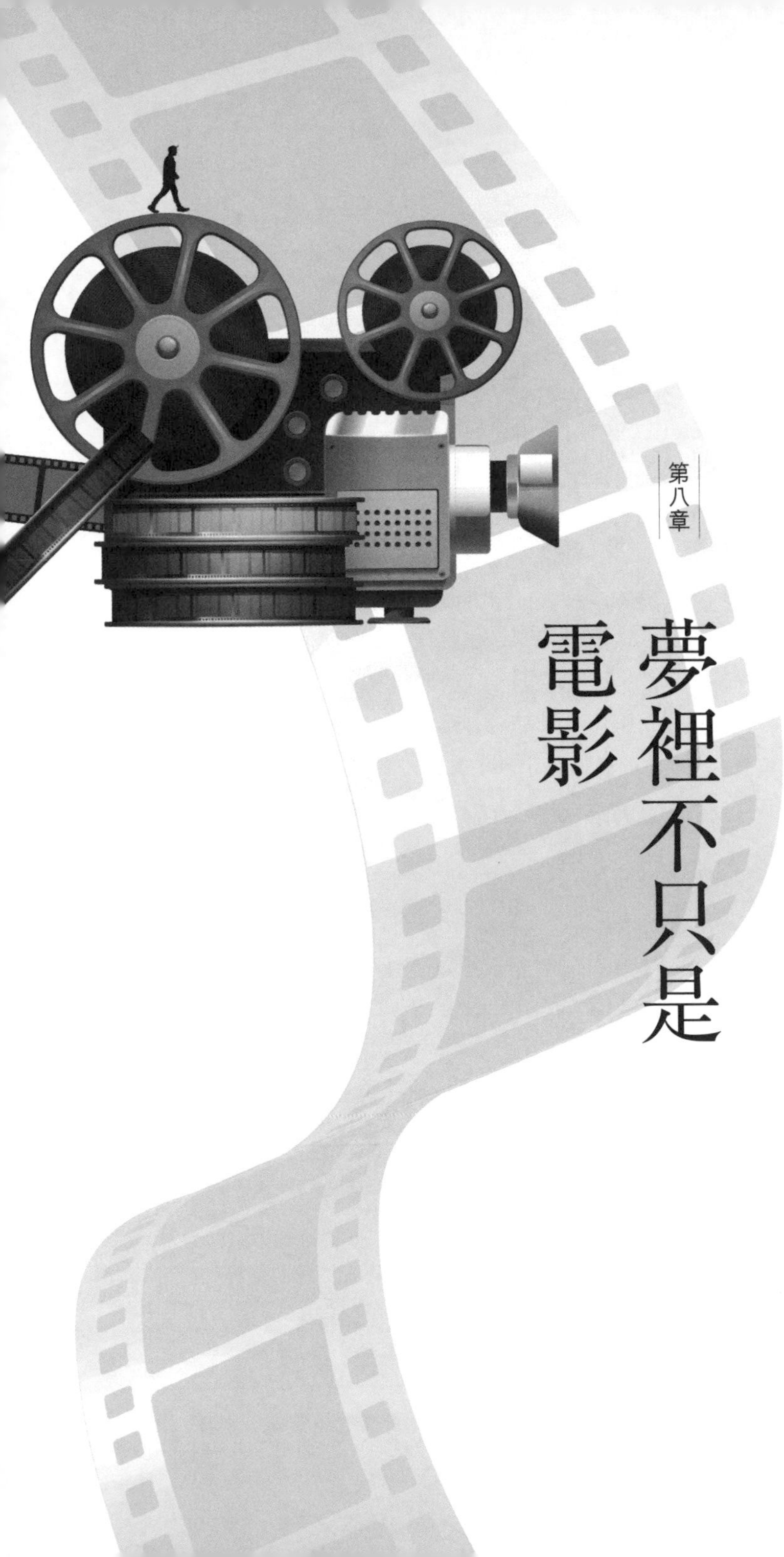

職業生涯數十年，除了為電影掌鏡之外，當然還歷練過許許多多其他任務和人情世故，每一次不同的體驗都讓我的人生更加豐富，即使是不愉快的經驗也對我有所啟發。

政校代課

曾經有個新聞，香港與新加坡政府為了貨輪上的裝甲車遭扣一事爭論不休，各說各話；香港認為是違禁品，不僅扣留還要沒收，新加坡則理直氣壯認為這一批裝甲車為新加坡所有，只不過貨輪經過香港暫時停駁加油，沒有任何被扣留或沒收的理由。其實這批裝甲車是從台灣起運，為新加坡與台灣軍事訓練之用，而兩國間的軍事交流早行之有年。

回憶起數十年前曾拍過政戰學校的校慶紀錄片，時值該校的畢業典禮，白天拍完校慶活動準備打包回家，校方告知我們，畢業典禮是在夜間舉行，名為螢光畢業典禮。校方將操場點滿了彩燈，布置得美輪美奐，學弟們整齊列隊高舉指揮刀交叉築成軍刀巷，應屆畢業生依序抬頭挺胸、踢著正步，神氣地從刀下通過，才算真正畢業。這種場面生平第一次遇到，真是難得，即使多跑些底片也值得，甚至畢業生都走完了還捨不得關機。

活動近尾聲，聽到熄燈號響起，頓時操場燈光全滅，黑漆漆伸手不見五指，正當我們不知所措時，聯絡官說這才是壓軸，緊接著是外地來受訓的畢業生通過軍刀巷的儀式，但不能公開也不能拍攝。後來得知，這些不能曝光的畢業生就是新加坡委託台灣代訓的成果，他們次日便穿著便服以觀光客身分搭機回到新加坡。我們收拾器材準備收工時，政戰學校聯絡官一再交代這軍事交流案是軍事機密，千萬不可對外說。事情經過這麼多年，應該解密了吧？

某天攝影師葉清標來找我，問我可不可以替他代課。代課？你在哪兒教課？原來他在政戰學校影劇系已任教多年，未曾缺課過。但目前在拍岳楓導演的一部電影分身乏術，想來想去還要來找我。雖然我在中影公司的技術訓練班教過學生，但政戰學校學生的程度不同，又沒有標準教材，中途插入代課，以我木訥個性和愚鈍口才可能幫不了忙，甚至會連累他。葉清標說：「林桑，你只要把拍過的電影拿出一部來討論，不講理論講實務，而學生提出的問題就根據你的方式與經驗來回答即可，拜託了。」葉清標再怎麼說是我帶出來的，也是我們燈光器材的合夥人，他大概也是求助無門才找我濫竽充數吧，我只好硬著頭皮答應下來。

上課那天，我在校門口向衛兵說明來意，換了識別證件，依照衛兵指引的方向走去，我的步伐一步比一步沉重，心情愈來愈緊張，心跳也愈來愈快。好不容易進到教室，聽到班代丹田十足的口令，起立！立正！我當時心臟差點沒跳出來，兩腳發軟踏上講台，在講桌前站定。敬禮！我回禮後全班依口令坐定。我腦海一片空白，停滯許久之後才勉強吐出幾個字：「各位同學好，我是林文錦，目前服務於中央電影公司擔任攝影師，今天因為葉清標老師臨時有事找我來代班。」

我深吸了口氣，顫抖地繼續說：「這是我第一次上講台，我很緊張，全身都在發抖。」（雖然以前在服兵役時曾代表參加演講比賽，但長時間死背講稿也算有備而來，而且當時台下對象全是阿兵哥，現在眼前的則是大學生）班代上前輕聲安慰幫我打氣，我才慢慢恢復正常，開始今天的講題。

我準備的教材是介紹《橋》片的拍攝過程。首先問問班上同學是否看過《橋》，出乎意料之外有多達七成的同學看過此片。我先介紹該片導演張曾澤，同是畢業於政戰學校的高材生，同學們交頭接耳似乎與有榮焉。接著簡述故事內容、演員、製作背景及過程，並把重心放在最難拍的那一場戲；也就是女主角張美瑤從樓梯上衝下來，製作團隊動用所有人馬斜搭軌道從上而下一路跟拍的鏡頭，詳盡講述給同學聽。並強調拍戲現場跟軍隊一樣絕對服從導演（上級長官）的指令，然後一一回答同學的發問。時間在答問之間過得飛快，總算完成代課任務。我替自己的表現打個六十分，勉強及格。班代送我至校門口，我滿懷歉意說我代課的表現一塌糊塗，這位名叫孟昭旭的班代安慰我：「別這麼說，林老師今天分享的經驗對我們畢業後投入這個行業有很大的幫助。」很久很久之後，我跟陳耀圻導演到台灣電影製片廠霧峰廠拜訪廠長饒曉明先生，碰巧再遇到孟昭旭；他政戰學校畢業後被分發到裝甲兵司令部當蔣緯國司令的隨從官，沒多久之後請調至台製廠服務，因此重逢。

絕對公平

回想起一九九〇年，我獲邀擔任金馬國際影展、第二十七屆金馬獎評審時，當時入圍最佳攝影獎的片子有四部，其中潘恆生的《滾滾紅塵》與馬楚成的《愛在他鄉的季節》兩部較為凸出。《愛在他鄉的季節》的攝影無論在角度、構圖上都中規中矩，一點瑕疵都挑不出來。反之潘恆生的《滾滾紅塵》有一、兩處些微失焦，但這都是大場面戲，處理起來極為不易，其他部分四平八穩、氣勢澎湃讓人動容；我可以體會潘恆生的辛苦，決定把票投給《滾滾紅塵》，該片也榮獲當屆最佳攝影獎。

最佳紀實報導片項目有《台灣獼猴》與《紅樹林的故鄉》兩部競爭，後者是中影的片子，由我指派曾介圭擔任導演。參加金馬獎之前，兩部片子就先競爭過報名東南亞影展的資格，結果《台灣獼猴》勝出，代表台灣參展；《紅樹林的故鄉》落敗，回廠檢討失敗原因，我即刻請曾介圭修改補強後報名第二十七屆金馬獎。而劉燕明先生的《台灣獼猴》則原封不動（我看過劉燕明的作品），直接以參加東南亞影展的拷貝報名參賽。所謂知己知彼，百戰百勝，最後由《紅樹林的故鄉》抱回金馬獎。其實，劉燕明、曾介圭跟我同是攝影協會的成員，而我當時也沒有循私之意。擔任金馬國際影展執行委員會主席的李行先生知道此事後，以懷疑的口吻問我這樣的決定公不公平？我以堅定從容的態度回答他：「絕對公平。」我沒關說也不會關說，評審會議上每個評審都有自己的主見，也都是各專業領域的佼佼者，哪有那麼容易被影響？

當屆入圍最佳女主角有《滾滾紅塵》的林青霞、《婚姻勿語》的葉童、《表姐你好》的鄭裕玲，三位都有精湛演出。林青霞在《滾滾紅塵》的表現讓我眼睛為之一亮。我與林青霞曾在一九七六年的《八百壯士》、一九八〇年的《碧血黃花》以及其他幾部電影合作過，此片中她的表現讓我大開眼界，演技進步之幅度只能用脫胎換骨來形容。投票前眾評審熱烈討論，情勢上林青霞略占優勢，有評審先開炮：「林青霞只靠她漂亮的臉蛋。」有評審呼應說：「如選出林青霞會被看笑話。」但其他人持相反意見，僵持不下。我認為即使她以前是靠臉蛋出道，但有段時日赴港發展，在李翰祥導演指導下赫然開竅，之後部部片子都有深刻演出；尤其在《滾滾紅塵》的精彩演出絕對有封后的實力。這一票，我投給她，結果六票對五票，林青霞險勝，贏回一座金馬獎。

一九七四年行政院新聞局停辦金馬獎，翌年恢復辦理第十二屆。《英烈千秋》出品年分不符規定無法參賽，但由於製片嚴謹精良，經全體評審委員建議頒獎典禮中以「最佳發揚民族精神特別獎」大型金馬獎一座頒給《英烈千秋》。如果該屆能參賽，我有自信我的攝影勝出的機會很大。

官場記實

因職務關係，我們也會被派出拍攝各式各樣的記錄片，或承接公家機關、民間企業的標案。我奉命拍攝國民黨某屆中全會記錄片，地點在陽明山中山樓，攝影師需經過嚴格身家調查，而且還需是中影公司員工才獲准入內拍攝。每天進場的攝影機都經過警衛詳細檢查，開動機器（十六毫米 Bolex）空跑數秒鐘才能帶進場。當然，每個人都要在入口領取識別證再憑證入場，還要根據議程更換識別證。曾經發生有人遺失其中一枚識別證，大會即刻宣布該日所有識別證全數作廢臨時改發新證。當時與會人士多達數百人，如此繁雜的工作，效率高超的辦事員在短時間內就換發完成。

前來出席中全會的文武百官、中央地方首長、院長、議長，可謂冠蓋雲集；有人戲說萬一此時中共飛彈打到中山樓，全國會即刻癱瘓停止運作。開會前，與會人士陸續進場，相互寒暄打招呼，聊天的聊天，抽菸的抽菸，現場煙霧瀰漫。忽然一群便衣警衛魚貫進入會場，在兩旁每隔五步距離站定，此時，抽菸者自動熄滅手中的菸，中影公司董事長胡建中先生是個老菸槍，菸癮大到煙不離手，他也不例外。會場吵雜的聲音由小至靜，最後安靜得連一根針掉在地上都聽得到。這個時候，老先生身著長袍馬掛，頭戴小呢帽，由隨從陪同自後台休息室走出，緩步走到台前第一排為他準備的矮腳太師椅坐了下來。司儀開始進行會議流程，首先由各部會首長做施政報告。老先生輕鬆聆聽，偶而伸手摸摸他光亮的腦袋瓜。我站在會場右前方，移動時儘量放輕腳步不發出任何聲響，當我走到他的左前方，舉起攝影機要拍他的時候，老先生便挺直腰桿、抬頭挺胸讓我拍攝；鏡頭中的老先生格外顯得意氣風發。我不禁懷疑，我到了他的年歲，還能否保持那硬朗的體態？

司儀報告接下來是考試院銓敘部部長石覺同志的施政報告。石將軍由軍職轉任公職，他上台後行禮如儀：「我今天要報告的事項就是職位分類……」老先生左手托著下巴，微低著頭目光注視台上。石部長說到：「我們經過長時間的觀察研究做出結論，職位分類決定由地方的基層做起再上到中央，有如三角型，底部寬往上收斂……」我的攝影機一直對著部長拍攝，這時候眼睛餘光瞄到台下的老先生，他猛一抬頭，舉起他的拐杖往地板用力一擊，這突如其來的舉動震撼了全場，老先生怒不可遏，伸手指向台上的石部長，我本能舉起攝影機想捕捉他動怒的神情，心想這是多麼千載難逢的鏡頭（相信各位應該也沒看過老先生動怒吧？）一隻強而有力的手突然拉住我，輕聲的說：「拍不得，千萬拍不得。」回頭一看，是一直陪在我身邊的前中影廠長張進德先生（時任中影公司顧問，據聞他年輕時一直跟著老先生，非常了解他的習性也拍了不少記錄片），當時我覺得可惜，但聽從他的建議放下攝影機。

老先生質問：「為什麼職位分類要從基層做起？應該從中央往下慢慢遍及基層……」這時候，台上的石部長早嚇得滿頭大汗，司儀宣布暫時休會。當時社會上謠傳老先生年歲大已不管事，全國大小事皆由幕僚包辦。如果這屬實的話，他怎麼會這麼快進入狀況，即時質疑石部長的報告內容？所以，謠傳可信乎？如果我當時執意拍攝老先生動怒的珍貴畫面，會有什麼樣的下場？石部長捱了一頓排頭，鼻子摸摸，包袱款款回家吃自己（閩南語發音）；果不其然第二天引咎辭官。

有一次也是在重要的會議場合，難得看到台下有人發言，周旭江導演要我馬上開機拍攝，我以攝影師的直覺要捕捉到四平八穩的畫面，他卻持反對意見，哪怕是畫面晃動只要拍到就好，並強調新聞畫面就是如此。我沒有反駁他，但還是依照我的意思拍攝，因為我們拍的是記錄片，不是即時報導的新聞片段；而他是出身於台製廠，屬於新聞性較高的導演。周旭江先生後來成為中影公司基本導演，他的作品《春歸何處》、《尋夢圓》、《雙歸燕》、《人鬼湖》、《黑點》均由林鴻鐘擔任攝影師，我跟周導演的合作僅此一次，這大概是緣分吧。

另一次國民大會也在中山樓舉行，國大代表在用餐，不知何故，一位反對黨的黃姓代表把整桌佳餚翻掉，導演要我把這場面拍下來，我持相反意見，這種亂象畫面拍下來是要教壞囝仔大小？也間接鼓勵用粗暴的行為解決問題，即使拍下來最終也會被剪掉，何必浪費底片？後來證實我的判斷是正確的，這位導演是陳勝昌先生，他也負責該片的剪接。

出機拍攝在中山樓召開的國民黨中全會，左起張英林、我、張進德。

轉戰影視業務

有一天，邱順清廠長召我到廠長室，他原本是會計主任，是個處理公務非常謹慎的長官；每件事情都考慮再三，哪怕是一件可以即刻回覆的小事也會說：「先擱著，等會兒再告訴你。」這天他告訴我：「文錦，目前廠裡有兩個缺，一是技術組組長，二是影視組組長，你想選哪個？」我想了想，技術組向來是製片廠的天下第一組，但我認為這個職位平常只是交派公司任務、派遣技術人員，沒什麼難度。反之，影視組業務包羅萬象，要向政商、機關團體爭取生意、接受委託承製宣導片、記錄片等等，應該比較有挑戰性。我毫不遲疑：「報告廠長，我選影視組。」這一次，邱廠長破例沒有考慮再三，當場就讓我掌管影視組。誰曉得，這是我天大錯誤的第一步，因為影視組的業務繁雜到外人無法想像：爭取影視生意是第一難；第二，尋找並決定製片、編劇、導演等適合人選；第三，競爭對手眾多，為爭取承製合約，得提出比別人更強的企劃書才有機會得標；第四，擔心製作期間的人員安全，同時要維持一定水準的製片品質；第五，擔心能否順利交件，貨款支票如期入帳，應付製片廠會計部發生的疑難雜症。

有一年，我為公司拿到台北市政府市政宣導片的標案，正在物色導演，本廠同事呂俊銘知悉後，跟我提過多次，這人喜歡到處尋找出頭的機會，曾一度爭取到總公司工作，不知何故沒多久又回到廠內。他不斷自吹自擂，天天跟在我後面要求給個機會，甚至下了班都緊盯不捨，打電話到家中來。我向來勇於冒險也樂意提拔後進，一度曾想把這案子交給作美術設計的臧平來執導，但後來想想呂俊銘有這麼強烈的企圖心，一定相當有把握。好吧，答應把這個機會給他。這類宣導片說難不難，說容易也是在騙人，但只要肯用心照著劇本拍（劇本已經由市府相關人員審核通過），要過關並不難。我把劇本交給他，當下指示照著劇本用心拍，呂俊銘很有信心地拍拍胸脯：「林桑，您放心。」

完成該交辦事項，我就專心去忙另一個拍攝高速公路工程的大案件，這是預算非常龐大，動用很多關係才爭取到的工程記錄片。議價過程中，對方經辦人要求帶帽子（回扣），因為事關重大，我跟本組的業務員謝義雄無法做主，回製片廠請示邱順清廠長。邱廠長做事一向謹慎，他考慮到將來報帳問題，於是把會計組組長張生命找來廠長室，四個人當面談妥同意戴帽子。邱廠長當著我們的面拍拍胸脯：「就這麼處理。」他的當機立斷讓我感佩不已，雖然沒有任何書面承諾，也可算是君子協定。

高速公路的工程幅員遼闊，參與拍攝工作的人員一定會很辛苦，但只要大家同一條心，為同一目標圓滿完成任務即可。整個工程長達一年半載，導演、攝影師每天風雨無阻跟著高工局人員出勤，載著龐大機器設備的卡車隊一路往南延伸。他們無怨無悔，勞心勞力付出，終於完成階段性任務（工程分北中南三段）。該收割的時候，便按照高工局的合約規定由會計人員開立收據領款，當這筆款項入帳後，我跟業務員謝義雄去找邱廠長提起「帶帽子」的君子協定，他馬上電召會計組組長來廠長室，結果張組長扯了一大堆理由：「公司有會計制度，需受層層監督，最後還要上報中央……」還說這事到總公司總經理這一關就絕對過不去。邱廠長在旁悶不吭聲，他說得口若懸河，像是廠長的打手。我質問：「既然公司有這麼嚴格的規定，為什麼當初不說？在眾人面前拍胸脯的君子協定又到哪兒去了？到了這個節骨眼才失信他人，人格何在？」為求達到目的不擇手段，事後過河拆橋，這一號人物哪值得尊敬？就是因為有我們這種笨蛋拼命爭取Case，累積亮麗業績讓他步步高升，結果現在有功一個人攬，過錯就讓下屬來承擔？

事後回想，我和業務這兩個傻蛋如果當初越級向總經理陳述始末，也許會有戲劇性的發展。但後悔已晚，我這個堂堂中影公司影視組組長帶著業務謝義雄兩手空空去向對方賠不是，差點在對方面前跪了下來，把林家跟謝家祖宗的臉全丟光。有時候，該提防的不只是競爭對手，也要小心自己的老闆。

台北市政府市政宣導片宣告殺青完成剪接，呂俊銘找我看毛片。花了三十分鐘看完，我有如天打雷霹般差點暈倒，天啊，怎麼這麼糟！我說：「呂俊銘，這不行，根本差遠了。」呂俊銘的回答讓我瞠目結舌：「林組長，您不懂啦，我配上音樂就嚇嚇叫。」我不懂？我是指定你來當導演的人，我不懂？

他這話讓我想起劉家昌大師早期拍的電影，在香港試映時，一個女性電影的女影評人評論說：「劉家昌的電影如果把音樂拿掉就只剩下片段影像，不像電影。」當然，劉家昌後期的佳作不勝枚舉。呂俊銘，你有這個能耐嗎？再說市政宣導片的審核全是媒體專家，根本無法敷衍過關。呂俊銘很不以為然，於是我召集攝影師與所有影視組組員，請他們觀看呂俊銘的偉大作品，並請他們以公正態度發表觀後感。看完後，大夥相對無言默默離開放映室。呂俊銘人在現場沉默不語。我即刻到廠長室向邱廠長報告此事，他毫不考慮就要我接手收尾。被我拒絕，如果我接手的話不就很矛盾？交派工作後再拿回來自己做？呂俊銘肯定會恨我一輩子。他問我怎麼辦，我答道會找適當的人接手。考慮過幾位可能的人選，最後選定黃治平——丁家班一員朱純思導演的先生——來接手這個爛攤子，他義不容辭接受。其實這件工作並不特別困難，花了一段不算短時間補拍，總算在期限內順利交片，了結這檔事。感謝黃治平先生的支援。

不出所料，經過這插曲後，這位臉上堆滿微笑，看起來很和善的呂俊銘視我為眼中釘，對我懷恨在心，抓到機會就中傷我。他跟我以前的同事說：「林桑算什麼東西？」我很好奇，我這個你眼中不是東西的人卻有本事提拔你拍宣導片，而你把交付的任務搞砸，卻又算什麼東西？此外，他當上攝影協會祕書長之後，就隻手遮天百般阻撓我，暗地扯我後腿。攝影協會定期改選理監事，他以協會祕書長高高在上的職權提供參考名單給理事長，把我這個協會創始人之一的順位不動聲色地每屆都往後挪，再送理事長核可。接著把我從理事降到監事，最後索性把我的名字自名單中拿掉。其實我從農教公司練習生開始做起，在中影公司服務這麼多年從不計較考績升遷，自然也不會在意攝影協會的任何名分。還有，攝影協會經常配合廠商活動，如柯達公司的新品發表會或出租廠房、器材公司的新器材發表會等，一定會邀請攝影協會所有成員出席，資深的協會成員更是不會缺席，這也成為他下手的好機會。

某天，我接到好友兼同事林鴻鐘的來電：「咱們在哪兒碰頭？」我覺得莫名其妙：「要幹嘛？」「今天的發表會你忘了嗎？」我問說什麼發表會？我根本就不知道。他問：「呂俊銘沒通知你？」我說沒有。「哼，他這傢伙居然『又』把你給漏掉，我打電話給他。」果不其然，沒多久就接到偉大祕書長來電致歉。這戲碼一而再，再而三的不斷重演，我曾當面警告過他，如果再犯的話就翻臉，但他依然我行我素。我本來想找他算總帳，後來想想，何必為這種人物傷神？我倒衷心希望他能記取任何一次的挫敗經驗，奮發圖強用功學習，到底年輕就是本錢，來日機會還是很多。

我舉個活生生的例子；早期名編劇張徹在台紅極一時，被邵氏公司網羅到香港發展，接拍一部新戲，完成十五分鐘的毛片，邀請公司老闆邵逸夫來觀看，傳聞邵逸夫看完後不發一語，走到門口回頭對製片部門講了三個字：「燒掉它！」這對剛赴港發展的張徹打擊有多大，但他沒有因此氣餒，反而加倍奮發圖強，不久後即推出王羽主演的電影《獨臂刀》，讓人刮目相看，票房一飛沖天，創邵氏公司有史以來的最佳票房。這即便是傳聞，是否與事實有出入仍待考據，但之後張徹導演的片子每部叫好又叫座卻是不爭的事實。如果呂俊銘也能效法張徹導演的臥薪嘗胆，也許未來會有出頭的一天。呂俊銘當初完成製片廠技術訓練後回去台南無所事事，是經過林贊庭與我推薦才回到製片廠，不要恩將仇報，不要笑裡藏刀，成天處心積慮幹一些見不得人的勾當，因為人在做，天在看。

我另有一件憾事，也是為了業績不得不為；年節時送禮給客戶聯絡感情，這在商場上無法避免，最頭痛的是送禮一定得按址送到客戶府上，為了拿到更多的標案，努力爭取客戶好感，就算辛苦也得承擔，毫無怨言。中影公司是制度健全的正規公司，一切按照規定來，購買禮物或任何開銷，一定先由承辦單位主管視實際需要呈報請領，上簽說明事由、用途、金額，先送會計室，然後副廠長室，最後廠長核可，再填單子領款。普通公文均由工友代送，專款專用的即由我自己拿著簽文先到會計室，當場向會計組組長解釋用途，然後親自帶著公文找副廠長，副廠長金正甫先生打開公文夾，看著簽呈中為數不小的金額，抬起頭：「林組長，這錢很多，你們會不會假借送禮的名義領出來大家分掉？」

我做夢也沒想到，都已經是一家大公司的高級主管了，怎麼會突然冒出這麼不入流又草率的指控？這嚴重侮辱我的人格，踩到我的紅線，我當場火冒三丈差點飆出國罵，心想，偉大的金副廠長，我的職等雖然只是研究員組長，但如果我也打政治麻將的話，恐怕今天副廠長這個寶座還輪不到你來坐！我用盡吃奶的力氣，往他辦公桌猛力一拍：「你有種就不要簽！」他笑笑說：「林組長，我是在開玩笑的。」說完低頭簽他該死的字。他把公文交還給我，我走到門口回頭說道：「你的粗鄙真的愧對貴校的教導（他是政戰學校出身）。順便教你一招，如果你懷疑任何人，可以暗中收集證據來個人贓俱獲，再行指控也不遲，懂嗎？」我深吸了一口氣：「我再告訴你，我媽只是沒受過教育的村婦，教導我千萬別貪不義之財，這個家訓是我做事的最高指導原則。還有，我保留你的面子，有件對你不利的糗事我一直沒公開，但我看不起你！」

說完，門一關，直接去找邱廠長。高度近視的邱廠長把眼鏡拿下，把公文湊到眼前好像要跟它接吻似的一字一字端詳的仔細，再慎重的簽下他的大名。不是我在自誇，影視組的營收在我任內屢創新高，對邱廠長升任副總經理，然後很快榮任總經理不無助益。

再說一件陳年往事，金副廠長可能貴人多忘事，但我這個鄉下來的小孩可都記得一清二楚。我轉任技術組組長後，某一年柯達公司送了一架照相機到我辦公室當做中影年終尾牙的員工獎品，我把相機親手交到他手上，也明確告知這是柯達公司提供的員工獎品，結果那架照相機並沒有出現在尾牙宴上。我本以為是那一年廠商提供的獎品太多，要保留到次年，這是好事一件。但我等啊等，等了這麼多年，等到柯達公司萎縮，中影公司解散，還是等無影。請問金副廠長，那台照相機如今安在？

拍攝世盟記錄片

一九九四年，中華民國世界反共聯盟總會（現更名為世界自由民主聯盟）在哥斯大黎加舉辦年會，委託中影全程記錄，製作十六毫米有聲拷貝黑白片，片長一小時二十分記錄片與照片一套。籌拍期間收到會議事日程表，看過後我先拜會哥斯大黎加駐台商務代表，說明我們的需求，詢問重要的景點與最能代表哥國的地標，然後回廠開始做功課，同時分神組織我的團隊。我擔任導演，選了曾經合作過的曾介圭擔任攝影師，燈光師是王盛；為了節省開支，我找了陳樂人擔任錄音師兼照相，他曾在錄音室工作很長的一段時間，也喜歡照相，是個認真上進的年輕人。

我花兩天時間，把收集到的資料按照時間、開會地點、拜會哥國總統行程等編寫成分鏡表，共三百三十四個段落；也就是說，在短短五天開會期間內至少要捕捉三百三十四個鏡頭；每一個鏡頭的時間都標示出來，也特別註明哪些部分如會場發言者的原聲一定要用到錄音。我把這三百三十四個鏡頭用三張Ａ４紙連接起來，拿去給邱順清廠長過目。邱廠長照例把眼鏡拿下，仔細端看我的分鏡表足足三分鐘之久，然後戴回眼鏡吩咐文書發文到總公司給林登飛總經理。我認為邱廠長對這份分鏡表很滿意，他同時問起準備狀況，器材已大致打包。我向邱廠長要求，此行這個團隊代表中影公司也代表國家，可否添購稱頭的西裝當團隊制服？他同意，只要不是太貴即可。

由於機位的關係，我們分成兩批出發，我跟攝影師與總會的全體人員早一天出發，搭乘華航飛洛杉磯先住一晚，次日轉飛佛羅里達再直飛哥斯大黎加。飛行途中世盟的理事長趙自齋博士請我報告拍攝計畫，我把三張Ａ４紙連接起來的分鏡表攤開在他眼前，他端視了一會兒，抬頭說：「那我就放心了。」在洛杉磯停留的那晚，到了餐廳眼花撩亂不知該點什麼，最後看到Ｍ字標誌喜出望外，就點了漢堡果腹。第二天跟燈光師與錄音師會合，不出所料，他們也同樣找了麥當勞充飢。第三天在哥斯大黎加開始忙碌工作，我們四人從早到晚一直拍攝到他們休會，滿身疲憊回到旅館，洗過澡才有機會休息吃飯。有天世界反共聯盟總會趙理事長要拜會哥斯大黎加總統，為了在總統身後拍攝他從座椅站起迎接趙理事長走進辦公室的鏡頭，我拉著攝影師高速狂奔過二、三道門進辦公室，總算即時捕捉到這個珍貴畫面。事後回想起來不禁捏了把冷汗，中間若有個閃失或意外，後果不堪設想。

第四天在飯店用早餐，遇到李元簇副總統，我們向他問好，並說明我們是中影公司的外景隊與此行的任務，他很親切地關懷我們的工作並一一與我們握手，這種感覺特別溫馨。某天，世盟總會要頒贈哥國世盟分會一面紀念牌，身為導演的我希望能事先知道牌子上的內容，我很客氣地向世盟的金組長詢問，不料這個空軍少將退伍的第三組組長以非常官僚的口吻回答：「我不知道。但我就算知道也不會告訴你。」其實，趙理事長贈送給對方時一定會把蓋在上頭的布揭開，我大可以請攝影師把內容拍下來就好。回想當初為了爭取這支影片的拍攝委託，跟世盟總會聯絡交涉期間我都會準備為數不少的電影招待卷，恭敬地送到每一組組長手上，當然包括金組長在內。沒想到人在異國卻如此官僚？我想下次電影招待卷應該不會有他的份了。之後我在哥國就再也沒有跟他互動；我的原則很簡單，對我有恩的我會雙倍歸還；反之，就不用浪費任何時間精神。

工作接近尾聲，按照我的分鏡表，該拍的鏡頭一個都沒有漏掉。臨別時，哥國總統以主人身分設宴款待與會的各國代表及主要客人，當然包括李元簇副總統伉儷與趙理事長伉儷。會中我們把該拍的鏡頭拍完，在用餐前，即請翻譯報告哥國總統要求合照，他也欣然答應，我們四人趕緊跑到哥國總統身後，請他們的新聞官用我們的照相機幫我們拍照。拍完照我向哥國總統說了一句：「卡拉西亞。」這一句「謝謝」是在當地臨時學的。哥國總統也開心的回我一句卡拉西亞。當然，後來也少不了跟我們的大家長李元簇副總統伉儷合照。宴會結束後，趙理事長伉儷步行回飯店，夫人有感而發說，受到這麼高規格的接待真不虛此行，趙理事長輕拍夫人的手表示同意。事後李副總統代表我國送了一部裕隆兩千轎車給哥國總統表達感謝之意，當時國產裕隆對哥國來說已是高檔車了。

工作結束後，我們利用剩下半天的時間在街頭閒逛，居然在離家千里的小國看到熟悉的中文招牌，原來是移民來此的台灣人開的雜貨店。老闆看到我們有如見到親人，眼眶泛紅送上熱情的擁抱，激動久久不能自己，他們興奮地邀請第二天吃飯，我以感謝的心說你們這份熱情我們心領了，但我們第二天就要搭機回國，讓他們大失所望。這份異鄉的溫情在我心中數十年來記憶猶新。我們一行人來到哥國國際機場辦理出關手續，看到已有大批旅客卡在關卡，消化的速度非常緩慢，後來得知當天電腦當機，須人工處理繁瑣的資料，以致浪費許多時間。待全體團員通關後，登機時間已過，此時，副理事長陳義揚先生（回台不久便成為空中人學校長）鼓勵說：「我們是高級難民，用跑步的快衝，否則趕不上還在等候的班機。」眾人一聽，拎著沉重行李勉強加快腳步，好不容易坐上飛機，早已滿身大汗，陳副理事長仔細點完名才坐回他的位置。他一路細心照顧我們這個小團隊，很遺憾當時結束後沒機會向他表達謝意，謹在此說聲謝謝你，副理事長陳義揚先生。

一回到台灣即刻進行後製，我跟陳樂人兩人日夜趕工剪接、配音，看過毛片大致上沒有問題，到底是在現場併肩工作的剪接師，剪接時不用多花時間說明，按照口程表順接即可，配音也是如此，可謂得心應手。我不等候固定的送片車，親自開車把底片送至安坑的中影沖印廠，眼盯著片子送去沖印，中餐也順便在該廠解決。此時接到邱順清廠長來電，說世盟來電要確認今晚放映給晚宴與會人士的記錄片是否來得及？那時已經是下午四點半了，我跟邱廠長說，老天保祐，只要沖印機不出狀況，應該沒有問題；我也請邱廠長轉告世盟組長，我會直接把片子送到會場。

我一直等到天快黑，總算拿到剛出爐還溫熱的拷貝，心懷感激謝過所有沖印廠幫忙趕工的同事，跳上座車往台北開，心中還一直祈求，不要出事，不要出事。結果在一個轉彎的交叉路口被一輛滿載乘客的新店客運擦撞到車尾。雙方下車檢查，新店客運的車身有些小擦痕，我車後方的保險桿也有些損傷但不嚴重。看情況應該是新店客運的肇事責任較大，但如果要釐清肇事責任與申請保險理賠的話就要等交通警察來，如此不但會留下記錄也會花時間，而我趕著要回台北，客運駕駛應該也是不想留下肇事記錄，手伸入口袋準備掏錢想私了。我開口說，算了，車子僅受到一點小損傷不打緊，沒人受傷才是不幸中的大幸。我塞給他兩張電影招待卷給他壓壓驚，客運司機喜出望外對我鞠躬致謝，我趕緊跳上車一路趕回台北。

回到青島東路的世盟總部，停好車抱著拷貝直奔會場，宴會已進行到一半，第二組組長看到我即從座位上站起，接過片子並招呼我坐下用餐。我雖然很餓，卻沒有半點胃口，嘴裡隨便塞了些東西，心情根本平復不下來。不久宴會結束，開始放映記錄片，我的心情又緊張起來，通常出片之前我一定會先檢查過沒有問題才放行，唯有這次在時間上不許可。我緊張得幾乎無法呼吸，好不容易片子放完，所有賓客起立鼓掌，世盟理事長趙博士很滿意，特地找我握手致謝，並交代下次的記錄片也交給中影公司，我這才總算鬆下一口氣，回到家已十一點多。

第二天，我向邱廠長報告，反共聯盟總會委製的記錄片已順利交片可以請款，高額的製作費用可以入帳，我的任務也到此順利結束。次月第一個星期一，中影公司組長級以上的例行會由總經理林登飛先生主持。邱廠長報告上個月製片廠業績再創新高，總經理聽聞後頻頻點頭表示嘉許。我擔任影視組組長後，業績不斷成長，或許是跟我商業學校的背景出身有關，爭取生意的態度異於常人，還有中影公司雄厚的技術當後盾，加上使命必達的工作態度與團隊合作無間的精神，讓業績無往不利。製片廠有此佳績，邱廠長自然也從中得利。若是明驥廠長的話，一定找我們四人到廠長室嘉勉一番，但邱廠長沒有特別感謝我的團隊，連輕輕放個屁都捨不得。當然，拿公司的薪水，理應為公司打拚，但我身為該片導演，當時沒有趁機為團隊爭取更多獎賞，甚感虧欠，只能在此向辛苦的攝影師曾介圭、燈光師王盛，與身兼錄音師、照相師的陳樂人先生致謝，如果沒有你們鼎力相助，這片子也不可能順利完成。

一九九四年赴哥斯大黎加拍攝世界反共聯盟總會年會。

長江三百六十度

一九九〇年，我奉派參與中影公司投資的三百六十度環幕電影《錦繡河山》的製作行列。當時台灣與對岸還處於緊張敵對狀態，該片係由華商楊敦平導演（國立藝專出身，留美，曾為中影公司拍過一部電影《浮雲遊子》）與台灣聯絡人（前輩名攝影師華慧英先生）合組的公司製作，向北京租用攝影器材。中影公司沒有明確告知我的任務內容，我把自己定位在隨隊監督的資方代表，兩手空空就與楊導演從台灣出發，預計幾天後與華先生在宜昌的登船處會合。在武昌停留期間所見，街道紛亂塵土滿天飛，放眼望去是看不到盡頭的腳踏車流，偶而會看到一部汽車猛按喇叭，不顧一切的往前衝，觸目驚心的景象只能用一個「亂」字可形容。

我閒著沒事上街逛逛，走到一條兩邊排滿衣架、販賣成衣的街道，看到身旁一名青春少女，在攤位前挑了件衣服往自己身上比了比，覺得不合適放了下來；挑了第二件再試，不合適；再拿了第三件，最後什麼也沒買就打算離開。說時遲那時快，店家的中年婦人不知從哪兒竄了出來，抓著少女就賞給她一巴掌。少女嚇呆了，還沒反應過來，中年婦人就像潑婦般搶先發飆：「妳這個娃兒不買就不買，為什麼還連看三件？這樣妨礙我做生意妳知道嗎？」我在旁看了哪敢再挑衣服？急忙掉頭離開。

來到一個水果攤，攤位上的山東梨顆顆飽滿，看起來水分很多，插在果籃上的標價牌寫著「一斤一元人民幣」。我覺得價格合理，伸手挑了一個，準備再挑第二個的時候，店家走了出來打招呼，順手將牌子扶正。我把挑好的兩顆水梨交給店家，秤重兩斤多一點，店家爽快說算兩斤好了。我從口袋掏出兩塊交給店家，他沒伸手拿錢，說兩斤怎麼才兩元？我覺得奇怪，一斤一元，兩斤不就兩塊，不是嗎？沒想到店家用責備的口吻說道：「明明一斤兩元，怎麼會是一元呢？」我回頭一看，牌子上頭果然寫著「一斤二元人民幣」。我恍然大悟，原來他走過來跟我打招呼時順手將牌子拿起反轉然後插回原位，我卻絲毫不查。我覺得受騙，想說不買總行吧？正想把水梨擺回去。店家又開口了：「客倌你這不是在欺負我們生意人？那水梨都給你摸爛了，我還能賣嗎？」我忍著氣，想到人在異地不要節外生枝，勉強從口袋再掏出兩元給店家，並把水梨拿給他裝袋，店家卻說我們這兒沒袋裝。我反問，那你叫我怎麼拿？他說，就像你現在這樣一手一個，不是拿得好好的？我啞口無言，說真的，碰到存心要騙人的大陸人，我們這種鄉下長大的台灣小孩，根本不是他們的對手。

楊敦平導演來找我，說今晚高幹請吃飯，他覺得作客總不能穿著腳上這雙破球鞋赴宴吧？請我陪他出去買一雙。我們在街上店面看到一雙黑皮鞋才二十七元，蠻合理的，付了錢，連球鞋都沒換就直接穿回飯店。當晚主人在飯店設宴接風，熱情接待，再三交待楊導演，在內地工作若碰到困難都可以找他，全中國沒有他解決不了的問題。我聽了覺得心安，心想，不知這位高官管不管街頭賣衣服跟賣水果的？

第二天我照常上街，看到有個攤位上擺滿各式各樣的武器，有長短手槍、手榴彈、各式軍服，琳瑯滿目讓我看的眼花撩亂，不禁懷疑這樣的東西居然沒管制？可在街頭上隨手可得？據說當時流行個體戶，武器來源各顯本事，只要換得到錢的都可以拿來交易，真是奇觀。

回到飯店附近，碰到一個拎著木箱的少年：「先生，擦皮鞋嗎？兩毛五一雙。」其實在武昌這個地方擦皮鞋等於白擦，塵土飛揚，空氣品質太差，擦乾淨的鞋不消半天又灰頭土臉的。我沒理他，他卻緊緊跟著我走了一條街。我想，一雙新鞋二十七塊，擦一次鞋兩毛五也算合理，就答應坐了下來。少年俐落的在我鞋上塗完鞋膏，抬頭問我打哪兒來？我心想，這口台灣國語騙不了別人，就說是福建來的。過了一會兒，他看著我身上的燈心絨褲，開口又說：「先生看起來很有錢。」我心想兩毛五應該不足以打發這機靈的小鬼。他擦完鞋後說這鞋看起來跟新的一樣。我從口袋掏出三毛錢給他。不料他說：「三毛錢？連鞋膏都不夠。」我大聲斥喝：「兩毛五可是你說的！我本來不想理你，是可憐你在外討生活不容易，才勉強讓你擦皮鞋，現在給你三毛還嫌少？」我抬頭看到遠處一個武警，便使出他人教我的一招：「我再多給你一毛，你不要的話我就去找公安。」擦鞋童占不到便宜，收了四毛錢默默走人。其實這種漫天喊價的行徑不只針對觀光客，對其他外地的大陸同胞，他們照樣能騙就騙、能撈就撈，就算騙不成也沒啥損失。

在武昌等候期間，楊導演某天與久未謀面的親兄弟重逢（楊敦平較為幸運，當年以高級將領家屬的身分隨父來台，他的兄弟卻沒跟著逃離大陸），他的兄長在政治運動中受盡拷打逼供，也被限制家屬不得任公職，說著說著一把鼻涕一把淚，盡訴分開這幾十年的委屈與痛楚，讓人鼻酸。楊導演只能拍拍他兄長的肩膀，除了安慰還是只有安慰。

楊導演的兄長為了安排這天的行程，特別訂了一輛十人座的麵包車，談妥車資十三元人民幣。楊家大小、導演跟我上了車，還未啟程，開車的師傅要確定去處，楊家兄長說不是早交代一清二楚，要去Ａ動物園。師傅說他以為目的地是Ｂ動物園，才說車資是十三元，如果去Ａ動物園的話，這點錢連油錢都不夠，至少要二十五元，否則請你們下車。楊家兄長一聽氣得滿臉通紅，從車子最後一排跳了起來，衝上前要跟師傅理論。坐在前座的楊導演趕忙起身勸阻：「算了，老哥，花錢消災吧。」楊家兄長嘴上不饒人：「豈有此理，簡直欺人太甚。」開口罵了半天才勉強坐下來。類似這種敲竹槓、坐地喊價的行徑，別說在大陸，連民風純樸的台灣也層出不窮，真的是賠錢生意沒人做，砍頭生意有人做。

不日，華慧英先生來到武昌，我們準備在宜昌上船，宜昌雖然不是大城市，倒也像是台灣的基隆，腹地小但五臟俱全。我們跟北京來的工作人員、攝影器材會合。我沒看到攝影師，不禁疑惑，難不成我要走回頭路重操舊業？上船前，我向華先生先確定我此行的任務，他輕描淡寫的說：「你就是這部三百六十度環景電影的攝影師，我是導演兼編輯。」是嗎？出發前中影公司都沒有跟我說過，所以我空手報到，什麼器具也沒帶，連最基本的測光表都沒有，怎麼工作？我們兩人上街跑了好幾個地方，找到一個業餘人士用的測光表，勉強湊合著用。

從北京藝術學院起運的攝影器材與團隊，浩浩蕩蕩的一部大卡車與一輛麵包車，一位他們口中的領導、連絡員、兩位技術人員、三個開車師傅這幾天的食宿、油料、攝影器材租金等等的頭期款都由楊敦平依照合約先行結清。他回來後跟我們抱怨說被坑了一筆，原來是車隊走錯路，多出三分之一的冤枉路。問題是走錯路的是他們，費用應該他們自己吸收才對，回過頭來卻要我們買單？影片還沒開拍，楊敦平不想節外生枝只好忍住照單全收。問題是他們真的走錯路嗎？

第二天所有工作人員來到碼頭，準備登上一艘船，專供我們這段期間往返宜昌與重慶間的交通、膳宿並沿途拍攝用。這船可容納數十人的起居，船艙中間有個吃飯、開會兩用的大圓桌，並配有船長一名與技工兼廚師一名。白天在長江上航行拍攝，天黑就按照預定行程靠岸補給，我們也可以上街散散步、看看風景。不久之後，來到聞名遐邇的葛州壩，這座壩子是為了平衡長江高低水位落差所建（埃及的尼羅河與蘇伊士運河之間也有相同的設計），浩大的工程規模讓人歎為觀止；台灣號稱最大的石門水庫跟它比起來簡直是小巫見大巫。

我們向北京租用的三百六十度攝影機台也讓我大開眼界，一根空心鋼管上裝了九架攝仿製德國ARRI的攝影機，配五十毫米鏡頭，每架攝影機的視野是四十度，九架合計三百六十度。這麼精密的機器居然是由北京藝術學院開發出來的，讓人敬佩。沿途拍攝地點都是華慧英和林鴻鐘先前勘景時選定的。我們將攝影台架在船頭甲板上，固定後不需多餘操作，由我設定光圈，隨隊攝影人員負責裝卸底片與記錄。環景拍攝無法避開船上的駕駛艙，這個角度的畫面不能用，我就到船尾向後拍攝作為補償。在華先生指揮之下，我們分工合作，都能依計劃順利進行。船長操控船隻平穩地往上游行駛，偶而變化船速或快或慢來配合取景所需。身兼技工的廚師忙進忙出，每餐都燒出香味十足的家鄉菜來餵飽我們，大家飽餐一頓之後各自歇息，養足精神準備迎接第二天的工作。

我帶上船的行李非常簡單，衣服、藥品、電熱杯之外，只有幾本讀者文摘；當然船上也有台黑白電視，晚上除了上岸逛逛，只能藉著看電視打發時間；遺憾的是電視上儘播放哪個省興建了什麼工廠，或是哪裡又開了條公路之類的節目。我跟工作人員混熟了，問他們可否轉台看看社會新聞？他們訝異的回答：這就是社會新聞啊。隔天，我私底下偷偷的問攝影組的成員，知不知道廣州白雲機場死傷慘重的墜機事件？他以懷疑地看著我：有這種事？雖然他們都來自首都北京，也算是知識分子，但很顯然大陸當局仍會干涉並封鎖某些新聞。後來每天晚上他們看電視時，我就窩在一旁翻看帶來的讀者文摘。久而久之，他也覺得好奇，湊上來問：「林師傅，您在看什麼書？這麼入神，還看到您在旁偷偷竊笑？能不能讓我也瞧瞧？」我於是遞了一本給他：「還有六本，喜歡的話看完再換。」他說我只能躲在床鋪偷偷看，如被他們知道，尤其是那個領導，我肯定完蛋（此類書刊當時在大陸仍屬禁書）。沒幾天，他一本看過一本，六本全數看完，豐富的內容讓他大開眼界，直呼：這裡頭講的很多事我們連聽都沒聽過。我說這類書台灣的書局或書報攤都有得買，我是長期訂戶，每個月都會直送到家；喜歡的話，這六本通通送給你。他揮著手連說使不得，雖然喜歡，但如果被查到的話吃不了兜著走，就連我們現在的對話，被人聽到也會惹上麻煩。其實，我嘴上慷慨心中卻發愁，如果六本讀者文摘全送給他，我回到台灣勢必得把這六本補齊。我長期按月典藏從未間斷，它可說是我的良師益友；無論居家、外出工作或出國旅行都不會離身。尤其每次跟丁善璽導演勘景或出外景同住一房，他不是埋頭寫他的劇本，就是倒頭呼呼大睡。每次我被他如雷的酣聲吵醒，無法再度入眠時，非得靠這本讀者文摘不可。這次有勇氣動筆，多少也歸功長年受到它的影響吧。

有天船靠岸停泊，楊敦平說這裡的夜市格外有名，什麼東西應有盡有，便力邀我上岸看看。我們信步走到離岸不遠的夜市，果然人聲鼎沸、熱鬧非凡，尤其是食物攤位旁邊的矮凳上，大大小小飢餓的食客圍著熱滾滾的燒鍋，狼吞虎嚥把食物往嘴裡送，每個人臉上盡顯滿足之意。對岸的工作夥伴特地把我們帶到一個圍滿食客的攤位：「這裡特有的豬油麵糊別處吃不到。」他們老大不客氣，看到空位就搶先坐了下來：「你們也嚐嚐吧，不吃會後悔的。」陣陣隨著蒸氣飄送的香味讓我食指大動，但看來看去，所有攤位看起來都不很衛生。這時，楊敦平搶到兩個位子，我坐定後剛好看到攤販擺在一旁的洗碗水，烏漆抹黑看不到底，上頭還浮著一層油。客人用完的碗盤就往裡頭丟，用油膩的抹布一抹一沖就算完事，再拿來盛食物給下一位客人，真是噁心極了。我告訴楊敦平我不餓，店家不高興了：「不吃就別占位置。」我只好站起讓出座位。楊敦平叫了一碗豬油麵糊，熱騰騰的送上來，看起來相當誘人，豬油的香氣也讓我感到飢腸轆轆。楊敦平吃得津津有味，回頭問我要不要來一口，試試味道？我笑笑說你自己慢慢吃吧。

次日清晨船未離岸，楊敦平起得異常的早，我被吵醒只好也跟著起床。我問他幹嘛這麼早起？他哭喪著臉：「不是起得早，是半夜就開始鬧肚子，整夜跑廁所，連睡都沒睡。」他倒頭在床上沒多久又起身跑廁所，我想一定是那碗香噴噴的豬油麵糊在作怪。幸好我每次出國不忘攜帶感冒藥跟腸胃藥，這下也派上用場。

既然起床了就刷牙洗臉吧。我來到全船共用的洗臉台，隨船炒得一手好菜的廚師正在用，我在一旁邊等邊觀賞窗外晨霧中的河面風光，回神想說他應該好了吧？結果他人沒離開，只是蹲在大臉盆旁利用剛剛洗臉刷牙的水在刷洗皮蛋。我訝異地質問他怎麼可以用使用過的髒水洗皮蛋？他很自然的指著船艙後面的水塔：「洗臉盆的水是經過過濾的，我們吃的喝的都是從那兒來的，乾淨得很，您放心吧。」說完端著整盤皮蛋往廚房走，留我一個人愣在原處。從此後，船上的伙食即使香噴噴堆了滿桌，我也不敢碰，唯一例外的是現炸的花生米，不然就是一大碗白飯打發一頓。

大陸的白米飯也還蠻好吃的，尤其多細嚼幾口帶出的淡淡米香，味道挺不賴；前提是先不去想煮飯洗米的水從哪兒來。米飯向來是我們的主食，吃飯時通常習慣搭配魚肉菜等配菜，難免忽略米飯原有的香味。其實，每種食物都有其獨特的營養價值，卻常被自以為是的美食專家硬是加工加料，把原本單純的美味破壞殆盡不說，還要花費更多的錢來治療因為吃得太精緻而患的文明病，饕客卻渾然不知，真可悲。

不知不覺中，整船成員都誤以為我喜歡油炸花生米，每次花生米一轉到我面前他們就不約而同的要我多舀一些（誰曉得炸花生米的油又是什麼來頭）。久而久之，因為缺乏完整營養加上只吃油炸的花生米，造成我嚴重的皮膚過敏，難過得全身發癢。我利用船靠岸的空檔跑到街上的藥鋪，鋪裡只有一名女店員，埋頭看書報連打招呼也省了，我開口問她止癢藥膏在哪兒？她頭也沒抬左手往旁邊一指：「在那兒。」我找了半天沒找著，耐著性子再問一次。她不耐煩地說：「就靠牆邊的那排櫃子裡，自己挑，拿來這裡結帳。」她們對客人的冷淡並非新聞，據說公家開的店更離譜，店員每個月領固定薪水，店內生意好壞跟她們無關，下班前十分鐘就準備打烊：老娘就是要下班，不賣就是不賣！客人再急也是你們家的事。

全身騷癢是很苦惱的事，有了這個慘痛的經驗後，我連花生米也不敢再碰。某天上街逛書店，想找本有關長江風景或其他中意的書為此行留念，店內人聲鼎沸，每個角落都是人手一書，認真翻看。一進門就聽到有人在喊三號，我在書架間隨意走動瀏覽，三號服務員緊跟在後頭有如籃球比賽緊迫盯人，熱心地問我要找哪一類書。我看了看，挑了本有長江風光照片的書要拿去結帳，他很親切地說書我幫您拿。我說這書不重，我自己拿便行。他答道：「這是店內的規矩，您往前櫃台結帳再拿收據提貨，書我先幫您保管。」我不禁訝異，這書店的服務態度親切過了頭，跟先前的藥鋪簡直像在兩個完全不同的國家。我開口稱讚，三號服務員低聲透露：「您是我們今天第三個客人，其他在店內翻書的都是監視員。店員比客人多是預防雅賊下手，他們也是被偷怕了才出此下策。」哈哈，這點我倒是沒想到。據悉，他們用這招之後，店內就很少再丟書了。

長江沿途主要的風景區、知名寺廟、名人紀念館像屈原紀念館、鬼門關、王貴妃塑像也都是我們拍攝的目標。笨重的攝影台一但要上岸，就得雇用當地勞工來搬運，各地的勞工喊價不一，下山的更會獅子大開口索取雙倍的工資。試問，人都上了賊船，錢能不付嗎？

小三峽是我們此片獵取鏡頭的重點，一道清澈的溪流注入混濁的長江，兩岸風景優美，水流急洩而下，往來行船光靠船夫撐杆也無法對抗湍急的水流，想要逆流而上，自古以來就只能靠以此維生的縴夫。這些縴夫打著赤膊，下身僅著丁字褲，肩扛著粗麻編成的粗繩，左右兩岸各一條，每邊四個（或更多）青壯男丁一步一步以最原始的方式慢慢把船往上游拉，即使時值清涼初秋，壯丁卻個個汗流浹背、滿臉通紅大口喘氣。這個畫面感人壯觀，就算多點花費也值得。

我們的行程最後來到成都，船一靠岸，大夥就迫不及待往街上跑，一享名聞全國的麻辣火鍋，果然是麻辣到深處無怨尤，一邊張大嘴巴喊辣，一方面又不捨停手繼續挾著涮熟肉片往嘴裡送，個中滋味只能自己意會而無法用言語形容。另外一個必須拜訪的景點，就是廁所。通常在世界各地遊客較多的區域都會設牌指引方便的方向；成都是一個大城市，它卻省去這個設置，因為遊客一上岸，只要聞其味就可以找到大小號的地方。

我們來大陸已屆滿月，接下來要拍攝本片最雄偉的三峽空拍。我們計畫用直昇機吊掛數百公斤重的攝影台，飛臨拍攝長江最險惡的一段。楊敦平要求對方聯絡軍方支援，聯絡員跑去找領導，結果得到的答覆居然是：「你們在做夢！怎麼可能調用軍方直昇機來替你們拍戲？你們想都甭想！」楊敦平很錯愕：「這不是當初談好的嗎？你們不是拍胸脯保證只要付些油錢，一切沒問題，全包在你們身上？」各位看倌千萬記住，這是大陸同胞普遍的伎倆，要招攬生意時，你即使要他的人頭他們照樣答應；等上鉤之後便翻臉不認人。這段最精彩的長江三峽空拍面臨難產，我們三人討論商量，發揮電影人最拿手的臨機應變，沒有直昇機？那我們退而求其次，找一條行駛較為平穩的大船，把攝影台架在駕駛台的平頂上，這樣總可以吧？領導要聯絡員告訴我們：「太危險了，萬一翻船，整台機器掉落江裡怎麼辦？」楊敦平回說有保險可理賠啊。領導又傳話：「理賠又如何？我們一千多口都靠這台機器吃飯，你們負擔得起嗎？」脾氣向來溫和的楊敦平此時再也忍不住，國罵幾乎要出口。我看此爭議不會有交集，便以投資者代表的身分表達意見：

「如果真的不行就算了，我會負責向公司解釋你們已經盡力了。」

這番節外生枝，勢必耽誤行程，我特地跑到南方航空重慶分公司辦理返台改期手續。經理出面問清緣由，他收了改期的手續費（通常第一次改期都可免費優待，但南方航空較為特別），在機票上蓋了南方航空重慶分公司的官印，經理又特別畫押表示慎重與負責。我們的船重新啟程向東開回宜昌，沿途尋找特殊景點填補空照的不足。忽然發現水上迎面飄來一具浮屍，我嚇了一跳，叫他們想辦法處理一下，畢竟人死為大。他們的反應竟然平靜得讓人發毛，他們說：「流水屍很多，下游自然會有人會處理，咱們不用費心。」說畢，就像什麼事也沒發生似的從流水屍旁航行過去。

我們沿途邊走邊拍，多少填補一些畫面。結束拍攝工作後在宜昌上岸，我的航班只剩兩天，編劇的兒子帶我搭夜車回到武昌，在當地旅館投宿一夜。為了此次大陸行的衛生問題，內人堅持為我準備了個便宜簡單的插電熱水壺，在船上一直無用武之地，現在想帶回台灣覺得占地方，丟棄又覺得可惜；雖不值錢，畢竟是功能簡單的好物，就連同一些零碎不值錢的雜物，順手裝在免稅店的紙袋中。次日櫃台結帳時我把紙袋放在腳邊，結完帳伸手一撈卻撈了個空，回頭一看，腳邊的紙袋已不翼而飛。我有些哭笑不得，卻也謝謝那第三隻手解決我的困擾，讓回程行囊輕了些。

我到了機場辦理登機，航空公司職員詢問我這張過期機票，我告訴她已在重慶辦理延期，上頭還有官章跟經理的簽名。她找來主管，主管說機票過期不能用。我重覆說明重慶分公司的經理拍胸脯保證沒問題。這個主管說：「他誰啊？過期的機票就是不能用！」說完頭也不回離去。秀才遇到兵，有理說不清。來到異地工作超過月餘，之間的波折不斷，我已經累得無計可施，只想趕快回到溫暖的家。於是我自掏腰包買了單程機票，隻身揮別對岸飛回台灣。

華先生與楊敦平仍停留在大陸，帶著影片前往北京片廠完成剪輯，不久後也運回台灣順利交貨。三百六十度環景電影《錦繡山河》在中影文化城推出造成轟動，也成為最新、最吸引人的賣點之一。通常一部電影完成後，公司都會發放片酬以示慰勞，但這一部空前製作的三百六十度電影我參與其中卻沒有名分也沒有酬勞，連最起碼伴隨我月餘的業餘測光表也被收了回去。雖然覺得有些委屈，畢竟這次大陸行的拍攝過程比過去有些電影還來得艱辛，後來心平氣和深思後也逐漸釋懷，就把此行任務當成回報華先生對我的教導吧。

三百六十度環景電影的拍攝工作是當初所未曾預料的，但世事難料，沒有人能知道前頭會橫著什麼樣的挑戰或難題，遇上了，只能以平常心以對。

回到原本的工作崗位，我繼續帶領影視組組員積極爭取包拍各類短片，執導觀光局委託的宣導片、台北市政府的宣導片，也順利標到一系列電視宣導片、高速公路工程記錄片、鐵路地下化記錄片，這些均配合工程進度持續拍攝數年之久。在我任職影視組組長短短數年內，為中影製片廠創下最高的營收記錄。可惜我不擅政治麻將，沒有得到公平、應得的回饋。甚至當副廠長職位出缺，論資歷、論功行賞也該輪到我，卻被其他人捷足先登。回想起來只能歸咎自己做人不夠圓滑，不阿諛奉承也不拍馬屁，所以在職場上永遠處於劣勢。我很想奉勸後生不能光只會做事，否則最後吃虧的是自己；但我也不願看到任何人為達到目地，泯滅良知或隨波逐流。

組裝三百六十度環景攝影機。

組裝完成，共有九個鏡頭。

第九章

夢已圓滿

我們這群練習生

我的好友兼同儕中有個可算是菸斗阿桑的攝影師，聽說公司還在台中時就有年輕女孩對他猛烈追求（當時我奉調至台北總公司業務部所以不知詳情），後來果真被擄獲。他有天到台北出差，跟我說他已結婚，對方就是那個女孩。我嚇了一跳，直罵他不夠意思，朋友這麼久，結婚都不通知一聲？他苦笑不答。我嘴上沒饒過他但也只能祝福他們倆。

這位攝影師夫人一點都不容小覷，婚後開始展現理財的高明手段，任何一點賺錢的機會都不放過。她介紹油漆師傅為同事住家油漆，很認真地討價還價，最後以七五折成交，同事以為可省下二五折的價差。錯！省下的二五折是她向包商努力爭取來的，做為介紹費用就順理成章進了她的荷包，害得同事空歡喜一場。她努力為先生推展業務，談到的片約源源不絕，多到讓先生來不及應付，遇到撞期不得不找我們代工，也不時低頭請求影片公司諒解或導演放人。因此，這位攝影師夫人在台北影界相當出名，人人都稱她董事長。

不僅如此，她不懂英文不懂德文，卻單槍匹馬飛到德國購買攝影器材，她在ARRI電影器材專賣店挑選要買的器材，在結帳櫃台一一點算，要求店員降價打折，德國人雙手直搖，指著每項標價連聲：「NO！NO！」她也照說：「NO！NO！」用手勢要求非打折不可，店員搞不定，只好請出經理，經理出來說明我的店是不二價，跟東方人的習慣不同。董事長不管三七二十一就是要降價！就是要打折！不然的話……順手把所有器材一丟，表示老娘不買了，同時就往店門口走去，德國經理顯然對這位來自台灣的女性顧客沒轍，急忙連聲喊：「ＯＫ！ＯＫ！」留住她，按董事長比劃的價格降價再打折，最後的成交價格顯然讓董事長感到滿意，付錢結帳後，德國經理還向她豎起大拇指，送走這位貴賓。

回程辦妥出關手續，董事長在機場免稅店忘情流連（比起當時國內同樣商品價格懸殊，難怪讓這個精打細算的董事長捨不得離開），錯過了登機時間，機場的擴音器不停呼叫這位女士的大名，請她儘速登機，她照樣左看右瞧慢慢走。兩名空服員遠遠看到這位東方女性，快速跑過來搶過她的登機證，兩人對看一眼，二話不說就架著她連拖帶拉往登機口跑，送上飛機關上艙門，隨即滑行起飛，差一點就因她誤點。

數十年前台灣曾出現過移民潮，電影界人士也不例外，美國、加拿大是首選，但條件不低，旅行社利用這個機會大力推銷其他地區並代辦手續。董事長不落人後也動念想申請移民，但以她的條件選擇不多，只有玻利維亞。這個位於南美洲不知是西班牙語系或是葡萄牙語系的國家對國人來說比較生疏，尤其董事長又是個連國語都講不輪轉的台灣人。通過資格審核後，董事長隻身提著簡單行囊就遠赴地球另一端。

我們幾個老同事都不知道此事，只是有時會感覺好像少了滿天飛舞的董事長，然而她先生的業務照常運作，一點都沒有受到影響。數個月之後，她重新活躍在台北的電影界。由她口中得知，旅行社事先沒有說明，拿到居留證的移民必須在玻利維亞居住滿幾年才能申請入籍，她差點沒暈倒，只好花錢找管道先偷渡離開玻利維亞，等移民監時限期滿，再用原管道偷渡回去申請公民，這招厲害吧？後來董事長的業務太忙，片約不斷成長，她根本沒空再理會移民這檔事。她全心投入電影業，大量採購器材、購買土地建廠。她眼光精準，在內湖一帶以低價購買荒地蓋攝影棚，供廣告業租用拍攝廣告片，也租給電視台搭景拍戲。這批土地後來因基隆河截彎取直，開發成內湖科技園區，地價一飛沖天，狠賺了一大筆錢。他們的一對子女如今也活躍於影視廣告界，所謂虎父無犬子，青出於藍更勝於藍。

談到移民，最早的是同事史紀新先生，因與唐寶雲之間的感情因素，毅然離開電影工作遠走美國，可說是同業移民的先驅。後來移民潮來襲，同業也紛起效尤，據我所知，不少導演、攝影師、演員申請移民美國、加拿大。有位攝影師移民加拿大，買好房子，生活起居一切安排妥當，卻因某種因素鎩羽而歸。名聞天下的大導演李行移民美國拿到公民身分，但他總是念念不忘最愛的電影，也放不下過去一同打拚的夥伴，毅然放棄美國的悠閒生活，回到台灣繼續為台灣電影界貢獻心力，讓人敬佩。

陳洪民調皮成性、人小鬼大，在練習生時期，曾把抓來養在玻璃瓶中的幾尾小蛇用木炭活活烤熟，有人迷信，認為這事跟後來台中製片廠的攝影棚失火脫不了關係，但這究竟是意外？還是巧合，眾說紛紜。但有一件怪事卻是千真萬確；在製片廠失火不久之後，一個陰冷的夜晚，住在廠內宿舍的一個同事半夜尿急起身走出戶外，因為天冷懶得走太遠去洗手間，解開褲頭準備就近解決，遠遠卻看到一個白袍身影緩緩飄浮穿越過矮樹圍籬。這個剪接師一看，嚇得目瞪口呆，也不尿了，褲子一拉就往回跑。

這時，睡在隔壁宿舍的剪接助理陳洪民正好也開門出來小解，也瞧見飄浮的白袍身影，前後不過幾秒鐘的時間。他一驚，頭一縮，也不尿了，躲回被窩一直強忍到天亮。後來從曾在日本高官宿舍當過園丁的徐送先生口中得知，這裡在日據時代蓋成官舍之前曾是刑場，所以發生這類怪事也不足為奇了。

陳洪民在中影製片廠練習生結業後就選擇剪接工作，由剪接助理幹起，一開始只須順片初剪，經過長時間的磨練，反覆看過許多導演的作品，直接在工作中吸取經驗，很快的就成為熱門剪接師。他精準的技術讓很多導演都指名要他，可算是當年最忙碌、最炙手可熱的剪接師，但他不因此為滿足。影劇界有很多演而優則導的例子，陳洪民則是剪而優而轉換跑道當起導演。他在外接拍許多獨立製片的電影之後，中影公司龔弘總經理發現陳洪民是自家訓培養的優秀人才，心想，與其讓他在外接拍獨立製片，為何不留著自己用？於是一九六八年即提拔他，替公司執導民間故事《乾坤三決鬥》古裝神怪片，成績不錯。接著第二部也是民間故事古裝神怪片，以快手著稱的年輕導演照樣如期交卷，票房還是不錯。一九七一年，公司再找他開拍第三部影片《青衫客》。

公司派我擔任新片《青衫客》的攝影師，跟陳洪民導演搭檔。陳洪民跟我從練習生時期開始就同住在單身宿舍，可以說吃喝玩樂都在一起，他雖是後輩但我倆交情形同手足。首次合作拍戲，各自發揮所長，遇到意見不同時，也會開誠布公討論解決問題。《青衫客》的演員陣容堅強，女主角是美麗如花的張琦玉、男主角是出身國立藝專的英俊小生王戎、演技派的資深演員崔福生與傅碧輝。龔總經理也特地指派他的二公子龔天俠擔任該片的副導演，聰明又反應靈敏的龔天俠不時有好點子提供給陳導演參考。有如此堅強陣容，拍攝過程自然順利。看過毛片之後，龔總經理頻頻點頭，讚賞有加。他認為以龔天俠的才識加以磨練，有朝一日在影劇界一定會有傑出的表現。可惜不知何故，龔二公子沒有真正投入電影工作，錯失了一個生力軍。所幸，龔天俠後來娶得美人歸，也算是喜事一樁，全體《青衫客》的演職員都誠心祝福因此片結緣的佳偶。

不要回頭望

生涯掌鏡三十餘年，也有執導演筒的體驗，但攝影一直是我心之所歸。接任影視組組長之後，繁忙的企劃提案、業績壓力、人事調度與不斷應付檯面上下的世態炎涼，讓我無法一心二用兩頭兼顧；加上年歲漸長，視力、體力日衰，我不得不思考該把心思專注在最重要的影視業務上，暫時放下攝影工作，把舞台讓給中生代的攝影菁英。

《不要回頭望》（1992）是我擔任攝影師的最後一部電影，由丁善璽編導，男女主角是秦漢與林青霞，其他搭配的演職員也清一色是丁家班成員。兩位主角雖然緣分已盡，但在鏡頭前演技發揮如常，善盡演員職責，表面上一點都看不出有任何異樣。丁導演一如往常，在工作時仍不浪費任何空檔編寫新劇本。

影片如期完工後，我鬆了一口氣，抱著複雜與不捨的心情向敬重的丁導演表示，由於職務調動的關係，恐難繼續為丁家班效力。丁導演愣了一下，對我說：「感謝你長年來的協助，我的導演工作才能那麼輕鬆順利。」我說：「向你學習到許多做人做事的態度，受益良多，該謝謝的應該是我。」這時候，他的眼眶也泛紅：「你我這麼久的革命情誼早在不言中。未來怎麼演變不知道，但丁家班攝影師的位置永遠為你留著。」我們緊握著雙手久久不放，沒有想到這段話卻成了我與心目中的電影巨人的永別之言。

丁善璽導演畢生專注在電影工作上，幾乎沒有片刻休息，不斷推出膾炙人口的賣座大片，卻因勞累過度，發現肝癌後仍勉強為大陸電視台趕寫連續劇集，返台就醫時癌細胞已擴散至肺部，最先進的治療方式也難以回天，於二〇〇九年十一月二十二日辭世。丁導演的電影對台灣有無可取代的影響與貢獻，台灣就此痛失一名偉大的導演。

拍完《錦繡河山》之後沒多久，我轉任技術組組長，雖然工作較為輕鬆，但要管理人多嘴雜的天下第一組又談何容易？尤其每到年終打考績時，就會有人跑來埋怨為何只拿乙等？某某人能升等為什麼我沒有？甚至在考評會前拚命關說，但碰到我大公無私的個性就無法得逞。怎麼做才會是公平的，每個人看法見仁見智，我只能秉持公正的心就事論事，能否讓所有人滿意就非我能控制了。在影視組推動業務我學到了：做「事」真的很難做；在管理技術組我更發現：做「人」其實也不簡單。

當年進入農教公司，從練習生、初級從業員、助理技術員、副技師、技師、專員、專門委員、影視組組長、技術組組長、研究員一路歷練上來，領一天中影的薪水，就全心奉獻為中影，直至六十五歲交棒退休；不管考績為何或有無升級，我只埋首工作。一晃眼，數十年就這麼過去；心中很多感慨，居然找不到任何文字可表達，只能說人生如戲，戲夢人生。謝謝老爸當初為我搭的橋，感謝已故的林隆淮先生，讓我走上攝影這一條路。還有，老媽，您當初交待的，兒子都有做到。

一部成功的電影是由數百個乃至上千個鏡頭組成，匯集許多不同專業的集體創作，無法單靠個人力量完成。攝影師是整個製作團隊的一部分，有如一部機器的小齒輪，雖然微不足道卻須擔負重要關鍵；因為視覺會說話，畫面順暢與否會直接影響影片的成敗。所以，一個優秀的攝影師要有藝、技兼具的修為，冷靜、敏銳的觀察，細膩的美感，果決的判斷，體力、耐力加上事前功課與全力以赴的決心；否則錯失一個再小的鏡頭也是前功盡棄。在此，我要感謝所有的工作夥伴，感謝資方，感謝指導我的導演：丁善璽先生、陳耀圻先生、張曾澤先生、李嘉先生、蔡揚名先生、朱延平先生、轉換跑道成功的張毅先生與楊惠姍小姐、文武雙全且是成功的企業家徐楓小姐、一輩子勞碌命的劉立立導演、一起愉快工作的丁家班夥伴、我最敬重的電影龍頭老大李行導演，沒有你就沒有今天的台灣電影；接棒進軍國際影壇開拓者侯孝賢導演，是我心目中電影界的瑰寶。遺憾的是跟李行導演僅代工合作過一場戲，與白景瑞導演也僅代工合作一個工作天，沒有更多機會向他們學習，是我攝影師生涯中的一大損失。他們雖各有專屬的攝影師，但沒有與深具爆發能量的我合作拍戲過，何嘗不也覺得可惜？

我掌鏡的最後一部電影《不要回頭望》，全體劇組在十分寮瀑布留影。

恩師、摯友與家人

明驥先生是我一生中最敬重的長官，他在中影公司期間一直很照顧員工，處處為同人著想，他善良充滿愛心，清白無私一切為公，人格高尚，是人人敬仰的長者，也是位斯文的學者。尤其對我這鄉下來的孩子關懷備至，有如自己的小孩一樣。每次外借拍戲屆滿回廠，我總是第一個向他報到，他都會很專注地聆聽我描述的工作狀況，尤其外借出國拍攝《小英雄大鬧歐洲》回來，我到廠長室向他敘述這次克難團隊的拍攝過程，僅帶一名攝影助理、一名燈光師三人便完成不可能的任務。那時候中影公司的製片量大增，急須補充攝影助理，他即刻要我把攝影助理廖本榕找來，第二天他們見了面，談了一會兒，明廠長就決定錄用他。

另外，為寶樹公司遠赴泰國拍攝的電影《女逃犯》回來，也向明廠長描述當時的拍攝狀況與製片制度，而這一趟也是克難的三人組，我特別向明廠長推薦攝影助理曾介圭，其能力不亞於廖本榕；連在台設有工作室，專精於電影器材，任何疑難雜症都難不倒的日本技師辻真左男也相中曾介圭，打算收為徒弟帶他回日本進修。明廠長立即要我找曾介圭進來，第二天簡單面談後也馬上錄用。

另一次，汪剪接師推薦他一個年輕的親戚給明廠長，同時我也推薦了我的助理林銘國，明廠長最後選擇林銘國，使剪接師忿忿不平。中影公司新片《我愛芳鄰》的工作指派單，我掛名攝影指導，攝影師是廖本榕，如此安排應該是公司想提拔新人。此舉卻讓同期的張姓攝影師忿忿不平，認為這都是因為皇親國戚之故；意指我在背後主使提拔內弟廖本榕而犧牲其他人的機會。雖然我理解他的忿怒，但我對這事一無所知，所以問心無愧。明驥廠長清楚了解我的道德觀與工作態度，無論是拍中影公司自製片、獨立製片或是外借片，工作態度都有很好的風評，當然還有優良的作品背書；他也知道我從不計較升遷或考績方面的問題，對我更是信任有加。

明驥先生升任總經理後，中影公司配了一部轎車還有專用司機給他使用，但他為節省公司開支，除了外出洽公外，絕不公器私用，也沒讓司機接送上下班。天下哪有一個大公司的總經理不坐公務車，仍舊風雨無阻每天以公車代步？而且都還比其他人更早到公司？他的住家離公車站牌還有段距離，必先經過我家，我若沒有拍片通告，必定早起陪內人上早市買菜，偶而會碰到他在等公車。明驥廠長熟知製片廠的人事，當時我由攝影技師升任專員多時，製片廠有個專門委員（與組長同職等）的空缺懸空已久，他在公車站牌見到我，把我叫住：「文錦啊，廠裡專門委員的空缺應該給你。」他知道我不會主動爭取升遷，便要我去跟時任廠長的徐國良先生說，我只好破例向徐廠長提這件事，卻沒有下文。一段時間後我們再相遇，他責備我沒將此事轉達給徐廠長，讓他等著很著急。他堅決要我再去找徐廠長，說這是他的意思。我只好硬著頭皮再跟徐廠長轉述總經理的話。果然沒多久之後，我就接到升任專門委員的人事任用公文。

如此形同父子般的溫情與關懷讓我心存感激，但有次他打電話給我，要我在某次選舉支持某某人，我卻直白地馬上回答說我無意支持這個喜歡說謊的候選人擔任國家領導人，明驥先生難掩失望心情，無言地掛上電話。事後回想，我對自己粗鄙的行為感到懊惱，每在夜深人靜想起自己居然如此對待恩人便覺痛心疾首；更遺憾的是他辭世時我遠在他鄉，未能趕回台灣到靈前向他致哀，這是我一生最大的憾事，也永遠不能原諒自己。

吸收了充足的陽光，流了無數的血、淚、汗的練習生老友林贊庭、洪慶雲、廖繼燿、賴成英、林鴻鐘，我們一起感念恩師胡福原先生、攝影大師王士珍先生及所有過往工作夥伴之餘，最重要的是要堅強勇敢的活下去。

能完全此文，如從許多過往的聲色記憶片段中企圖還原全貌，我領頭帶著四個兒子分工合作，老大提醒我已漸忘的往事，老二修飾雜亂無章的零亂字句，老三辛苦幫忙列印，老四無限量提供書寫用的紙張。我的發音不準，得依靠拼音正確的內人一字一字的幫我翻找字典；聚合全家人的能量，不多不少足足花了一年三百六十五天才寫完。感謝電影，養育了我全家；感謝電影，圓了我的夢。

上圖：進入中影多年，獲董事長韋振甫頒獎表揚資深員工。

下圖：五位資深攝影師兄弟合影，左起林鴻鐘、林文錦、林贊庭、洪慶雲、賴成英。

後記

感念雙親的養育之恩、父親引薦的工作機會與母親的諄諄教誨，讓我順利圓了電影夢。父親臥病時我忙於工作，無法時常回老家看護，那時候，莫名響起的電話鈴聲總讓我心驚。但生老病死，人皆遇之；縱有不捨，傷痛的離別終歸無法避免，接任影視組長期間，為業績、接案忙得焦頭爛額，接獲母親病重通知，豐原老家兄弟來電說母親一定要見我。我放下手邊工作，帶著老三搭乘公路局南下，原本兩、三小時的車程卻因路上塞車直到下午四點才抵達醫院。病榻上的母親看到我之後彷彿放下心中一塊大石頭，雖然身體虛弱卻滿臉愉悅。我因台北工作忙碌，停留半晌後北返。離開醫院沒多久，在士林家中的妻接獲我四弟簡短的來電：走了。妻以為四弟好意通知我已離開豐原北上，殊不知這是一通告知母親離世的噩耗。原來母親在病中仍惦掛著我，沒看到我不肯嚥下最後一口氣。這輩子，我只知道拚命工作卻忽略的雙親，等到真有能力時，為時已晚，「樹欲靜而風不止，子欲養而親不待」，終身愧疚。

PEOPLE 447

掌鏡人生：金馬獎攝影師林文錦自傳，見證 1950-1980 年代台灣電影發展史

作　者—林文錦
主　編—李筱婷
企　劃—江季勳
美術設計—ayen

董事長—趙政岷
出版者—時報文化出版企業股份有限公司
一〇八〇一九台北市和平西路三段二四〇號七樓
發行專線—（〇二）二三〇六—六八四二
讀者服務專線—〇八〇〇—二三一—七〇五
（〇二）二三〇四—七一〇三
讀者服務傳真—（〇二）二三〇四—六八五八
郵撥—一九三四四七二四時報文化出版公司
信箱—10899 臺北華江橋郵局第 99 信箱

時報悅讀網—http://www.readingtimes.com.tw
時報出版愛讀者—http://www.facebook.com/readingtimes.fans
法律顧問—理律法律事務所　陳長文律師、李念祖律師
印　刷—勁達印刷有限公司
初版一刷—二〇二〇年七月三日
定　價—新台幣三八〇元
（缺頁或破損的書，請寄回更換）

共同出版：國家電影及視聽文化中心
Taiwan Film and Audiovisual Institute TFAI
董 事 長：藍祖蔚
執 行 長：王君琦
副執行長：陳德齡
策　　劃：陳逸達
地　　址：台北市青島東路 7 號 4 樓
電　　話：02-23924243
傳　　眞：02-23926359
官　　網：www.tfi.org.tw
電子信箱：service@mail.tfi.org.tw

掌鏡人生：金馬獎攝影師林文錦自傳，見證 1950-1980 年代台灣電影發展史 / 林文錦著．-- 初版．-- 臺北市：時報文化，2020.06
352 面；14.8*21 公分．-- (People；447)

ISBN 978-957-13-8250-0(平裝)

1. 林文錦 2. 臺灣傳記 3. 電影攝影

783.3886 109008290

ISBN 978-957-13-8250-0
Printed in Taiwan